Friedrich Wilhelm Bergmann

Die Edda-Gedichte der nordischen Heldensage

Verlag
der
Wissenschaften

Friedrich Wilhelm Bergmann

Die Edda-Gedichte der nordischen Heldensage

ISBN/EAN: 9783957004765

Auflage: 1

Erscheinungsjahr: 2015

Erscheinungsort: Norderstedt, Deutschland

Hergestellt in Europa, USA, Kanada, Australien, Japan
Verlag der Wissenschaften in Hansebooks GmbH, Norderstedt

DIE

EDDA-GEDICHTE

DER

NORDISCHEN HELDENSAGE.

DIE

EDDA-GEDICHTE

DER NORDISCHEN HELDENSAGE.

KRITISCH HERGESTELLT, ÜBERSETZT UND ERKLÄRT

VON

Prof. Dr. FRIEDRICH WILHELM BERGMANN

R. DES SCHWEDISCHEN NORDSTERNORDENS.

STRASSBURG
VERLAG VON KARL J. TRÜBNER
1879.

INHALT.

A. Allgemeine Einleitung.

B. Textkritik und Worterklärung.

C. Uebersetzung und Sacherklärung.

A. Allgemeine Einleitung.

I.
Ursprung und natur der Sage.

Alles einzelne, physisches und geistiges, ist, wenn blos einzeln betrachtet, unverständlich, räthselhaft, unerklärlich. Es wird nur einigermassen verständlich, wenn man es als einzelnes in seiner aehnlichkeit mit dem ganzen, und in seiner verschiedenheit von anderm betrachtet. Um das wesen der altnordischen sagen zu verstehen muss man demnach den ursprung und die natur der Sage überhaupt oder im ganzen kennen.

So wie das wort ursprünglich der ausdruck und die mittheilung eines empfangenen geistigen eindrucks ist, so ist auch die sage ursprünglich der ausdruck und die mittheilung von etwas geschehenem, das der erzähler entweder selbst gesehen, oder von anderen erfahren hat. Aber nicht alles geschehene ist gegenstand der sage geworden, sondern nur das unendlich wenige, was der ungebildete mensch aufgefasst, und als wichtig andern mitgetheilt hat. Der ungebildete, beschränkte menschengeist fasst nur das auf, was ihn in der natur und in der geschichte persönlich und direkt berührt. Jede generation vergisst alles geschehene und erzählte, das sie nicht mehr direkt angeht; sie bewahrt im gedächtniss nur das, was auch für sie allgemeines interesse hat, nämlich die göttersagen und die heldensagen.

Die ursprünglich ältesten götter waren naturgegenstände wie sonne, mond, meer, feuer etc., welche man als wohlthuende, mächtige wesen verehrte, oder als schreckliche gewalten fürchtete. Da sie in der Natur keine menschliche gestalt hatten, so behielten sie lange in der vorstellung der völker irgend eine analoge thiergestalt. Später wurden sie immer mehr als menschengestaltig gedacht und als die ursächer betrachtet, welche die wohlthätigen oder schrecklichen naturphänomene bewirkten. Die naturerscheinungen wurden als die wirkungen dieser übermenschlichen wesen, oder als götterthaten angesehen. Die auffassung und erzählung dieser götterthaten erzeugte die göttersagen oder die eigentlichen mythen.

Neben den göttersagen entstunden auch frühe schon sagen welche die thaten und schicksale ausgezeichneter menschen zum gegenstand hatten, und die man als vorläufer der heldensagen bezeichnen darf. Da man sich die götter, die menschengestaltig waren, auch wie menschen handelnd und leidend vorstellte, so haben die göttersagen und die heldensagen, äusserlich, manche ähnlichkeiten miteinander. Innerlich bestand aber stets der bewusste unterschied zwischen den göttern, denen man übermenschliche macht und kräfte zuschrieb, und den menschlichen helden, denen man nie göttliche natur und macht beilegte. Unter den göttern und über den helden stunden die göttersöhne oder die heroen. Wegen ihrer göttlichen natur, sei es als göttersöhne, sei es als früher angebetete später aber herabgekommene und durch andere ersetzte götter, gehören die heroen eigentlich der göttersage oder mythologie an. Demnach sind die sagen über heroen, göttersöhne und herabgesetzte gottheiten, wie z. b. Rama bei den Indern, Herakles bei den Griechen, Irmin bei den Germanen etc., eher zu den indischen, griechischen, germanischen göttersagen als zu den heldensagen der Inder, der Griechen, und der Germanen zu rechnen.

Die entstehung und die natur der göttersagen haben wir bei der erklärung der mythologischen Eddalieder öfters gelegenheit gehabt zu besprechen. Hier sind besonders die heldensagen zu berücksichtigen, und wir werden auf die göttersagen nur darum zurückkommen um die karaktere der heldensage, durch darlegung ihres ähnlichkeits- und verschiedenheitsverhältnisses zu der göttersage, klarer und bestimmter zu erklären.

Die Sage gehört zur geistigen entwickelung der alten völker, und muss in dieser ihrer entwickelung historisch dargestellt werden. Diese entwickelung geschieht natürlich in aufeinander folgenden zeitabtheilungen oder perioden. Wie bei jeder physischen und geistigen entstehung sind aber die perioden der sagenentwickelung nicht genau chronologisch geschieden und abgegränzt, sondern fliessen mit leisen übergängen ineinander ein; doch müssen die angenommenen perioden der art sein, dass sie in ihrer aufeinanderfolge den reellen, natürlichen entwickelungsgang darstellen.

Es hat sich in neuester zeit für die anfangsgeschichte der menschheit oder für die præhistorie eine periodeneintheilung hervorgethan, die man das steinalter, das bronzealter, und das eisenalter genannt hat. Diese eintheilung kann aber nicht den historischen und natürlichen entwickelungsgang der primitiven menschheit erklären. Denn erstens ist nicht anzunehmen, was die namen der verschiedenen alter zu behaupten scheinen, dass anfangs der mensch überall vorzüglich steine bearbeitet habe, dass dann überall der stein durch bronze ersetzt, und endlich die bronze durch eisen ersetzt worden sei. Zweitens ist diese ganz äusserliche eintheilung, die den gefundenen alten geräthschaften präsumtiv entnommen worden ist, auch nicht geeignet die grundlage zum geistigen entwickelungsgang der menschen abzugeben; denn auch angenommen, dass der unkultivirte mensch anfangs nur steine bearbeitete, so konnte ja diese industrie, bei gewissen völkern, eine viel grössere geistige begabung voraussetzen lassen, als die spätere industrie der bronze und des eisens; in allen gebieten des geistes ist ja derjenige, der mit geringen mitteln tüchtiges leistet und erfindet geistig höher zu stellen, als der, welcher mit äusserlich gegebenen besseren mitteln, das vorhandene blos verbessert. Endlich sagt die eintheilung in steinalter, bronzealter und eisenalter nur etwas historisch selbstverständliches aus, nämlich dass die utensilien die man aus stein oder aus bronze oder aus eisen, gefunden hat, eben einer unbekannten, unbestimmten zeit angehören, wo man in stein, in bronze und in eisen arbeitete. Diese bis jetzt wenigstens wissenschaftlich unfruchtbare periodeneintheilung des steinalters, des bronzealters, und des eisenalters ist zu ersetzen durch eine bessere, der geistigen entwickelungsgeschichte des alterthums mehr entsprechende, welche wir das patriarchische zeitalter, das heroische zeitalter, und das bürgerliche zeitalter nennen können. Im patriarchischen zeitalter steht der mensch auf der untersten stufe des sozialen lebens; er fristet kärglich sein dasein als jäger, fischer, hirte, und nebenbei als ackerbauer; er gehört noch nicht sich selbst als individuum, und noch keinem staatlichen verbande an, sondern ist blos glied seiner familie, seines Clans, und steht unter der despotie des hauptes der familie und des stammes. Im heroischen zeitalter wird das haupt der familie und des stammes zum kriegsanführer; die nomadischen streifereien und wanderungen verschaffen dem volke besitz durch raub und krieg. Der krieg wird hochgeachtet, der kriegs- und raubanführer zum könig, zum helden; der könig und held wird hochgestellt, nicht blos wegen seines persönlichen muthes, sondern auch wegen seines reichthums und geburtsadels, wodurch er sich über die untergebenen erhebt. In der periode des bürgerthums endlich tritt, neben den raub und den krieg als erwerbsmittel des besitzes und reichthums, die macht der getheilten sozialen arbeit durch gewerbe und handel; der held wird ersetzt durch das staatliche oberhaupt, ernannt nach dem willen des volkes. Das volk tritt in die politische und eigentlich historische periode ein, wo krieg nicht mehr die hauptsache ist und der geburtsadel nicht mehr als der alleinige grund des reichthums und der staatsgewalt angesehen wird.

In der patriarchischen periode, wo die menschen als jäger, fischer, hirten besonders gelegenheit hatten die mächtigen naturphänomene zu beobachten, entstand auf grund der naturanschauungen hauptsächlich die göttersage. Sie ist die hauptträgerin der religion; und die religion ist dasjenige, was in jenen zeiten das allgemeinste interesse in anspruch nehmen kann. Die göttersage ist zwar ursprünglich eine familien-

und stammsage, sie pflanzt sich aber fort, selbst nach dem untergang der familien und stämme, und wird volksreligion, zumal wenn priesterfamilien die religiöse tradition pflegen und ausbilden, wie z. b. bei den Indern, den Aegyptern, den Israeliten etc.

Neben den religiösen göttersagen entstehen natürlich, wiewohl untergeordnet, auch menschensagen über ausgezeichnete familienhäupter und stammfürsten. Diese menschensagen sind ursprünglich gleichfalls familien- und stammtraditionen, welche durch das interesse der familien und des stammes sich bewahren, aber bald mit der familie und dem stamme untergehen, weil sie nicht, wie die religiösen göttersagen, ein allgemeines volksinteresse in anspruch nehmen können. Daher kommt es auch, dass im patriarchischen zeitalter, neben den göttersagen noch keine eigentlichen heldensagen bestehen. Die anläufe zu diesen letzteren waren allerdings schon damals vorhanden, aber diese heldensagen konnten sich noch nicht geschichtliche anerkennung und gleichen rang mit den göttersagen verschaffen.

Erst im spätern heldenzeitalter konnten die eigentlichen heldensagen entstehen, und sich eines allgemeinen interesses erfreuen. In dieser - periode ist der held derartig das ideal der zeit, dass sogar der religiöse mythus jetzt kriegsgottheiten, nach dem bilde der helden, schafft und gestaltet. So ist z. b. Odin, der in der patriarchischen zeit blos sturmgott war, in der heldenperiode zum kriegshelden umgestaltet worden. Was man am helden, in jener zeit, als ideal anstaunt, ist allerdings vorzüglich sein kampfmuth. Da man aber in der heldenperiode reichthum und adel besonders hoch schätzt, so sind die helden nicht blos dargestellt als muthige kämpfer, sondern auch als durch geburt und besitz hervorragende **könige**.

Die eigentlichen ursprünglichen göttersagen beruhen auf blossen naturanschauungen und haben keine historische realität. Die eigentlichen heldensagen hingegen beruhen ursprünglich stets auf einer historischen grundlage; denn die menschen des alterthums waren noch nicht im stande etwas geistiges rein zu erfinden; sondern sie glaubten nur an ihre auffassungen der naturerscheinungen und an die ereignisse die sich ihren augen darboten.

Wenn ein held, der eine heldensage veranlasst hat, durch die geschichte, bekannt ist, wie z. b. **Attila**, **Theoderich**, etc. so kann auch natürlich die zeit der entstehung der sage, in der heldenperiode, genauer bestimmt werden.

Der nicht wissenschaftlich gebildete mensch hat aber kein interesse für die historische wahrheit, und ändert, rücksichtslos, das geschichtliche nach gutdünken um. Deswegen sind die heldensagen, obgleich sie auf geschichtlicher grundlage beruhen, fast gar nicht, oder doch höchst vorsichtig, für geschichtskenntniss zu benützen.

Der ungebildete mensch bemerkt nur das, was ihn persönlich oder seine familie, seinen stamm, seine nation angeht. Deswegen heftet sich die sage nur an helden die ursprünglich **familien-** und **stammhelden** waren, und später zu **national**helden geworden sind. Die ursprünglichen heldensagen einer nation befassen sich nur mit den dieser nation **eigenen** helden. Erst später, bei vorangerückter geistiger bildung, erwacht auch, bei einigen nationen, das interresse für fremde heldensagen, und sie nehmen dann in ihre nationalsage auch fremdländische helden auf. Diese einer nation nicht eigenen aber angeeigneten helden erkennt der sprachkenner als solche schon an ihrem fremden namen, wenn auch derselbe mehr oder weniger umgedeutet worden ist.

Die heldensage drückt ihr ideal des heldenthums besonders in der erzählung der thaten des helden aus; sie interessirt sich aber auch für das schicksal desselben, und erzählt deswegen nicht allein die heldenthaten, sondern auch die glücklichen oder unglücklichen schicksale des helden.

Die heldensagen waren ursprünglich einzelne, kurzgefasste mündliche erzählungen der thaten und schicksale des helden; sie wurden in der familie, bei den volksversammlungen und festen in prosa erzählt. Um den ruhm des helden schöner zu verherrlichen, erzählten auch begabte männer die heldensagen in versen, so dass die einzelnen kurzen prosaerzählungen zu einzelnen kurzen gesängen oder rhapsodien wurden. Diese rhapsodien waren anfangs natürlich mehr enthusiastischer und lyrischer ausdruck, wurden aber, nach und nach, immer mehr ruhig erzählend oder episch in versen abgefasst. Da der übergang von der prosaerzählung zur epischen erzählung in versen ein blos formeller war, so bezeichnete man die heldenlieder auch noch immer mit demselben namen wie die prosaerzählungen (sansc. upakhyana, vadjas; gr. epos, logos; nord. kviða, saga).

Der gesammtlebenslauf der helden bildete eine geschichtliche einheit, die zwar traditionell in der gesammtheit der erzählungen bestund, aber nicht in den einzelnen rhapsodien vollständig hervortreten und ausgedrückt werden konnte. Die dichter welche in ihren rhapsodien nur einzelne theile des lebenslaufes des helden vorzutragen hatten, griffen aus der gesammtheit des lebenslaufes nur einzelne züge heraus, um sie in ihren liedern darzustellen. Bei der entstehung der einzelnen rhapsodien wurde keine chronologische oder historische folge beobachtet; der eine dichter besang heute den anfang eines heldenlebens, der andere morgen das ende davon; der dritte griff aus der mitte seinen gegenstand zu seiner rhapsodie heraus. Die zeitliche entstehung der einzelnen rhapsodien gleicht also keineswegs der fortschreitenden abfassung irgend eines geschichtlichen werkes; man könnte sie etwa vergleichen mit der cristallisation des gefrierenden wassers eines teichs, wobei die crystalle sich, allerorten, im teich ansetzen und weiter ausbreiten können, bis die einzelnen überall entstandenen crystalle einen einzigen gefrorenen teich bilden. Obgleich aber die einzelne rhapsodien nicht nach der chronologischen folgerichtigkeit des lebenslaufs der helden entstehen, so lebt doch, in der heldensage oder im bewusstsein der nation, das gesammtbild der geschichte der helden. Daher geschieht es, dass mit der zeit, und bei günstigen umständen, die einzelnen zufällig und ohne geschichtliche folge entstandenen rhapsodien zusammengefasst, und als membra disjecti poetæ chronologisch geordnet werden, um in einem umfassenden grösseren gedicht (epos) den gesammtlebenslauf des helden darzustellen, wie dies z. b. in Ramayana und in der Odysseia versucht worden ist. Wenn dieses zusammenfassen der einzelnen rhapsodien in einem gesammtepos nicht erfolgt, so können doch diese lieder welche sich auf einen und denselben helden beziehen, im gedanken, als zusammengehörig, und als den liedercyclus dieses helden bildend angesehen werden.

Da ferner die liedercyclen eines helden mit den rhapsodien anderer helden manche anknüpfungspunkte besitzen, wodurch sie in der sage mit einander verbunden werden können, so können auch, bei günstigen umständen, die liedercyclen verschiedener helden sich zu einer epopöie oder epischen erzählung der thaten meherer helden, gestalten, gerade so wie die rhapsodien eines einzelnen helden sich zu einem epos dichterisch verschmolzen haben. Eine solche epopöie ist bei den Indern das Mahabharata und bei den Griechen die Ilias. Die günstigsten umstände zur abfassung solcher epopöien bestehen besonders dann, wenn sich priesterkasten oder wenigstens sängerschulen vorfinden, welche irgend ein interesse haben die cyclen verschiedener helden zu einem gesammtgedicht zusammen zu fassen. Solche priester- und sängerschulen sind, in der späteren tradition, zu einer person als dichterheros und unter einem namen personifizirt und bezeichnet worden. In der indischen tradition trägt dieser dichterheros, (der vermeintliche verfasser des Ramayana und des Mahabharata) den symbolischen namen Viasas (auseinandersetzer, fr. arrangeur), und in Griechenland trägt der vermeintliehe verfasser der Ilias und der Odyssee gleichfalls den symbolischen namen Homäros (f. ham-aros zusammenfüger, fr. compositeur, versöhner, geisel).

So wie die fähigkeit göttersagen oder mythen zu erzeugen, welche hauptsächlich in der patriarchischen zeit bestund, sich noch einige zeit nach dieser periode fortsetzte (weil eben die naturanschauungsweise die den mythos erzeugt fortlebte) eben so besteht der heldenzeitgeist, in dem die heldensagen entstehen noch einige zeit nach der heldenperiode fort, und begünstigt noch einigermassen die forterzeugung von heldensagen. Den übergang von der heldenperiode zur bürgerlichen periode bildet ein epigonen- oder reckenzeitalter in dem der alte ächte heldengeist zwar etwas verändert und geschwächt ist, aber doch noch nachhallt, so dass in ihm noch heldenrhapsodien entstehen können. Später aber verändert der zeitgeist die frühern heldenkaraktere derartig, dass die gedichte, von dem veränderten geist beeinflusst, durchaus nicht mehr zu den wahren heldenliedern gezählt werden dürfen. Das alte epos und die frühere epopöie werden später, (in einer mehr litterarischen zeit, wo die erzählende poesie gegenstand unterhaltender lektüre ist) zum rittergedicht oder ritterroman, in welchem der frühere sagenheld durch die mittelalterlichen ritter ersetzt wird, wie z. b. im Schah-name und im Nibelungenlied. Diese vermeintlichen epopöen oder besser ritterromane nehmen wohl bisweilen ältere heldenrhapsodien in sich auf, gestalten dieselben aber nach den sitten und gebräuchen des ritterthums der art, dass die alten heldensagen in ihnen wohl zum theil verfeinert, aber im ganzen als solche karrikirt und lächerlich verballhornt, erscheinen. So wie es nun unkritisch ist z. b. die alte ächte griechische mythologie durch spätere dichtungen oder auch nach darstellungen auf etruskischen vasen vermeintlich zu vervollständigen, eben so verkehrt ist es, die alte ächte heldensage durch die ritterdichtungen des 12. 13. 14. jahrhunderts vervollständigen oder gar erklären zu wollen.

II.

Die altnordische heldensage und die heldenlieder der Edda.

Nachdem oben die entstehung und natur der Sage überhaupt besprochen und erklärt worden ist, wird man nun besser verstehen wo, wann, und wie, speziell die altnordische heldensage und die heldenlieder der Edda entstanden sind, und welche spezielle karaktere diese haben werden.

Die germanischen völkerschaften, in den nordlanden so wie die in Germanien, waren brüder eines stammes, und beide die vettern der slavischen stämme. Die völkerschaften in Germanien waren selbstverständlich nicht, wie Tacitus glaubte, autochthonisch in Germanien, noch die nordischen Germanen, wie Jornandes glaubte, autochthonisch im Nordland. Die einen sowie die anderen sind vielmehr im lauf der vier ersten jahrhunderte vor Christus in ihre spätern definitiven wohnsitze in Scandinavien und Germanien eingewandert. Vor dieser einwanderung wohnten sie früher zwischen dem Dnieper und der Oder, wo sie sich von ihren vettern den sarmatischen Slaven abgetrennt und spezialisirt haben. Noch früher lebten sie am schwarzen und caspischen meer, wo sie unter dem vagen namen von skythischen und getischen völkerschaften bezeichnet wurden. Noch früher lebten sie auf den hochebenen und in den thälern Irans. Aus diesem ältesten asiatischen stammsitz sind sie als nomaden im sogenannten patriarchischen zeitalter (etwa 700—100 v. Chr.) ans schwarze meer, und später in die Weichselländer eingezogen. Nach ihrer allmäligen einwanderung in Germanien und Scandinavien und nach dem patriarchischen zeitalter, wo sie noch kärglich, als nomadische jäger, fischer und hirten bei wenig ackerbau lebten, folgte die zweite periode oder das heldenzeitalter (etwa 200—650 n. Chr.) während welchem die germanischen stämme im Nordland und in Deutschland in einen solchen sozialen zustand eintraten, dass die früheren nomadenfürsten, durch krieg und raub bereichert, zu völkerkönigen sich erhoben, von denen die durch muth, reichthum und adel ausgezeichnetsten, in der sage als helden gepriesen wurden. Auf dieses eigentliche heldenzeitalter folgte im Norden als übergang zur geschichtlichen periode die sogenannte reckenperiode, wo an die stelle der heldenkönige, als deren epigonen, recken traten, das heisst kriegerisch-muthige schaarenanführer, welche weder durch reichthum noch auch immer durch adel besonders sich auszeichneten, sondern blose königssöhne und freibauernsöhne waren, welche als buchtler (vikinger) und räuber sich zu land und zu wasser besitzthum und macht zu erkämpfen suchten. Nach dieser übergangszeit der reckenperiode erfolgte in den Nordlanden die eigentliche geschichtsperiode, wo die Scandinaven in die politische und soziale stellung eintraten, in der wir sie während des mittelalters sehen.

Es lag in der natur des geistigen und sozialen zustandes der vorfahren der Scandinaven, dass in der patriarchischen periode zuerst und hauptsächlich die göttersage und mythologie entstand, und sich ausbildete. Denn einerseits nahm die religion natürlich bei einfachen naturvölkern ihr höchstes interesse in anspruch, und andererseits, begünstigte auch ihr sozialer zustand als nomaden, welche stets mit der natur verkehrten, ihre auffassung der naturerscheinungen als götterthaten, welche in der religiösen familien-, stamm- und volkstradition die mythen und göttersagen erzeugten. (s. s. 5.)

Allerdings besteht schon in der patriarchischen periode neben der religion auch das interesse für grosse menschenthaten, welche dann sagen erzeugten die mit den eigentlichen heldensagen einige ähnlichkeit hatten. Da aber einerseits die menschensage immer hinter der göttersage zurücktreten musste, und anderseits die sozialen bedingungen, die das eigentliche heldenthum erzeugen, in der patriarchischen zeit, noch nicht bestunden, so kamen die heldensagen damals noch nicht zur nationalen anerkennung, oder wurden nicht zur tradition. Thatsachen, nämlich, die, obgleich sie bestehen, nicht beachtet und anerkannt werden, haben noch keine geschichtliche existenz; sie bestehen geschichtlich erst dann, wann, nach lang verkanntem bestehen, sie ins allgemeine bewustsein eintreten und zur allgemeinen anerkennung kommen. Deswegen ist es historisch richtig zu behaupten, dass in der patriarchischen periode, hauptsächlich die göttersagen gepflegt wurden, während die heldensagen erst in der folgenden heldenperiode sich entwickelten und neben den göttersagen beim volke zur anerkennung und zur tradition gelangten.

Die mit der heldenperiode erst eintretenden sozialen umstände begünstigten vollständig die entstehung des heldenthums im norden, und somit die pflege der nordischen heldensagen. Zu ende der patriarchischen periode nämlich hatten die nomadischen stämme zur eroberung von wohnsitzen sich zahlreicher unter mächtigen königen gesammelt und national vereinigt. Durch grösseren herdenbesitz und bessere betreibung des ackerbaus hatte sich in dem volke grösserer wohlstand angehäuft, wodurch der reichthum der könige und somit ihre macht und ansehen wuchs. Endlich durch krieg und räuberische streifereien (razzias) vermehrte sich der reichthum der machthaber. Die könige legten sich überdiess neben dem besitzadel einen ausgezeichnetern blutadel bei. Endlich bei der einwanderung und besitznahme der scandinavischen wohnsitze trat bei königen und völkern eine grössere kraftäusserung ein, um den gewonnenen besitz gegen rivalen und nachbarn zu wahren. Kampf und krieg war vor, während, und nach der völkerwanderung, bei allen germanischen und slavischen stämmen, an der tagesordnung. Es entstanden hieraus angestaunte kriegsthaten; es zeigten sich reiche, mächtige, adelige volksfürsten, könige und helden, und aus den heldenthaten dieser periode entstunden und vermehrten sich die eigentlichen heldensagen.

Die heldensagen die sich, schon in der patriarchischen zeit, neben den göttersagen mögen gebildet haben, und die also auch gemeinschaftliches erbtheil der Scandinaven und Germanen hätten werden können, sind sämmtlich untergegangen oder für uns verloren. Was wir von altnordischen heldensagen kennen, ist im Norden in der heldenperiode entstanden, also in einer zeit, die bestimmt nicht über das zweite jahrhundert n. Chr. hinaufreicht, und wo die Scandinaven sich schon von den Germanen getrennt hatten, und selbständig sich die ihnen eigenen heldensagen schufen Die helden, heldensagen und heldenlieder Scandinaviens können also nicht auch den Deutschen gemeinschaftlich sein, sondern sind ausschliesslich altnordisches produkt und eigenthum.

Während die götter nur im geiste und glauben der Nordländer existirten, und demnach die göttersagen keinen historischen inhalt sondern blos eine symbolische bedeutung hatten, sind hingegen die helden überhaupt keine erdichtete oder erdachte persönlichkeiten, sondern reelle historische wesen, die die geschichte der sage und der dichtkunst überliefert hat, deren wahre geschichte aber, welche wir nicht mehr bestimmt kennen, durch sage und dichtung ganz umgestaltet worden ist. Bei aller poetischen umgestaltung aber können und sollen die heldensagen im ganzen keine symbolische bedeutung haben, sondern sie enthalten blos einen episch (vermeintlich historischen) inhalt, der geschehenes darstellt ohne durch dies geschehene begriffe und ideen symbolisch ausdrücken zu wollen.

Wenn man eigentlichen heldensagen eine symbolisch-mythologische bedeutung beilegt, so kommt dies daher, dass man epische helden mit mythischen heroen (göttersöhnen, herabgesetzten göttern, wie Rama, Herakles, Irmin) verwechselte (s. 3.), so dass man, z. b. den Sigurdur, der kein heros aber ein held ist, dessen sage sich freilich an den mythus des Nibelungenhorts angelehnt hat, etwa mit dem griechischen Herakles in eine kategorie stellte, und demnach glaubte, dass, so wie der ehemalige sonnengott Herakles die ungeheuer bekämpfte, so auch Sigurdur ein früherer sonnengott gewesen sei, der den drachen Fafnir erlegte.

Allerdings haben sich in die heldensagen manchmal

mythische elemente eingemischt, wie z. b. der mythus des Niflungenhorts in die Sigurdursage, die Odinserscheinungen in den Helgiliedern und im Hamdislied, die offenbar iotnische persönlichkeit des Vôlundur, in der Volundarsage, die iotnischen jungfrauen Fenia und Menia, in der Frodisage. Es wäre aber eben so ungeschickt diesen heldensagen, im ganzen, wegen dieser mythischen elemente, einen durchaus symbolischen sinn geben zu wollen, als wenn man die Ilias und die Odysseia, wegen der vielen mythischen beimischungen die darin vorkommen, allegorisch interpretiren wollte. So wie der apotheosismus oder evhemerismus unrecht hat mythisches als historisches anzusehen, und die götter als vergötterte (apotheosirte) menschen darzustellen (wie es z. b. Snorri in der Ynglingasage gethan), eben so unrecht hat der heroizismus der die historischen helden heroisirt das heisst zu heroen, zu göttersöhnen, zu götterepigonen, oder gar zu göttern selbst hinauf schrauben und der heldensage eine mythische symbolische bedeutung unterlegen will.

Da die helden der geschichte nicht dem mythus angehören, der ungebildete mensch aber nur persönlichkeiten kennt und berücksichtigt, die seiner familie, seinem stamm, seiner nation zugehören (s. s. 7.), so sind die ursprünglichen helden bei jedem volk keine fremden persönlichkeiten, sondern stets nationalhelden, und, demnach, die ursprünglichen heldensagen blos nationalsagen. Da aber historische nationalhelden nur einer, und nicht mehreren nationen angehören können, so ist es ungereimt zu behaupten die nordischen heldensagen gehören auch den Deutschen gemeinschaftlich an. Eine solche behauptung entsteht nur dann, wenn man den heldensagen (was unzulässig) wie den göttersagen eine mythische bedeutung unterschiebt, und annimmt (was unhistorisch) dass die heldensagen schon damals entstanden seien, als die Germanen sich noch nicht von den Scandinaven abgesondert und spezialisirt hatten, so wie ja auch, z. b. der gott Odin sich gemeinschaftlich bei Germanen und Scandinaven vorfindet. Man bedenkt dabei nicht, dass die mythologie im älteren patriarchischen zeitalter sich gebildet hat, wo noch keine Germanen noch Scandinaven, als solche specialisirt, bestunden, während heldensagen erst in dem darauf folgenden heldenzeitalter entstunden, wo die trennung zwischen Germanen und Scandinaven bereits eingetreten war.

Da die ursprünglichen helden stets nationalhelden sind, so sind die heldensagen leicht auf die nation bei der sie entstanden, zurückzuführen. Da die drei helden Helgi und der ihnen nachgebildete Sigurdur, nordische helden sind, so gehörten die Helgisagen und die Sigurdursage ursprünglich eigens dem Norden an. Aus gleichem grunde gehören die burgundisch-deutschen helden Gunnar und Högni und die heirath Sigurdurs mit Gudrun ausschliesslich der deutschen sage an; die Atlisage kann nicht nordisch noch deutsch sein, sie ist eine Hunnensage, so wie die Frodisage eine speziell dänische sage ist. Da ferner die sagen in eine zeit hinaufreichen wo der geographische und nationale unterschied zwischen Schweden, Norwegern und Dänen noch nicht so genau bestimmt war wie später, so wird es manchmal schwer und sogar unmöglich zu bestimmen, ob eine sage speziell schwedisch, oder norwegisch, oder dänisch sei.

Obgleich ursprünglich die heldensagen nur nationale keine fremdländische sind, so tritt doch später eine zeit ein wo sich nationale sagen mit fremden vereinigen; so haben z. b. die Deutschen im 11. jahrhundert die nordischen sagen Sigurdurs mit der burgundischen, der hunnischen und longobardischen in verbindung gebracht. Beim erwachen des historischen und litterarischen geistes, bei den völkern des mittelalters, zeigt sich sogar eine entschiedene vorliebe für fremdländische helden; Engländer und Normänner erzählen die heldensagen des keltischen Arthur; Franzosen und Deutsche suchen helden auf in der Bibel, im Orient, bei Griechen und Römern. Solche epische erzählungen sind aber keine eigene heldensagen, sondern nur anectirte oder angeeignete auswärtige heldensagen. Wie sehr auch die namen der fremden helden umgeändert und umgedeutet sein mögen, der sprachkenner entdeckt in den so entstellten namen die nationalität des helden und den wahren geburtsort der sage. Denn die sprache ist überall das beste schibboleth an dem man die nationalität und den ursprung der helden und der sagen erkennt. Sie beweisst, dass die Sigurdursage ursprünglich eine nordische, von den Deutschen blos angeeignete sage ist; dass Vôlundur kein deutscher held sein kann und mit den gemeinnamen, dem deutschen Wieland und dem französischen Guilant, ursprünglich gar nichts zu schaffen hat. Denn wäre der deutsche name Sigfried der ursprüngliche gewesen, so hätten die Nordländer diesen helden sich angeeignet unter dem entsprechenden namen Sigfridr oder Sigyrdr (f. Sigvridr); sie hätten ihn nicht Sigurdur genannt, der weder mit dem deutschen Sigfrid, noch mit dem deutschen Sigwart, (Siward) etwas gemein hat. Die Nordländer aber gaben ihrem ihnen eigenthümlichen helden den namen S i g u r d u r (Zum sieg durchs schicksal geweiht), weil er für sie ein wiedergeborener H e l g i (f. Sigurhelgi, Dem sieg geweiht; vergl. Gunn-Helgi) war. Sigurdur ist also von den Deutschen angeeignet worden unter dem deutschen namen Sigfrid (Durch sieg frieden schaffend), weil der wahre nordische namen S i g u r d u r in Deutschland nicht gebräuchlich war. Desgleichen kann der im Norden entstandene name V ô l u n d u r nur Weh-geartet (bösgeartet) bedeuten. Da die Deutschen den namen in diesem sinn nicht kannten, so setzten sie ihn in den gebräuchlichen namen Wieland (Feiler, Raspeler, Goldschmid) um. Wäre hingegen Wieland der ursprüngliche namen gewesen, so hätten ihn die Nordländer ganz einfach durch V e l a n d i übersetzt. Da aber ursprünglich Vôlundur mit Velandi gar nichts gemein hat, so beweisst der nordische symbolische namen Vôlundur (Bösgeartet), dass die sage ursprünglich n o r d i s c h war, und erst ganz späte von Deutschen und Franzosen zu einer grobschmidts-geschichte verballhornt worden ist.

Da die altnordischen heldensagen in der heldenperiode (die erst im zweiten jahrhundert n. Chr. beginnt) entstanden sind, so reicht keine derselben über das zweite jahrhundert hinauf. Die sagen von historisch bekannten helden geben genau ihre entstehungszeit an; sie sind etwa eine generation später als das todesjahr des helden entstanden. Die Atlisagen, z. b., können erst etwa zwanzig jahr nach dem todesjahr Atlis zeit gehabt haben sich zu bilden und zu verbreiten.

Das heldenzeitalter dauerte im Nordland vom 2. bis zum 6. jahrhundert. Mit dem 6. jahrhundert beginnt die Recken- und Buchtlerperiode wo, bei etwas veränderten sozialen und politischen umständen, der recke und buchtler an die stelle des ältern helden trat, und wo die reckensagen die ältern heldensagen (fornir stafir, s. Hamdismal) zurückdrängten. Da aber bestehendes in der geschichte gewöhnlich nicht plötzlich schwindet, so entstunden noch einige heldenlieder in der reckenzeit, wie es, z. b., hervorgeht aus dem Sigurdurgedichte, wo der held und königssohn Sigurdur auch als recke und buchtler (vikinger) dargestellt wird. In der bewegten recken- und vikingerzeit entstanden indess keine reckenlieder; welche die ältern heldenlieder hätten ganz verdrängen können; aber das interesse an den heldenliedern war nicht mehr so lebendig wie in der heldenperiode. Hieraus erklärt es sich zum theil, warum die dichter sich nicht gemüssigt fühlten, die rhapsodischen heldenlieder zu grössern heldencyclen (epos) und die heldensagencyclen zu umfassenderen epopöen auszuarbeiten.

Zu ende der recken- und vikingerperiode, bei neuen sozialen und politischen tendenzen, bleiben die heldenlieder in der tradition unverändert, und die jetzt aufkommende skaldenpoesie welche die thaten der jarle und könige ihrer zeit enthusiastisch und pomphaft im ultra-lyrischen ton besang, war nicht mehr geeignet die alten heldensagen, im epischen, zwar einfachen aber doch gehobenen style, wieder von neuem zu beleben. So durchlebten die heldensagen und heldenlieder durch mündliche tradition die vikingerzeit und die skaldenperiode, bis sie, in der durch das christenthum hervorgerufenen und im 11. jahrhundert angefangenen eruditionsepoche, gesammelt und zum ersten mal niedergeschrieben wurden.

Neben dem wiederholten recitiren der memorirten oder geschriebenen heldenlieder, bestund aber hauptsächlich die öftere erzählung, in prosa, der ältern heldensagen, wodurch der inhalt derselben dem volke bekannt wurde. Durch solche volksthümliche prosaerzählungen wurde der stoff der lieder im detail erweitert und nach den sitten und gebräuchen der damaligen zeit umgeändert vorgetragen. Als endlich die schriftliche prosa im Norden sich hinlänglich ausgebildet hatte, und man schriftwerke zur unterhaltenden lectur abfasste, dachte man auch daran die ältern heldensagen theils nach der spätern volkserzählung (saga) zur unterhaltenden roman-lektur zu bearbeiten. Ein solcher roman ist zum beispiel die Volsunga-saga, aus dem anfang des 14. jahrhunderts, welche in fliessender prosa geschrieben sich mit den besten erzählungen der gleichzeitigen romanischen literaturen messen darf. In Deutschland entstund gleichfalls, weniger auf grund eigentlicher heldenlieder, als nach volkserzählungen der ritterliche heldenroman das Nibelungenlied, worin zuerst Meister Conrad in lateinischer prosa, dann nach ihm ein oder zwei dichter im 12. jahrhundert die deutschen volkserzählungen über den hunnischen Ethele (Etzel), den fränkischen Gunther und Hagen, und den nordischen Siegfried (Sigurdur) zusammengestellt und zu einem oder zwei gedichten (das Nibelungenlied, und die Nibelungennot und klage), in deutschen versen, verarbeitet haben.

Die den romanen und volkserzählungen entnommenen stoffe wurden dann wiederum einzeln rhapsodisch kurz gefasst in lyrisch-epischen gedichten dargestellt, welchen die englischen Normänner den romanischen namen balladen gaben. Diese balladengedichte finden sich in grosser zahl in England, Schottland, Schweden, und besonders zahlreich in Dänemark vor; sie bilden eine litteratur die durch geist, gemüth, und darstellung eben so sehr über den altnordischen heldenliedern stehen, wie das christliche mittelalter des 13. jahrhunderts das heidnische gemüthsarme altnordische heldenthum überragt. Natürlich nehmen einige schwedische, dänische, und schottische balladen ihren stoff aus den volkssagen über die alten nordischen helden, und sogar aus den alten heldenliedern selbst; nur war die behandlung dieser ursprünglichen stoffe eine durch das christenthum, das ritterthum, und die damalige hofsitte ganz umgeänderte; der junge Siegfried, zum beispiel, wurde als schmiedegesell und Wieland als mittelalterlicher schmiedemeister dargestellt. Man begreift demnach, dass es ein unkritisches verfahren wäre, wenn man die altnordischen heldenlieder nach den angaben der spätern balladen vervollständigen und erklären wollte; dies hiesse die entwickelungsgeschichte gerade zu umkehren, und auf den kopf stellen; und in der that haben die angaben welche man aus den volkserzählungen und balladen entnommen, die alten heldenlieder keineswegs erklären helfen, sondern vielmehr in die erklärung derselben einen haarsträubenden wirrwarr gebracht.

Als alleinige reine unverfälschte quelle für die kenntniss der altnordischen heldensagen sind demnach nur die in der sogenannten Sæmunds Edda gesammelten heldenlieder anzusehen. Diese heldenlieder sind uns gerettet worden durch die litterarische thätigkeit isländischer gelehrten, vom 11. bis zum 14. jahrhundert. Die Isländer, veranlasst durch ihren grossentheils norwegischen ursprung, hatten besonderes interesse die götter- und heldensagen ihrer vorväter zu kennen und zu sammeln. Das Christenthum gab ihnen, mit dem interesse für archäologie und geschichte, zugleich auch die lateinische bequeme cursiv-schrift, um wissenswerthes und denkwürdiges aufzuzeichnen. Sei es nun dass diese gelehrten, wie Ari, wie Sæmund, wie Snorri etc., des lateinischen ausdrucks sich nicht, wie Saxo der gelehrte, ganz mächtig fühlten, sei es dass sie der richtigen einsicht folgten dass jeder sich natürlicher und besser in seiner muttersprache ausdrückt als in einer fremden alten todten sprache wie das latein, immerhin zählen die Isländer zu den ersten welche in Europa eine verständliche kräftige prosa in ihrem dialekt zu schreiben verstunden, zu einer zeit wo, bei den romanischen völkern, die damals die spitze der civilisation hielten, die prosa noch ziemlich ungeniessbar war. Sæmund war wahrscheinlich der erste welcher einige mythologische und einige heldenlieder schriftlich sammelte. Dass aber die zahl der von ihm gesammelten gedichte noch nicht gross war geht daraus hervor, dass Snorri Sturluson, der im hause des Ion des enkels und erben Sæmunds erzogen wurde, und sich für sagen interessirte, noch wenig mythologische gedichte und heldenlieder gekannt zu haben scheint (s. Les Chants de Sôl p. 19). Die von Sæmund angefangene lieder-sammlung wurde wahrscheinlich von dem neffen Snorris von Olaf Thords sohn, der blonde skald (hvita skald) genannt, fortgesetzt. Im 13. jahrhundert stellte ein gebildeter isländer mit seinen eigenen grammatischen arbeiten die philologischen schriften des Snorri und des Olaf zusammen, und gab dieser sammlung den namen E d d a (s. Chants de Sol p. 19.; Poëmes isl. p. 15.) welche wir heuzutage unter dem titel S n o r r i s E d d a kennen. Erst im 14. jahrhundert gab man dann auch einer sammlung von mythischen- und helden-gedichten welche man von Sæmund angefangen glaubte, denselben titel E d d a, aus nachahmung der Snorris Edda, und endlich im 17. jahrhundert gab der bischof Bryniolf einer aufgefundenen sammlung von solchen gedichten, zu ehren Sæmunds, des geglaubten sammlers derselben, den titel Sæmunds Edda.

Ueberschaut man die relativ geringe anzahl der in der Sæmunds Edda gesammelten, uns übermachten heldenlieder, so liegt die ansicht nahe, dass wir, durch diese sammlung, lange nicht alle dieser gedichte überkommen haben. Es ist auch sicher, dass manches heldenlied wie z. b. die Sinfiotligedichte, die Kara-lieder verloren gegangen sind. Es ist aber auch zu bedenken dass, im heldenzeitalter, obgleich es vier jahrhunderte umfasst, bei der geringen bevölkerung der Nórdlande, die helden nicht zahlreich wie pilze aufsprossten, dass nur wenige helden zur allgemeinen nationalanerkennung gelangen und gegenstand der heldensagen werden konnten. Andererseits fanden nicht alle helden die sie besingenden dichter. Zu dem war im alterthum die poetische productivität höchst gering, und man begnügte sich zu geistiger unterhaltung mit ganz wenigen stoffen. Bedenkt man dass noch heutzutage, wo der geistige gesichtskreis ausgebreiteter ist, kaum mehr als 500 begriffe und wörter das gesammtvocabular der ungebildeten umfasst, und dass in den städten und auf dem lande, die erzählungen und märchen welche den stoff der unterhaltnng des volkes bilden wenig zahlreich, und manchmal blose nachahmungen älterer erzählungen sind, so begreift man auch, dass das Nordland sich in der heldensage und im heldenlied auf wenige helden beschränkte, und bisweilen gewisse heldenthaten, nur mit veränderten und substituirten namen der helden, wiederholt erzählte. Andeutungen und belege solcher wiederholten nachahmungen finden sich, z. b., in den liedern der drei Helgi, die einander zum theil nachgebildet sind, und wo deswegen in der sage die helden als wiedergeborne (endrbornir) oder wiedererstandene dargestellt werden; sogar in dem ächt nordischen theil der sage des Sigurdur des jungen (sveinn) ist dieser held, in manchem, als ein wiedergeborner Helgi anzusehen. Nach diesen erwägungen erklärt es sich warum die ursprünglichen heldensagen des Nordens, auch zugegeben dass mehrere davon wirklich verloren gegangen sind, doch nur in kleinerer anzahl bestanden haben, und uns desshalb auch nicht zahlreich in der Sæmunds Edda vorliegen können.

Betrachten wir nun näher den inhalt der noch vorhandenen heldenlieder, so zeigt sich, dass der hauptzweck dieser lieder darin besteht die thaten des helden als ein ideal und als ein muster des heldenthums, wie es die damalige zeit auffasste, darzustellen. Aber im lebenslauf des helden waren es nicht allein die thaten desselben, sondern auch sein schicksal welches das interesse der zuhörer fesselte. Das schicksal des helden ist sogar der ideenreichere und deswegen, noch für uns, der wichtigere theil der erzählung. Die älteste poesie des orients und occidents, also auch die mythologischen- und heldenlieder der Edda sind, für den tiefern blick, nicht aller idee, also auch nicht aller philosophie baar und leer. Jedermann der durch eine idee oder einen glauben das menschliche schicksal zu erklären sucht, hat eine philosophische anlage, und befasst sich mit einer frage die, von allen religiösen, philosophischen, und wissenschaftlichen fragen, für den menschen die wichtigste, aber leider auch die undurchdringlichste ist. Ganz äusserlich betrachtet ist das schicksal die ganz natürliche, physische folge der umstände, der denkart, der handlungen des menschen. Nach dem urtheil des sich klug dünkenden Positivismus bereitet jeder sich selbst sein schicksal. Dabei bleibt aber die höhere frage über den eigentlichen urgrund der denk- und handlungsweise der menschen ganz unberührt und ungelöst. Die nordische heldensage stellt, im allgemeinen, das schicksal des helden als die natürliche consequenz seiner handlungen dar. Atli z. b. wird von seiner frau ermordet, weil er die brüder seiner frau hat morden lassen. Manchmal greift die heldensage höher hinauf in das gebiet der göttlichen gerechtigkeit die in der weltordnung sich offenbart: so deutet sie an, dass Frodi der friedsame untergeht, weil er, durch seine goldsucht getrieben, an seinen goldmahlenden mägden hartherzigkeit, überdrang, soziales unrecht verübte. Eine andere moralische ansicht, von dem grund des unheilvollen schicksals, stützte sich auf eine ältere mythische auffassung, der zu folge das böse schicksal durch einen materiell ausgesprochenen fluch bewirkt wurde. So z. b. verfluchte der stürmische Gustr (Ausgiesser) den theil des schatzes der Meergötter oder Niflungar (söhne des Nifl) welchen der Meergott Andvari (Gegenschwall) ihm durch lug und trug geraubt hatte, so dass, von nun an, auf diesem theil des Niflungenschatzes (Niflunga hodd) oder auf dem Andvaris besitz (Andvara nautr) ein fluch ruht, welcher allen denen welche ihn in besitz nahmen (wie der Feuerriese Hreidmar, seine Söhne Fafnir und Regin, der Fafnistödter Sigurdur, die erben des Sigurdurs etc.) verderben und tod brachte. Die unheilbringende kraft welche man dem ausgesprochenen fluchworte beilegte, wurde natürlich in den heldensagen auch den göttern zugeschrieben, so dass man besonders den Odin als den urheber des unterganges mehrerer helden betrachtete.

Die unheilbringende ungunst der götter war aber,

nach der religiösen ansicht des Alterthums, nicht ohne rechtfertigung, sondern durch den übermuth der könige und helden veranlasst. So wie, nach Herodot, die götter neidisch sind auf das glück der übermüthigen reichen, so ist auch in der heldensage Odin neidisch auf die siege der helden; und so wie bei den Griechen die götter die stolzen demüthigen und verderben, um gerechte vertheilung (gr. nemesis, fr. justice distributive) des geschicks moralisch herzustellen, so verdirbt auch Odin übermüthige könige und helden, um das Nöthige (þörf, moralisches recht) ins gleichgewicht zu bringen.

In einigen heldensagen besteht der grund warum Odin die helden dem tode weiht nicht darin, dass er sie beneidet und sich an ihnen rächt, sondern ganz im gegentheil darin, dass er sie schätzt und sie bei sich unter der zahl seiner Einzigen-heermannen (Einheriar) in Valhalle haben will. Allerdings ist diese aufnahme der helden in den himmel durch den tod im persönlichen egoistischen interesse des Odin. Da aber die Einzigenheermannen, am ende der tage in der Götterdämmerung, den göttern im kampf gegen die weltfeinde beistehen sollen, so konnten die jungen helden sich und ihre hinterbliebenen über ihre besiegung und tod damit trösten, dass sie die ehre hatten unter die helden Valhallas aufgenommen zu werden, und mitkämpfer zu sein im allgemeinen weltinteresse.

Abgesehen von der gunst und ungunst Odins und der andern mächtigen götter, wodurch das menschliche schicksal bewirkt wurde, glaubten die alten völker an eine höhere macht, die selbst über den göttern stund und sie regirte, und von der das schicksal aller wesen schliesslich abhing. Diesen höhern willen, den keine religion noch philosophie zu ergründen und zu erklären vermag, nannten die Nordländer das Urgesetz (urlag), einen urtheilsspruch, der nothwendig, als ein ausgesprochenes (lat. fatum), in erfüllung gehen musste (vgl. gr. theia anankè himmlische nothwendigkeit). Mehr als die neuzeit (die einen übertriebenen glauben an die willensfreiheit als an eine unbedingte kraft hegt) stellten sich die alten naturvölker die ursache des menschlichen schicksals als in einem höhern mysteriösen willen bestehend vor. Alle altnordischen heldenlieder, unerachtet aller ihrer bewunderung der heldenthaten, sprechen, bei jeder solennen gelegenheit, den glauben aus, dass der mensch, mit all seiner willensenergie, was er auch thun möge, seinem geschick nicht entgeht.

In den heldenliedern sind die heldenthaten als sieg der erfreuliche theil, das schicksal des helden als besiegung und tod gewöhnlich der tragische theil derselben. Dieses tragische geschick ist bedeutungsvoller und herzergreifender als die erzählten ruhmesthaten, und gibt den heldenliedern eine vorherrschend tragische färbung und stimmung. Diese stimmung ist nicht allein dem trüben Norden eigenthümlich, sondern tönt in den heldenliedern aller nationen durch, so dass sogar, bei den heitern Griechen, die tragödie ein naturgemässer ausfluss der heldensage ist.

Das schicksal des helden besonders das tragische wird, in den nordischen wie in den indischen und griechischen sagen, nicht immer als mit dem tod des helden abgeschlossen dargestellt, sondern es hat seinen nachhall in dem schicksale seiner nachkommen und verwandten, und zieht sich manchmal wie ein blutrother faden durch die geschicke dieser letztern. Sigurdurs tod verhallt erst bei dem untergang des Hamdir und Sörli der letzten söhne der Gudrun. Dieser rothe faden ist die einzige innere verbindung welche zwischen den einzelnen rhapsodien und liedercyclen besteht, und ihnen eine gewisse folgereihe und zusammengehörigkeit verleiht.

Obgleich nicht gerade philosophisch angelegt, sind die dichter der heldenlieder doch nicht der art alles philosophischen geistes baar, dass sie nicht, bisweilen, aus der tragik des schicksals, das sich die menschen durch ihre handlung zugezogen, die moralisch praktischen conclusionen zu ziehen verständen. So sagen sie deutlich genug aus, dass die durch religion und sitte geheiligte familienrache dem rächenden selbst zum unheil gereicht, und aus einem übel eine reihe grösserer übel erzeugt (s. Hamdismal). Einige dichter haben sogar die tragik der heldensagen dazu benützt um durch die erzählung schliesslich, bei den zuhörern, einen speciell ausgesprochenen didaktischen zweck zu erreichen, nämlich um sie zu ermahnen an dem tragischen geschick der helden sich selbst über die trauer des eigenen lebens trösten zu lernen (s. Gudrunar gratr, am ende). Diese didaktik erinnert auch theilweise an die lehre des Aristoteles, dass der zweck der tragödie die reinigung unserer affekte sei, das heisst, dass wir bei dem tragischen, einerseits, nicht zu sehr mitleiden und in schwäche verfallen, und nicht, anderseits, uns selbst sicher glaubend, theilnahmslos für andere werden, sondern in der richtigen moralischen mitte bleibend, aus dem mitleid zugleich mässigung und thatkraft gewinnen.

Wenn wir, nach diesen betrachtungen über den inhalt der eddischen heldenlieder zu ihrer äussern form übergehen, so haben wir zuerst die folgereihe, in der uns diese lieder in dieser sammlung dargeboten werden, kurz zu besprechen. Die heldenlieder sind ihrem wesen nach einzelne, kurzgefasste, manchmal ganz abgerissene rhapsodien, aus dem lebenslauf und der schicksalsgeschichte der helden. Man begreift demnach, dass schon die sammler und abschreiber dieser vereinzelten gedichte gesucht haben sie in eine natürliche, wo möglich historische, reihenfolge zu bringen. Ein schwacher versuch dazu ist in den manuscripten gemacht worden, wie man aus den vier hauptabschriften: der Kopenhagener, der Stockholmer, der Langebeck'schen und Luxdorf'schen, heraus merken kann (s. Edda ed. Kopenh. II, XVII—XII). In diesen handschriften ist der anfang dazu gemacht, die heldenlieder nach der muthmasslichen historischen aufeinanderfolge der erzählten begebenheiten zu ordnen. Da aber in allen vier handschriften eine verschiedene anordnung und reihenfolge besteht, so musste hier, schon im interesse der erklärung der lieder, eine selbständige eintheilung vorgenommen werden. Zuerst sind hier diejenigen gedichte, welche sich auf dieselbe person oder begebenheit beziehen, zusammengestellt worden. Diese dem inhalt nach zusammengehörige gedichte bilden den erzählungscyclus dieser person oder begebenheit. Dann mussten diese einzelnen cyclen nach der innern folge der begebenheiten an einander gereiht werden. Durch diese vorgenommene anordnung geschieht es nun, dass rhapsodien, die in verschiedenen zeiten verfasst waren, dem inhalt nach zusammengestellt wurden, während andere, welche derselben zeit angehören, von einander getrennt werden mussten. Wenn dies in bezug auf die chronologische abfassung der lieder ein nachtheil sein mag, so besteht dabei doch der grössere vortheil, dass nach dieser anordnung, der überblick der gesammten rhapsodien erleichtert wird und besonders den oben erwähnten rothen faden, der sich durch die meisten hindurchzieht, deutlicher vor augen legt, so dass nun alle eddischen heldenlieder, obgleich sie nur rhapsodische fragmente eines ganzen sind, und äusserlich, zusammen kein epos oder epopöe bilden, doch in ihrer gesammtheit fast gleich einem einzigen gedicht, eine einigermassen fortschreitende erzählung darstellen.

Es ist in dieser einleitung nicht wohl am ort, die versification der Eddalieder eingehend zu besprechen, zumal da dieses in frühern publikazionen oftmals geschehen ist. Es erübrigt hier nur noch über die textkritik nähere erklärung abzugeben.

Wir haben hier als eigentlichen text nur die heldenlieder selbst, nicht aber auch die von sammlern und abschreibern beigefügten titel, einleitungen, und in prosa gegebenen erklärungen, zu betrachten. Wie ist es aber mit dem, durch abschriften überlieferten, text bestellt? Dass die mittelalterlichen membranen und spätern papierhandschriften der Edda nicht rein und fehlerfrei vorliegen bedarf keines weitern beweises. Die oberflächlichste einsicht in denselben und der erste versuch ihn philologisch richtig zu erklären wird unsern glauben an dessen unfehlbarkeit gründlich zerstören. Die vorläufige reinigung und besserung des textes nach den besten membranen und handschriften ist durch Sophus Bugge diplomatisch genau vorgenommen worden. Da aber nach dieser diplomatischen textrecension, bei der verderbtheit sämmtlicher abschriften ohne ausnahme, vieles unverständliche, widersinnige und ganz absurde im text geblieben ist, so war es unumgänglich nothwendig, hier die höhere philologische textkritik in anwendung zu bringen. Diese philologische textkritik findet das criterium, die gewähr, und das probemittel ihrer richtigkeit in der richtigen philologischen erklärung des textes. Die gebesserten lesarten wären nur dann zu bezweifeln, wenn, mit andern emendationen, eine bessere und philologisch richtigere interpretation des textes gegeben werden könnte. Die hier vorgenommenen textbesserungen werden sich wie ich glaube vollständig rechtfertigen durch unsere dadurch ermöglichte natürliche erklärung so vieler stellen, welche bisher unverständlich waren und nicht erklärt werden konnten. Die folgende Textkritik und Worterklärung ist daher allen bisher erschienenen textausgaben als correktiv beizugeben; und da jedem Eddisten die eine oder die andere dieser ausgaben zur hand ist, so habe ich es für überflüssig erachtet hier einen corrigirten text drucken zu lassen. In dieser ausgabe der eddischen heldenlieder folgt demnach auf diese Einleitung blos Textkritik und Worterklärung und dann Uebersetzung und Sacherklärung.

B. Textkritik und Worterklärung.

I. Niflungenhort-Cyclus.

1. Andvara nauts-lioð (Andvari's Ring-lied).

Das gedicht trägt in den abschriften keinen titel.

Str. 1. 1) vîti (vorweisung, vorhaltung, fr. reproche). strafe — 2) da helio ôr dreisilbig ist, so muss zur vervollständigung des halbverses, etwa nû (nun) vor Helio gesetzt werden. — 3) Linar steht für älteres Hlînar (beiname der Frigg); Hlîn ist hier bezeichnung der Frau überhaupt; Hlînar-logi (Frauen-flamme) bezeichnet überhaupt das gold als Frauenglanz oder. Frauenschmuck.

Str. 2. 1) Andvâri; vâri gehört zur sippe var, val (drehen, quirlen) und bezeichnet das wirbelnde wasser oder meer (sansc. vari); andvâri (gegenwirbler) gebildet wie andskoti (gegenschiesser), andvinr (gegenfreund), andærr (gegenrudernd), bezeichnet das meer das gegen den sturm kämpft, und ist hier der name des meer-iotnen, des verwandten des Œgir, und wie dieser ein abkomme des Nifl oder ein Niflunger. — 2) Oinn (für älteres vôginn, ôginn, bewogen, bewegt) bezeichnet den stets wogenden ocean und entspricht dem gr. ôgens; vgl. ôgenidai gleichbedeutend mit ôkeanidai; ôanis (wogig) und ânis sikulischer fluss, sohn des Ocean; ôkeanos (f. vôkevanos, wogenwohner); ôèn (f. ogens); ôannes (Meergott); ogôa (Meergott der Karier). — 3) skop oss gehört als halbvers zu aumlig Norn; aumlig (armselig, miserabel) bedeutet hier heillos.

Str. 3. 1) Statt des einsilbigen fâ ist zweisilbig fâu zu lesen. — 2) weil die alliteration mangelt, ist statt **höggvask** (sich hauen, verwunden) öngvask (sich in die klemme bringen, verstricken) zu lesen. — 3) orðom sind hier zusagen, versprechungen.

Str. 4. 1) Ofr-giöld (über-vergelt, schwere busse) kann hier nur ein compositum sein; in compositionen muss aber das erste wort alliteriren, nicht das zweite; daher ist hier die alliteration in giöld fehlerhaft. — 2) þeir er (da sie) dieweil sie. — 3) Vaðgelmir; gelmir (lärmend, tosend) ist der name höllischer flüsse; Vaðgelmir (wad-tosend) ist, in Hel, der schäumende fluss in dem lügner und betrüger zur strafe waden müssen. — 4) leiða limar (die äste sich wegleiten); äste die aus dem stamm sich weiter leiten oder verbreiten, bedeuten hier die folgen die aus den lügen (ôsaðra orða) hervorwachsen und sich weiter leiten oder verbreiten; weil eine lüge zur andern führt und jede eine schwere strafe nach sich zieht.

---

2. Andvâra mein-orð (Andvari's fluchspruch).

Dieses bruchstück hat in den abschriften keinen titel; es gehört nicht zum vorigen gedicht, denn es ist im fornyrðalag gedichtet, während das vorige im lioðahattr abgefasst ist. Es ist aus einem spätern gedicht entnommen, als die sage schon die acht Edelinge (öðlingom atta) kannte, denen der fluch des Niflungenhorts verderben brachte.

Str. 1, Der name Gustr gehört wie Gusir (Ausschütter) und Geysir (sprudel) zur sippe giosa (giessen, ausschütten) und bezeichnet hier den meersturm-Iotnen welchen Andvari durch lug und trug um sein vermögen gebracht, und der deshalb gegen seinen betrüger den fluch über das geraubte gold ausgesprochen hatte.

---

3. Hreiðmars mâl (Hreiðmars spottrede).

Der Titel fehlt in den abschriften.

Str. 1. Ykkar beggia (euch beiden) bezeichnet den vater Hreidmar und den sohn Fafnir.

Str. 2. 1) Hreiðmarr statt älteres Greiðmarr (Meerkämmend) bezeichnet einen Sturm-Jotnen. — 2) Wegen der disjunction der alliteration ist, statt þat fâr fyrir, zu lesen þat ſyrir fâr (wenn ich wüsste dass dies gold zur gefahr gereicht).

Str. 3. er þat steht für þeim er þat (denen dieses).

Str. 4. 1) hygg ek gehört in den ersten halbvers. — 2) Um den zweisilbigen halbvers hôt þin zu vervollständigen, ist wahrscheinlich hættlig (gefährliche) einzusetzen. — 3) lyf gehört zur sippe sansc. lip (schmieren), gr. aleifo, lith. lipti, und bedeutet schmiere, salbe, (got. lubia arznei), gift (mitteld. lüppe), koth.

---

4. Hreiðmars hefndar hvöt (Hreidmars Rache-ruf)

Der titel fehlt in den abschriften; das gedicht ist ein fragment.

Str. 1. 1) Lyngheiðr (heide-lichtung) ist die ältere und Lognheiðr (waldbruchslichtung statt lofnheiðr) die jüngere tochter des Sturm-iotnen Hreidmarr. — 2) Wegen disjunction der alliteration ist þat er-þiar þörf zu lesen; þîar (f. þîair) nöthigt, erheischt. — 3) þörf (bedarf) bezeichnet das was, nach recht und pflicht, moralisch noth ist; hier die pflicht der, durch gesetz und sitte, gebotenen rache; von seiten Odins ist þörf die gerechte vertheilung (gr. nemesis, fr. justice distributive). s. s. 40. — 4) hlyra harms, (der vom bruder begangenen unthat).

---

5. Hreiðmarr ræðr hefndi (Hreidmar ertheilt rath zur rache).

Dies fragment eines gedichts hat in den abschriften keinen titel; es gehört nicht zum vorigen gedicht, weil es in dem fornyrdalag verfasst ist.

Str. 1. 1) statt dottur ist dottir zu lesen; dîs ulfhugað ist nicht Lyngheidr, welche die rache verweigert, sondern die muthige tochter welche Lyngheidr gebären soll. — 2) dîs entspricht dem sansc. dhayasî und bezeichnet ursprünglich ein bedienendes mädchen, speziell die dienende schwester, hier bedeutet es allgemein entschlossenes mädchen. — 3) siklingr kann nur von sikla (sigla) abgeleitet sein, und segler bedeuten; wie vikingr (buchtler) bedeutet es hier einen seekönig.

---

6. Lyngheiðr ræðr iafnaði (Lynheide rathet zum vergleich).

Dieses bruchstück führt in den abschriften keinen titel; es gehört nicht zum vorigen gedicht, weil es im lioðahattr verfasst ist.

Str. 1. Kveðia einn eins (einen um etwas ansprechen) ein begehren an ihn stellen.

II. Helgis Hiorvardssohns-Cyclus.

1. Frânmars heili (Franmars unterhandlungen).

Das gedicht hat in den abschriften keinen titel.

Str. 1. 1) Sigurlinn (im Siege linde). — 2) Munarheim (Lustheim) ist in der epik ein gebräuchlicher name, um die wohnung der königinnen und königstöchter zu bezeichnen. Ohne ein eigenname zu sein, bezeichnet er hier speziell die wohnung der Sigurlinn der jungfräulichen tochter des königs Svafnir von Svavaland; er ist hier entgegengesetzt der schönen frauenwohnung at Glasislundi (zu Glanzhain) in der burg des königs Hiorvard.

Str. 2. 1) fleira mæla (weiteres besprechen) über mehreres unterhandeln. — 2) blota (spenden) opfer bringen, als einem übermenschlichen wesen. — 3) kys bedeutet als geschenk für die unterhandlung sich auswählen.

Str. 3. 1) kaupa (zu schlagen, gr. kopto) heisst den handschlag zum kaufe geben (s. Allweise's Sprüche p. 238). — 2) vel (wohl) rechtlich, billig; mit dem accent und der alliteration. — 3) kynni (art) natur, gewohnheit; vinna kynni, art, verfahren derjenigen, welche freunde sein und bleiben wollen.

Str. 4. hôf ist hier das eingefriedigte, bedeckte heiligthum; hörgr ist der eingefriedigte, unbedeckte altarplatz für weibliche gottheiten.

---

2. Atla örendi (Atlis botschafts-bericht).

Das fragment hat in den abschriften keinen titel.

Str. 1. 1) Der im norden gebräuchliche name Atli (Väterchen) ist gleichbedeutend mit Biörn (bär). — 2) meginfioll (mächtigen gebirge) sind die unwegsamen gebirge die der botschafter Atli durchreist hat. — 3) Sæmorn ist ein der see nahegelegenes moorland.

---

3. Svavu hvöt (Helgi wird durch die Valkyrie Svava zu heldenthaten angereitzt).

Das fragment-gedicht hat in den abschriften keinen titel.

Str. 1. 1) Svava (f. slava; vgl. svefa und schlafen) ist das slavische slava (ruhm); der name Svevi (Schwaben) bedeutet rühmliche, ist aber verschieden von Slavin (sonnlich, sonnenkinder) Slave. — 2) apaldr (f. apal-tre, apfelbaum); apal entspricht dem sansc. sval (geschwollen, rund, sonnenscheibe) und bedeutet in den südlichen ländern die orange (hesperidenapfel) welche den sonnenball darstellt, und somit auch das symbol der liebesbrunst und liebesfruchtbarkeit ist. So wie baum überhaupt im Norden den starken mann, und Askr (der Esch) den ersten menschen bezeichnet, so nennt man einen vorzüglichen mann einen apfelbaum; rôga apaldr (der kämpfe-apfelbaum) ist bezeichnung des kampfbereiten helden. — 3) röðulsvellir (ebenen der sonne) bezeichnet, wie iormungrund (sonnen-grund), die erde, hier die ländereien. — 4) Da örn (adler) auch homonym ist mit örn (f. vorn, abwehr von vara), so verkündet adler-gekrächz den schwerdtergesang (kampf); örn gôl arla (der âr oder das schwerdt sang frühe) sagt aus, dass Helgi früh schon das schwerdt-singen (sverþa saungr, schwerdter-sausen, kampf, vgl. Grotta saungr) anfangen wird. — 5) þegir (schweigest) bedeutet: deinen muth, deine kampflust zurückehältst, nicht bethätigst.

Str. 2. 1) Helgi (geheiligt) hat die bedeutung von sigur-helgi (dem siege durchs schicksal geheiligt) wie das lat. Augustus den bezeichnet der durch das Vogelkür-orakel (augurium) zu grossem bestimmt ist. — 2) hygg þu fyr ollom atkvæðom vel (bedenke wohl was zu allen anreden gehört) das heisst bedenke, dass dem namengeben ein geschenk als angebinde mitgegeben werden soll. — 3) statt þik (dich) ist þikt (genehmes) zu lesen; s. Allweise's sprüche s. 241.

Str. 3. 1) Sigarr (f. Sighârr kampfhehr) bezeichnet den Sigar den urenkel des Halfdan des alten; Sigarsholm bezeichnet wahrscheinlich einen holm bei der insel Onglœ in Hâlogaland, wo Sigar in Steiga wohnte; s. Egilsson Lex. s. 702. — 2) statt fiorum færa (weniger als vier) ist fâm um færa (um weniges weniger, das heisst um eins weniger) zu lesen; um, lat. circa, hat die bedeutung von ohngefähr, s. Grimnismâl str. 24. — 3) vignest (kampgeflecht) bezeichnet einmal den schild aus weiden und lederriemen geflochten, ein andermal den aus ringen geflochtenen panzer.

Str. 4. 1) statt hringr ist hættingr (bedrohung) zu lesen; hættingr entspricht dem hugr (ermuthigung) und ogn (schreckverbreitung). — 2) valbosto; bust (für butt ausgestossen) gehört zur sippe: mitteld. bozan (stossen), fr. bout (vorstoss, ende), kymr. both (knopf), fr. bouton (spross, knopf), und bedeutet den knauf am schwerdt; valr (rund, rundung); val- bost (rundknopf) bezeichnet den stumpfen, runden schwertknopf, im gegensatz zur scharfen schwerdtspitze.

---

4. Helgi vîga fûss (Helgis kampf-wunsch).

Dies fragment hat in den abschriften keinen titel.

Str. 1. 1) Hiörvarðr (schwerdt-wart). — 2) heilraðr bedeutet sein heil und glück durch kampf und sieg bewirkend. — 3) statt eld eta ist, der alliteration wegen, eta eld zu lesen.

Str. 2. 1) Hrôðmarr (Ruhmes-meer); vgl. Hreidmarr, Granmarr) ist der freier der Sigurlinn, und später der töder ihres vaters Svafnir. — 2) niðiar (abkommen, geschlechtsreihen) begreift auch die geschlechtsreihen der vorfahren in sich. — 3) sêsk at lifi (er versieht sich für's leben) er fürchtet für sein leben.

---

5. Helgi i Hatafiorði (Helgis kampf im Hatafiord).

Dies gedicht hat in den abschriften keinen titel.

Str. 1. 1) Hrîmgerðr; gerðr (umgürtung) bezeichnet ein frauenzimmer das den jungfräulichen gürtel trägt. Hrimgerðrr ist der name einer jungfrau aus dem geschlecht der Hrîm-þursar. — 2) Hatafiord ist der name eines fiord (langbucht) den man nach dem Iotnen Hati (Hass) benannt. — 3) skioldom tialdat (mit schilden gezeltet), durch zusammengestellte schilde eine art zelt zum nachtlager des schiffsherrn bereitet.

Str. 2. 1) gramr (gram) ist bezeichnung des iarls Atli des schiffwarts des königs Helgi. — 2) statt um öðlings flota (um des adelings flotte) ist um öðling flota (um den adeling der flotte) zu lesen. Der adeling der flotte ist könig Helgi als flottenführer. — 3) falor (verdeckte) ist, gleich halor (versteckte), bezeichnung der Iotnenweiber welche die im meer versteckten felsenriffe symbolisiren. — 4) damit im halbvers wenigstens vier silben stehen, ist vor knegoð etwa ok einzusetzen. — 5. iarnborgir (eisen burgen) bezeichnet die kriegermannen welche mit dem schwerdt wie eine feste burg (iarn) den könig Helgi bergen und bewachen, und welche dem schiffervolk der flotte entgegengesetzt sind.

Str. 4. 1) Da Atli (Ettchen, Väterchen, sl. otiec,

hunn. Ethele, hunno- gr. Attilas), im Norden, der charitative namen für Biörn (Byron, Bär ist), so hat der name mit ötull (ätzend, beissend, scharf) nichts gemein, obgleich es hier Atli, wortspielend, auf ötull bezieht. — 2) hinter urgan ist das ausgefallne beits (vgl. str. 3) wieder einzusetzen.

Str. 5. 1) statt er ist ær (eher, vielmehr) zu lesen. — 2) statt baðmi (baum) ist barðmi (träger, busen s. Allweise's Sprüche s. 228) zu lesen.

Str. 7. 1) vara fyrir (vor etwas als hinderniss stehen) dagegen wehren. — 2) statt er þu lese ær þu (vielmehr du) im sinn von ja sogar. — 3) þvari (quer gelegtes, balken, riegel) verhinderung.

Str. 8. 1) brynn plural von brun (augenbraunen und augenwimpern); siga brynn fyr brâr (die obern augenwimpern fallen herab auf die unteren augenwimpern) bezeichnet die geschlossenen augen, um nicht zu sehen, oder um zu schlafen. — 2) statt Hloðvards ist Hiorvarðs zu lesen; Hiorvarðs söhne sind die halbbrüder Helgis, Humlungr, Hylmingr, welche mit ihm, beim heerzug, waren.

Str. 9. 1) über brettir sinn hala (seinen schwanz erheben) und sveigia sinn hala (seinen schwanz senken) s. Allweise's Sprüche s. 243. — 2) aptarla (rückwärts, zurückhufend) ist das gegentheil des vorwärts!, wodurch die kühnheit (vgl. frekr, lat. pronus vorwärts gebeugt) bezeichnet wird. — 3) statt hreina rödd ist hramra rödd (der starken sprache) zu lesen.

Str. 10. 1) statt remi ist ramri (stärker) zu lesen. 2) er allhugat (ist völlig nach absicht, nach wunsch).

Str. 11. 1) rêtti (f. rengti) verrenkung. — 2) statt î vîk Varins ist vik î Varins zu lesen; varinn (gekrümmt) ist dialektische nebenform von ormr (f.

kvarmr, lat. vermis, sansc. kermis) wurm; vgl. völkername Varini bei Tacitus; auch als person-eigenname im Norden gebräuchlich.

Str. 14. 1) Lodinn (Zottig) ist ein Jotnennamen der im Skaldskaparmâl aufgeführt wird. — 2) statt heitir er ist blos ær (vielmehr) zu lesen; heitir ist blos wegen des misverstandnen er (ær) eingesetzt worden. — 3) þolleyio (Baumstamm-insel) in Hrimthursenheim.

Str. 15. Die verse: margullin mær mer þôtti afli bera,

her stè hon land af legi
ok festi svâ yðarn flota,

sind als unächt auszuscheiden, 1. weil überzählig, 2. weil gegen die versart, 3. weil dem sinn zuwider, 4. weil unnützes nicht hiehergehöriges enthaltend.

Str. 16. 1) Diese strofe ist von Atli nicht von Helgi gesprochen. — 2) ek, obgleich nicht alliterirend, hat den sinn-accent; Atli sagt: wenn, anstatt Helgi, ich dir büsse. — 3) wegen der disjunction der alliteration ist gorva statt gorr zu lesen. — 4) gram bezeichnet hier, wie oben str. 2, den Atli und steht für mir.

Str. 17. 1) statt niundir ist mundir zu lesen; mund, hand, handvoll, fr. poignée) bezeichnet, wie lat. manipulus, einen kleinen trupp; hier bezeichnet es, wie þioð (volk) in Vafthrudnismal str. 49, einen trupp von drei personen. — Die verse:

hagl î hava viðo
þaðan kömr með aldom âr
alt var mer þat leitt er ek leit'k,

sind offenbar unächt, 1. weil überzählig, 2. weil gegen die versart, 3. weil unnützes nicht hieher gehöriges enthaltend.

Str. 18. Die zweite halbstrophe lautet ächt:

â vatni borgit er ððlings flota
ok siklings monnom ið sama;

ein glosirender abschreiber setzte unnütz â landi vor siklings monnom, und das unächte â landi wurde alsdann vor â vatni eingeschoben.

---

6. Helgi ok Hêðinn (Helgis besprechung mit seinem halbbruder Hedinn).

Das gedicht trägt in den abschriften keinen titel.

Str. 1. 1) Hêðinn als sohn des königs Hiorvard und einer burgundischen mutter, ist der halbbruder des Helgi. Sein name entspricht dem burgundischen hendinus (einziger) womit man den obersten als einzigen und fürsten bezeichnete (s. Les Gètes p. 289); der name ist abgeleitet von sâ (dieser) gr. hos; davon kommt sansc. sânas (erster), gr. henos (einziger), lat. senis (s. Allweise's Sprüche s. 35), hann (jener). Das adjectif von hann ist hendinn (f. hen-inn, einziger) russ. odiny, pol. iedyny. Hêdin bedeutet also der einzige, als einheri (einziger kämpfer) oder als fürst der keinen gleichen neben sich hat. Das gothische kindins (fürst) halte ich für abgeleitet von kind (spross; von keian sprossen keimen) und synonym mit hniflungr. Hedin ist ein im Norden, gebräuchlicher namen; nach einem helden dieses namens ist Hedinsey (Hedinsinsel) genannt; dieser ist vielleicht derselbe held dessen nachkommen Hiaðningar (Hedins abkommen) heissen. — 2) spiall ist nicht erzählung sondern verderblicher kampf, der den besiegten unglück und exil brachte. — 3) stillir bezeichnet einen edeling, in so fern er durch seine entscheidung streitigkeiten einstellt oder stillt. —

4) steykt er einom (es ist mit einem gestossen worden) einer ist gestossen.

Str. 2. 1) glæpr (verrücktheit) verkehrtheit. — 2) Bragar full (des Herrlichen vollbecher) ist der volle becher den ein held zu ehren des herrlichen Freyr (sonnengotts) leert, mit dem gelübde sich durch grossthaten bald auszuzeichnen. Bragur (herrlicher) ist ursprünglich verschieden von Bragi der herrliche gott der dichtkunst.

Str. 3 1) ölmâl sind gelübde (ölheiti) die man beim jul-trinken ablegt. — 2) okkar beggia ölmâl sagt aus, dass unserer beiden gelübde in erfüllung gehen werden; (meines ist bereits wahr geworden, deines soll es später werden). — 3) mer hefir stillir steykt til eyrar (mich hat der fürst gedrängt zum holm) der fürst Alfr hat mich gefordert zum holmgang. — 4) at gôðo görask (zum guten sich wenden); slikt ef skal (wenn es, durch's schicksal, auf solche weise sich wenden soll).

Str. 4. 1) gôðs verðr ok giafa (statt der tödtlichen feindschaft, der güte und wohlthaten würdig). — 2) þer er sömra (obgleich es, nach der sitte, für dich natürlicher und passender wäre).

Str. 5. 1) statt rekvið ist rökkvit (verfinstert, dunkel) zu lesen. — 2) Sigarsvellir (Sigarsebenen) ist wahrscheinlich der kampfplatz auf Sigarsholm (s. s. 41.) wohin Alfr, Hrodmars sohn, den Helgi zum zweikampf gefordert hat. Sigarr war der bruder des Högni und onkel der Valkyrie Sigrune der geliebten des Helgi.

7. Helga nâorð (Helgis letzte reden).

Dieses gedicht hat in den abschriften keinen titel.

Str. 1. 1) Sigarr (Sieghehr) ist hier der heerführer (iarl) des königs Helgi, der an die stelle des ältern heerführers Atli getreten war. — 2) Eylimi (Insel-armig) vater der Svava, des Gripir und der Hiordis der mutter des Sigurdur.

Str. 3. ef hann sâr um lek (wenn diesen einer mit einer wunde belöckte) eða sverð um beit (oder ihn mit dem schwerdt bebisse).

Str. 4. 1) hèr (hier) das ich des rhythmus wegen für ächt halte, bezieht sich auf Sigarsholm, wo Helgi fiel und bei Frekasteinn (Frechenhöhle) zum tod verwundet lag. Diese strofe ist also gesprochen von Hedinn, der dem kampf beiwohnte, den verwundeten zum Frekastein brachte, die ankommende Svava empfing, und dann zu Helgi führte. — 2) þôtt þörfgi væri (obgleich keine gerechte schicksalsvertheilung, von seiten Odins, vorhanden war) s. ob. s. 28.

Str. 5. hug skaltu deila (mögest du meinen gedanken, meine absicht, meine bitte an dich, mit mir theilen!).

Str. 6. iofur astom leiðir (dass du mit liebesbezeugungen dem Eber nachgehest); ihm, als künftige braut, liebevoll begegnest.

Str. 7. 1) Munarheim (Lustheim) ist hier die epische bezeichnung der frauenwohnung; s. ob. s. 39. — 2) ökunnan (unbekannt, unberühmt) bedeutet hier blos nicht eben so berühmt wie Helgi.

Str. 8. 1) statt eigi aðr ist eigi aptr zu lesen. — 2) statt Rogheim ist wahrscheinlich zu lesen Rogaheim für Rogaland, wo Hiorvard und Hedin wohnten. —

3) Röðulsfialla (Röthelfelsen, Sonnenfelsen) scheint wohnort des königs Eylimi und seiner tochter Svava zu sein; cf. Raudfiall.

III. Helgi's Sigmundssohns-Cyclus.

1. Helga kviða Hundingsbana (Des Helgi Sigmundssohns sagelied).

Str. 1. 1) âr var alda (es war frühmorgen für die menschengeschlechter). — 2) ârar (boten) sind burgwächter die den glücklichen morgen (sansc. kalyam) verkünden und anwünschen; hier sind es schicksal-verkündende adler (s. ob. örn s. 40). — 3) heilog votn (die glückhaften nässen) sind die fruchtbaren morgentautropfen, hier die regengüsse des befruchtenden gewitters. — 4) Borghildr (Burgkampf, Stadtwehr) könig Sigmunds junge gemahlin. — 5) Brâlundr (Brauen-hain) bezeichnet die, wie eine drohbrauige stirn, ausschauende waldumgebene burg des königs Sigmund in Süddänemark.

Str. 2. 1) öðlingi (dem Edeling) dem adeligen königssohn Helgi. — 2) fylkir (volkführer bezeichnet einen vom könig angestellten heerführer; hier bezeichnet es den Helgi als künftigen heerführer und könig. — 3) buðlungr (des gebieters abkomme) abgeleitet von buðill (büttel, gebieter) und buðli (gebieter, fürst) bezeichnet stets einen königsabkommen.

Str. 3. 1) snero af afli orlög þatto (sie drehten mit kraft die schicksalsfaden) sie ausbreiteten gewaltige schicksalsseile. — 2) statt borgir braut ist zu lesen borgar braut (der burgweg) der durch den wald durchbrochene weg zu und von der burg. — 3) mânasal (mond-wohnung) bezeichnet den himmel.

Str. 4. 1) lofðungr abgeleitet von lofaðr (belobt, lobesam) bezeichnet den könig der von einem belobten fürsten abstammt. — 2) þrâ einni festi (sie legte eine einzige einhaltsfessel vor). — 3) statt Nera ist Nōra (für Nörva) zu lesen. Nörvi auch Narvi genannt ist die iotnische personnificazion des abenddunkels und der sohn Loki's. Die schwester des Nōrvi (nipt Nöra) ist die tochter Loki's, die Hel. — 4) Ylfinga nið (nachkommen der Wölfingen) ist Sigmund. Die Wölfingen stammten von einem slavischen Vilka (Wolf), der selbst aus dem göttlichen geschlecht des Volos (Wellenhaar, beiname des Provo, Freyr), und also ein Volsungr (abkomme des Volos) war.

Str. 5. statt des ungebräuchlichen hversir ist hverfir (er wirft herum) zu lesen.

Str. 6. 1) döglingr (betugten-sohn) stammt von einem verlorenen dugill (betugt, tauglich) und bezeichnet den abkömmling von einem tapfern biedern vater. — 2) statt des unvollständigen dreisilbigen halbverses âr kominn ist viersilbig gôð-âr kominn zu lesen — 3) statt or vig þrimo (aus kampflärm) ist wahrscheinlich or veg-þremom (von den wegrändern) zu lesen, weil Sigmund den jungen baum vom wegrand des burgwegs wegnehmen liess; von kampf kann nicht die rede sein, da der schlacht-rabe ja keine atzung hatte. — 4) laukr gehört zur sippe sansc. rudj (keimen, sprossen leuchten), lat. lucus (aufsprossender, junger wald) und bedeutet spross, gewächs, lauch; hier bedeutet es einen jungen baum von der stärke eines mastbaumes (laukr), den der könig nicht, wie einen zweig, in der hand tragen (bera) konnte, sondern den er nach der burg musste bringen lassen (fǽra).

Str, 7. statt hring-staði ist, so wie in str. 38, hringstafi (ring-gegenstände, goldsachen) zu lesen, weil hier von dem geschenk, das man, als angebinde, beim namen-geben machte, die rede ist, und weil Hringstöd (Ringstätte) hier unter den adelsgütern angeführt wird welche der könig seinem sohne später, als apanage, schenkte. — 2) Sôlfiöll (Sonnenfelsen) gleichbedeutend mit Rōðulsfiöll; Snæfiöll (Schneefelsen); Sigarsvellir (s. s. 46.); Hâtun (Hochzaunen); Himin-vanga (Himmelswiesen). — 3) Sinfiötli (Fahrt-verbündeter?) trug diesen namen wahrscheinlich weil er der stätige gefährte seines vaters bei dessen abentheuern war. Er war der sohn Sigmunds und dessen zwillingsschwester Signy (Siegneu, Siegjunge), was auf die philadelfie der Vanen (Slaven) hinweist. Helgi heisst hier brôðir Sinfiotla das heisst der halbbruder des Sinfiötli.

Str. 8. hodd (schatz) bezeichnet das privatvermögen (lausa fe) des Helgi; deswegen ist statt bloðrekinn, vielmehr blîðrekinn (der die milde, freigebigkeit, weit hinaus trieb) zu lesen.

Str. 9. Hunding, (abkomme des Hund) gehörte, durch den Jotnen Hund, zum iotnischen geschlecht des Geir-Mîmir.

Str. 11. gremi ist hier der genitif der, wie veðrs, von vân abhängt.

Str. 12. at Logafiollom (bei den Lagefelsen) steht wahrscheinlich für at Hâlogafiollum (bei den hochlagefelsen); Hâlogaland hat mit heilagr, helgi, nichts gemein; es kann nur hochmeerland oder hochlageland bedeuten, weil dies land am höchsten oder nördlichsten meer oder theil des bewohnten Norwegen lag. Die Hundingssöhne als abkommen der Jotnen wohnten im hochnorden; der holm oder die insel, (ey) wohin sie den Helgi hin beschieden, lag wahrscheinlich beim Hâlogaland, halbwegs zwischen dem hochnorden und süd-Norvegen.

Str. 13. 1) Die vier söhne des Hunding werden hier genannt Alfr (Elfe), der den Helgi gefordert hat, Eyiolf (Inselwolf), Hiörvarðr (Schwertwardt) und Hâvarðr (Hohen-wart). — 2) Arastein (Adlerstein) steinhöhle welche auf dem holm bei den Lagafiöll lag. 3) Geir-Mîmir name des urahns der Hundingssöhne, welcher zum unterschied von Mîmir (Hodd-Mîmir) der Geir-Mîmir (Geren-Mimir) hiess.

Str. 14. statt þâ var ist, mit Bugge, hâvar zu lesen.

Str. 15. 1) ulfiði ist zusammengesetzt aus ulf und n. iði (innere) und bedeutet wolfhöhle, Arastein (Adlerstein) genannt; or ulfiði (heraustretend aus der höhle). — 2) um die fehlende alliteration herzustellen ist statt þrymr var nothwendig frâ þrym zu lesen; frâ ist wegen des vorhergehenden assonirenden fara ausgefallen. — 3) dîsir suðrænar (südländische frauen) sind die Valkyrien unter anführung der Sigrune Högnis tochter, aus süd-Norvegen.

Str. 16. 1) liddi schwache form für leið (verging); s. Egilsson s. 524; liddi randa-rym (es verging mit dem schild-geklirr) das schildgeklirr hörte auf. 2) ræsir ist der anführer einer râs (schiffslauf) eines seekriegszuges. — 3) baugbroti (ringbrecher) der die silberspirale abbricht um sie zu vertheilen; der freigebige fürst.

Str. 17. 1) Granmarr gebildet wie Hreidmarr, Hrodmarr, Franmarr bedeutet Föhrenmeer und ist der name des iotnischen vaters des Hödbrodd (Kampf-stachel) des tödters des Isungs (abkomme des Is, Eis.) — 2) ôhneisan (untadelich); von hnîga (neigen) kommt hneigia (erniedrigen; got. hnaigan spotten); hneigsl (spott); hneisa (f. hneigsa) beschämen; hneistr (beschämt), ôhneiss (untadelig) tadellos muthig. — 3) Köttr (kater) ist der name eines Iotnen; Kattar son (sohn des Köttr) iotnen-sohn, das heisst von iotnischer abkunft.

Str. 19. 1) vor iðgnogan ist ok ausgefallen. — 2) ognar-lioma (des schrecknisses glanz) bedeutet gold, welches der glanz des schrecklichen oceans (Œgir) ist.

Str. 20. 1) Brandeyia (Schwertinsel) ist eine insel die zum reich des Helgi gehört. — 2) þengill (volkssammler) bezeichnet den fürsten der das volk zum ding- und kriegszug sammelt. — 3) Hêdinseyia (Hedinsey s. s. 45.) gehörte auch zum reich des Helgi.

Str. 21. 1) Statt stöndo ist zu lesen steindo (weiss, roth, blau, gemalt) dem buin gulli entsprechend, und gleichbedeutend dem blâsvört, str. 30; steindo bezieht sich auf stafnnesi (stefnspitze); or stafnnesi (von der stefnspitze aus bemalt) für an der spitze bemalt. — 2) statt her ist hver (brandung, meer) zu lesen. — 3) Hiörleif ist der name des schiffswarts des Helgi.

Str. 22. 1) Trönu-eyrr (kranich-bank) ist der name des strandes, wo augenblicklich Hiorleifr sich befand und von wo aus er der schiffe lauf beobachtete. — 2) Iorva sund (Sand-sund) lag oberhalb des Trönueyrr. — 3) um den halbvers und den sinn zu vervollständigen ist nothwendig ero vor tôlf zu lesen. — 4) Hâtun ein distrikt der dem Helgi gehörte s. ob. s. 50. — 5) vân er um rômo (es ist gute hoffnung für siegeskampf).

Str. 23. 1) svâ-at; Helgi brach am frühmorgen das zum nachtlager errichtete stefnzelt so ab dass die mannschaft des königs erwachte. — 2) über döglingar s. s. 49. — 3) statt siklingar (seekämpfer s. s. 38) ist zu lesen siglingr (segler), abgeleitet von sigul (vgl. lat. sagulum mantel) segel. — 4) vef-nisting (webgeflecht) bezeichnet das segeltuch. — 5) Varins firði (Wolfs-langbucht) s. s. 43.

Str. 24. Kôlga (kälte habend) bezeichnet die kühle meereswoge (svöl); ist hier die personifizirte Meerwoge als tochter des Ocean (Œgir); die Schwestern der Kolga sind ebenfalls personifizirte meereswogen.

Str. 25. statt varðat hronnom hafn þingloga ist zu lesen varð at hronnom hafn þingloga (genöthigt war das meer mit den fluthen den zusammenfluss zu verläugnen); þingloga vera (dinglügner sein) bedeutet das versprochene erscheinen auf dem ding nicht halten, fr. faire faux bond; das meer ist bei dem zusammenfluss (þing) mit den wogen ein lügner (loga) heisst es stellt sich nicht hilfreich bei ihnen ein, drängt ihnen nicht hilfreich nach.

Str. 26, at Gnipalundi (beim Absturzwald); so nannte man ein vorgebirg von absturzfelsen und wald, auf der westküste von Norvegen.

Str. 27. 1) i Unavagom (in den Ruhwogen) so nannte man eine bucht einige stunden unterhalb der seegegend at Gnipalundi genannt, in der nähe des landes der Granmarssöhne. 2) þeir sialfir (sie selbsten) hat die bedeutung von herren, im gegensatz zu den ihnen dienenden menschen, thieren und sachen. — 3) þeir sialfir frâ Svarinshaugi (die Herren von Svarinshaug sind die Granmars söhne weil ihr ältester bruder Hödbroddr seinen königssitz in Svarinshaug (Svarinshügel) hatte. — 4) In den abschriften und ausgaben der Edda folgen auf diese strophe 14 strophen (ed. Bugge str. 32 bis 46) welche offenbar hier unächt sind. Diese eingeschobenen hier unächten strophen bilden ein besonderes gedicht dem ich den titel Sinfiotla heipt-mâl (Sinfiötlis schmähreden) gegeben und welches weiter unten erklärt werden wird. Die beweise, dass diese strophen hier unächt, sind folgende 1) hier herrscht die erzählende form, in den eingeschobenen strophen hingegen der dialog, 2) hier ist Hiorleifr der Schiffswart, in den strophen ist es Sinfiötli, 3) die eingeschobenen strophen sagen dinge aus die mit diesem gedicht im widerspruch stehen, 4) sie unterbrechen die natürliche folge zwischen dieser und der folgenden strophe.

Str. 28. 1) af rîki (aus drang) mit drang, mit schnelligkeit. — 2) Svip-uðr (Schnell-wind) und Svegioðr (Schwingwind) sind erdichtete rosse-namen. — 3) hliðir (eingänge der berghalden, gr. pulai, lat. portae) bergklammen. — 4) Mist (f. miska mischung; vgl. Miskor-blindi) ist die, als Valkyrie, personifizirte wolke; Mistar marr (der Mist rappen) ist der wind der die sturmwolken trägt, die luft welche die Valkyrie durchreitet.

Str. 29. 1) statt tiggia ist teigia (zeichen geben) zu lesen, und zu erklären: þeir (die signalmänner) î tûn hliði (an dem wallthor) mætto teigia (konnten nach innen signaliren); sögðu komu (sie die ankunft von reitern ansagten); hugði hann iôreið ættar sinnar (er erkannte die rossbotschaft seiner brüder) und fragte die botenreitenden brüder warum betrübniss-aussehen (hermdar litr) an ihnen den Edeljungen (â Hniflungom) sei. — 2) Hniflungar steht für älteres knyflungr (sprösslinge); es gehört zur sippe knefi (knopf, knospe spross, vgl. knefrunnr sprossausläufer), hnifill (knospe, sprössling), wovon hniflungr gebildet ist, wie teinungr (zain-spross) von teinn (zain); knyflungr (junger stier dem die hörner sprossen); hniflungr (jung-spross) bezeichnet, wie konr (Edler), sp. fante infant, fr. enfant, engl. child (kind, königssohn, Edler) den königssohn, den Edeljungen; ist in den abschriften bisweilen sonderbar mit Niflungr verwechselt werden.

Str. 30. 1) at sandi (auf dem sand) am seeufer, bei den Unavagom (s. s. 53). — 2) hirtir (hirsche) bezeichnen die seeschiffe wegen des am stefn angebrachten hirschgeweihes oder des geschnitzten hirschkopfes. Um die hirtir bestimmter als schiffe zu bezeichnen, nannte man sie rakka-hirtir (segelhund-hirsche) hirsche mit segelhunden oder segelringen. — 3) Gylfi name eines seekönigs (s. Fascination de Gulfi p. 66); Gylfa-lið (seekönigs volk) sind die seeleute auf der Vikingsfahrt. — 4) Ylfingar (nachkommen des Ulfr oder des slavischen Vilkas); Vilkas war ein abkomme des Volos (wellenhaar) des goldhaarigen sonnengotts Provo (Freyr), so dass die Ylfingar zugleich auch Volsungar waren. (s. s. 49.)

Str. 31. 1) sogn (see-orgat) bezeichnet hier die reede (fr. rade) in den Unavagom (s. ob. s. 53.). — 2) grindr (umzäunung) gleichbedeutend mit nôa-tûn (schiff-zäunen) bezeichnet hier die umschlossene schiffstation, in der nähe von Gnipalund (s. s. 53).

Str. 32. 1) rökn (angetriebene) sind hier postpferde. — 2) regin þing (haupt-sammelplatz) das hauptding im reich des Hödbrodd. — 3) Spor-vitnir (Spurwolf) name des postrosses das wie ein wolf spuren seines durchganges (vgl. wolfgang s. unten) zurücklässt. — 4) statt sparins heiði ist zu lesen Svarins heiði (Zwergheide s. s. 53) welcher der name eines distrikts im reich des Hödbrodd ist. — 5) Melnir (mit gebiss, mel, belegt); Mylnir (mit kappzaum, mûl, versehen). —

6) Myrkviðar (schwarzwald, gränzwald) ist der walddistrikt an der gränze des reichs des Hödbrodd.

Str. 33. 1) Högni, (freundlich) ist der name des vaters der Valkyrie Sigrun welcher diese tochter dem Hödbrodd als braut zugesagt hatte. — 2) Hrings-söhne, Atli, Yngvi, Alf der alte, sind verwandte und verbündete des Hödbrodd. — 3) viðrnâm fâ (gegenaufnahme gewähren) vertreibung bereiten.

Str. 34. at Frekasteini; die schlacht zwischen Hödbrodd und Helgi dem Hundingstödter fiel zu Frechenstein vor; vgl. arastein (ob. s. 51).

Str. 35. 1) statt ostr a imo ist zu lesen öfstr â ymo (der hitzigste im schlachtlärm). — 2) statt sâ hafði ist svâ hafði zu lesen. — 3) hier fehlt offenbar die zweite halbstrophe; ich ersetze die lücke, bis auf besseres, durch folgende halbstrophe:

at fyrir Helgi varð, Höðbroddr hniga.
sat frægr buðlungr, at Frekasteini.

4) statt hialm vitrar ist zu lesen hialdvitrar (kampfverständige).

Str. 36. 1) statt at hölda sker ist zu lesen at hlyða sker (beim abbruch der laute) beim aufhören des geeren-geräuschs (geira gnyr). — 2) sârvitr fluga (im fluge sehr geübte). — 3) statt barri (ast) ist barði (schiff) zu lesen; af Hugins barða (von Hugins schiff herunter). Der Odinsrabe Hugin fährt in der luft (â lopti) welche hier dessen schiff (barði) genannt wird.

Str. 37. 1) virð (werthes) bedeutet im plural verdienstliche thaten, grossthaten. — 2) Yngva attstafr (Yngvi's geschlechtsstab). Da Helgi ein Volsung war, oder von Volos (Freyr) abstammte, Freyr aber auch Yngvi hiess, so ist er des Yngvi's geschlechts-stütze oder fortsetzer. — 3) statt œgis ist Isungs zu lesen, da könig Hödbrodd der Isungstödter hiess.

Str. 38. 1) statt hringstaða ist hringstafa (geldstützen, geldwerthschaften; s. ob. s. 49) zu lesen; hringstafa bezieht sich erklärend auf rauðir baugar und auf rikia mær, und bezeichnet die mitgift der Sigrun. — 2) þâ er sokn lokit, (da nun der kampf gegen meinen freier Hödbrodd beendigt ist, und du mich heirathen kannst).

II. Helga niosnar fôr. (Des knaben Helgi auskundschaftung bei Hunding).

Das fragment, welches eine jugend-heldenthat des knaben Helgi erzählt, hat in den abschriften keinen titel.

Str. 1. 1) Hæmingr (abkomme des Hæmir) ist der obmann der leibwache (hirð) des Hunding. — 2) bragnar (trefflichen) sind die mannen Hagals des pflegevaters des Helgi bei dem er erzogen wurde; diese zogen dem knaben Helgi die eisen-brünne des Hamal des sohnes Hagals an um ihn zu verkleiden. — 3) Hamall (hamel) ist dasselbe wort wie hamarr (hammer, mitteld. hamel); aus got. Hamalas ist später Amal, Amlungr, Omlungr, wie aus Hazdings (norr. haddingr) Azdingus geworden; hamal wie saks bezeichnete ursprünglich den wurfhammer, als waffe. Bei den Franken war er ein ehrender beiname; Karl hamal (fr. Charles Martel). Hamal ist hier der sohn Hagals (Reiss, Ast.).

Str. 2. Die in den abschriften und ausgaben (ed. Bugge s. 198) nach unten verschlagene strofe þu skalt Hundingr! etc. ist hier wieder einzusetzen.

III. Helgi i malambottar klæði. (Helgi als Mühlmagd verkleidet.)

Dieses fragment gehört vielleicht wie die vorigen zwei strophen zum selben gedicht.

Str. 1. 1) In dieser und der folgenden strophe wird von einem einäugigen (blindr) gesprochen; blindr bedeutet nicht immer blind, sondern auch einäugig; die sklaven blenden hiess, bei den germanischen Skythen, ihnen ein auge nehmen, zum zeichen der unfreiheit. Odin der einäugige heisst blindr (Snorra Edda I, 86). Der einäugige der hier spricht ist Odin, der als ein unbekannter einäugiger diener bei Hunding, welchen er beschützte, sich aufhielt, und um den jungen Helgi zu ergreifen, von Hunding zu Hamal abgeschickt worden war. — 2. Hagals þyio (Hagals magd) ist der als mühl-magd des Hagals verkleidete junge Helgi. — 3) karls ætt (bauernkerls abkomme) gemeine bauer-tochter. — 4) â kvernom stendr (bei den mühlsteinen stehen) als mahlmagd. — 5) steykr firir (vorstürzt) von stökkva (treiben, stossen). — 6) luðr, das mit seinem homonym luðr (f. hluðr laute, schallhorn) nichts gemein hat, gehört zur sippe hlada (einsetzen), und bedeutet lade, trog (lat. traucus, it. troco), schiff; hier bezeichnet es den mehltrog der unter dem mahlgestell (steðr) steht, um das gemahlene aufzunehmen.

Str. 2. 1) hörð dœmi (harte bestimmungen) hartes loos. — 2) val-bygg (auswahl-anbau) ist auserlesener waitzen. — 3) meðal-kafli (mittel-holz) ist der handgriff des schwerdts, der sich zwischen dem valbust (rundknauf) und dem stichblatt (vætt-rim) befindet. — 4) mondul-trè (handstange) drehstange die am obern mühlstein eingepasst ist, um diesen umzudrehen; mondul gehört zu mund (hand).

Str. 3. 1) þater litil vâ þôtt (das ist sich wenig zu wundern dass). — 2) vîkingar (buchtler); dieser name beweist, dass das gedicht nicht vor der vikingerzeit gedichtet worden ist.

Str. 4. 1) systir þeirra Sigars ok Högna (die schwester jener berühmten helden Sigarr und Högni); diesem nach wird die mahlmagd des Hamall für die tante der Valkyrie Sigrun, der tochter Högni's, und der geliebten Helgi's, ausgegeben. — 2) Ynglinga bezieht sich auf die familie des Helgi die als nachkommen des Volos oder Freys zugleich Volsungar, Ylfingar und Ynglingar waren.

---

4. Helga ok Sigrunar fundr. (Sigrunes erster besuch bei Helgi).

Das gedicht hat in den abschriften und ausgaben keinen besondern titel. Der inhalt des gedichts fällt nach den tod des Hunding und vor den kriegszug Helgis des Hundingtödters gegen die Hundingssöhne.

Str. 1. 1) hvarir lata (wer sind die welche lassen?) — 2) î Brûnavagom (in den Odinsgewässern, vgl. î Unavagom) ist ein ufer- und seestrich auf der westlichen küste Iotlands.

Str. 2. Hlèseyia (Ocean-insel) dänische insel im Kattegat.

Str. 3. hrâtt kiot eta (rohes fleisch essen) bedeutet ein vikingsleben führen.

Str. 4. fyr vestan ver (oben am west-meer) im vestr-haf; von Brunavagom aus bezeichnet dies den uferstrich Bragalund welcher, wie Gnipalundr, an der westlichen küste Norvegens lag.

Str. 5. statt varð ist er varð (wo gezwungen ward) zu lesen.

Str. 6. Da im zweiten halbvers nur drei silben und keine alliteration stehen, so ist hèr vor þeir einzusetzen.

Str. 7. slægian (schlau, verschlagen).

Str. 8. valrûnar bedeutet hier verblümte schlachtbezeichnungen.

Str. 9. vor kennir ist nothwendig Helga einzusetzen.

---

5. Sinfiötla heipt-mâl. (Sinfiötli's und Gudmunds Schmähreden.)

Dieses fälschlich in die Helga kviða eingesetzte gedicht trägt in den abschriften und ausgaben (s. ed. Bugge s. 194) keinen titel.

Str. 1. 1) Skioldungr (nachkomme des Skiold) bezeichnete ursprünglich die könige von Sialand als nachkommen des Skioldr, Odins sohns; später nahm man den namen als gleichbedeutend mit schildführer und bezeichnete damit auch andere könige. — 2) farar broddi (an der spitze des fahrzeugs) am stefn. — 3) vîgroða (kampfzeichen) ist die rothe kriegsfahne.

Str. 2. 1) vielleicht ist statt hefir zu lesen hefi für megi hafa. — 2) Der alliteration wegen ist statt fiorsunga zu lesen þiorsunga.

Str. 3. 1) þvî for (dafür, statt dessen). — 2) über Frekastein s. ob. s. 56. — 3) statt sattir ist zu lesen söks ær (die schwerter vielmehr) oder, mit Bugge, sârteinar (wundenzaine). — 4) statt Höðbroddr ist zu lesen Höðbroddi.

Str. 6. 1) Moinsheimom (Moins behausungen); von môr (f. mavr beweglich, schnell, möve, angels. mœv, fr. mouette, zur sippe moveo gehörig) kommt das adjectiv môinn (wie eine möve, mücke, ross, schlange beweglich). Moinsheimar bezeichnet das nicht bewohnte seeufer der insel Moin (Moen) worin auch Grönland lag. — 2) helds-ti (f. helds-til eher zuviel als zu wenig) vorzüglichst.

---

6. Sinfiotla heipt-mal önnur. (Ausführlichere schmähreden Sinfiotlis und Gudmunds.)

Dieses gedicht welches die obigen schmähreden weiter ausführt, trägt in den abschriften und ausgaben keinen titel, weil es in die Helgakvida fälschlich eingesetzt wurde.

Str. 1. 1) diese strofe ist in den ausgaben hinter die folgende verschränkt worden. — 2) Sinfiotli (Stets umgürtet?). — 3) statt **kvað** ist konr zu lesen. — 4) Sundvorðr (sundwart) ist der schiffwart Sinfiotli der des königs schiff bewacht, während es auf der rheede im sund liegt.

Str. 2. 1) gôðborinn (wohlgeboren) accusatif, bezieht sich auf Sinfiotli. — 2) Guðmundr (kampfhändig) ist der zweitälteste bruder der Granmarssöhne und der strandwart des reiches des Hödbrodd.

Str. 3. 1) Ylfingar bezeichnet die leute des Helgi des Ylfingers (s. s. 55). — 2) austan komnir (nach osten gekommen); das reich Hödbrodds lag am eystrasalt (ostsee). — 3) frâ Gnipalundi s. ob. s. 53.

Str. 5. 1) fornra spialla (die früheren schlachten) bezeichnet die früheren tapfern thaten der Granmarssöhne auf der insel Môin. — 2) hvar-leiðr (allverhasst).

Str. 6. 1) völva bezeichnet hier eine iotnische völva, eine zauberin. — 2) Varinseyia (Wolfsinsel) s. ob. s. 43.

Str. 7. 1) statt en skæða ist zu lesen in skæða skass! valkyria (jene schädliche valkyrie, du scheusal!). — 2) statt nesi saga ist zu lesen nesi loga welches für Logafioll steht. — 3) þeirra ist an den anfang der folgenden strophe zu setzen.

Str. 8. statt fenris ulfa ist zu lesen fremri ulfa (der kräftigeren wölfe). — 2) statt ollom ellri svâ at ek muna ist zu lesen mull of ellri svâ at ek muna (ein maulthier so ältlich, dass ich dich nicht verlange). Wenn mull (maulthier) ein später gebräuchliches wort ist, so müsste man dafür eher lesen möll (milbe, got. malo, angels. myl, engl. mull. — 3) über Gnipalundr s. ob. s. 53.

Str. 9. 1) stiupr (stopf, stöpfel, pfropf) gehört zur sippe stopfen sansc. stâpaya (fest machen), lat. stipes und bezeichnet das was als bouche-trou dazu dient ein loch oder lücke auszufüllen; vgl. stiefmutter. — 2) Siggeir (Sieg-gêre) könig von Gautland eheherr der Signy, und der putativ-vater des Sinfiotli der der sohn der Signy und deren bruder Sigmund war.

Str. 10. 1) bruðr Grâna (des Grauhengsts braut) bedeutet hier stute. — 2) statt gull-bitluð ist zu lesen gall-bitluð (mit klirrendem gebiss). — 3) statt simul lese sîmâl (in einem mal), in einem fort.

Str. 11. 1) Gôlnir (Beschrien) ist ein iotnenname. — 2) Imðr (f. ymð geheul, wolfsgeheul) name einer iotnischen Wölfin. — 3) über Tötrughypia, s. Rigssprüche s. 47.

Str. 12. 1) Diese strophe ist von Gudmund gesprochen, der eher als Sinfiotli des schimpfens genug hat. — 2) at Frekasteini, beim Frechenstein war der durchs schicksal bestimmte kampfplatz zwischen Helgis und Hödbrodds kämpfern.

Str. 14. statt Moinsheimom ist Moinsheiðom zu lesen.

7. Helga ok Sigrunar fundr annarr. (Zweiter besuch Sigrune's bei Helgi nach der schlacht zu Frechenstein.)

Das gedicht hat in den abschriften und ausgaben keinen titel.

Str. 1. 1) Diese strofe, die in den ausgaben nach unten (ed. Bugge s. 196) versprengt worden, ist hier wieder einzusetzen. — 2) opt (mehrmals) bedeutet hier nach einander. — 3) granstôð (graustute, graues weibliches reitthier) bezeichnet hier die graue wölfin des schlachtfeldes. — 4) Griðr (Heftigkeit) ist der name der iotnischen mutter des Viðarr, die einen zauberstab trug; steht hier für iotnische zauberin überhaupt. Da die zauberinnen auf wölfinnen reiten, so bezeichnet hier granstöð Griðar (der Griðar graues reitthier) die wölfinnen und wölfe des schlachtfeldes überhaupt. — 5) statt hreifi ist hrævi zu lesen; granstôð nâir opt hrævi Granmars sona (die wölfin nahte, nach einander, dem leichnam der G. söhne).

Str. 2. 1) sœkia heim hönd (die hand heimsuchen) sie zu sich ziehen. — 2) und hialmi (mit dem kriegshelm bedeckt) bezieht sich auf Sigrune. — 3) î her (in der krieger-versammlung).

Str. 3. iofur (kampfeber) held.

Str. 4. 1) of hug mæla (gegen den sinn sprechen) dem eignen gefühl widersprechen. — 2) vor sîamk ist, mit Lüning, eigi einzusetzen.

Str. 5. 1) Diese und die drei folgenden strophen welche in den abschriften und ausgaben (ed. Bugge s. 196) nach unten versprengt worden, sind hier einzusetzen. — 2) at öllo gefið (allerseits begabt) allerseits gut beschenkt.

Str. 6. Bragi ist der brüder, und Högni der vater der Sigrun.

Str. 7. 1) Styrkleifom (kampffelsen) sind felsengruppen in der nähe von Frekastein. — 2) Starkaðr (Gestärkt) name des sohnes Granmars des bruders Hödbrodds. — 3) Hlêbiorg (Lauberge) ist eine anhöhe in der nähe von Frekastein. — 4) Hrollaugr (Schreckenaug). — 5) þann bezeichnet den Hrollaug. — 6) gylfi name für seekönig s. ob. s. 55.

Str. 8. 1) at rôgi vera (zum kampf grund sein) veranlassung des kampfes sein. — 2) rîkmenni (hohe mannschaft) ausgezeichnete helden. — 3) die strophe welche in den ausgaben (ed. Bugge s. 196), hier angefügt folgt, ist unächt, weil 1. sie nichts als eine etwas zugestutzte prosa ist; 2. weil diese strofe im lioðahattr gedichtet ist, 3. weil heldr hefir þu oss verið blos die erklärung von þû at rogi vart ist; 4. weil vinnat skioldungar sköpom blos die erklärung von þo kved ek nokkvi Nornir valda (str. 6) ist.

---

8. Dagr Helga bani. (Helgi durch Dag Hognis sohn erstochen).

Das gedicht hat in den handschriften und ausgaben keinen titel.

Str. 1. 1) nauðigr (genöthigt) durch die mir, durch sitte und religion, abgenöthigte familienrache. — 2) Fiöturlundr (Fesselhain) name einer waldgegend in der nähe der burg Sevafiöll (Friedensfelsen) wo Helgi bei der mit ihm verheiratheten Sigrun wohnte. — 3) steiga yfir; der sieger schritt über den niedergeworfenen besiegten hinüber, und trat ihm auf den nacken (standa â halsi) zum zeichnen des siegs.

Str. 2. 1) statt unna ist unnat zu lesen, da das t

wegen des folgenden at ausgefallen ist. — 2) vatn liosa leiptrar (das leuchtende gewässer des blitzes) ist das himmelsgewölke, der himmel, denn die himmlischen wolken (gr. ouranos) entsprechen den irdischen gewässern (sansc. varunas). — 3) ursvalr unnarsteinn (der feuchtkühle wogen-stein) bezeichnet die erde, deren ränder mit den felsen (Niðafiöll) oder den steinen welche von den meereswogen abgekühlt werden, umgeben ist.

Str. 3. 1) Oskabyrr (wunsch-fahrwind) ist der günstige fahrwind den Odin (Oski, der inbegriff alles wünschbaren) seinen begünstigten zusendet. — 2) statt eigir ist der subjunctiv eigi zu lesen, wegen des vorhergehenden þôttu (obgleich du).

Str. 4. 1) nema þer sialfom syngvi (ausser dass es dir selber schwirre) es sei denn dass das, vom feinde geschwungene, schwerdt, dir selbst am kopf schwirre (vgl. vapna saungr; Grotta saungr). — 2) wegen der zu disjungirenden alliteration ist statt auðs andvani besser andvani auðs zu lesen; vgl. auðvani ato.

Str. 5. 1) forskapa einom biðia (einem böse geschicke wünschen) einem fluchen. —2) sakrunar bera með sifiungom (rachverfolgungsrunen zwischen verwandte bringen) durch zauberwerke (giörnungar) und durch magisches stabeinritzen zwietracht stiften.

Str. 6. Vandilsvê (Vandils wohnsitz); so nach dem seekönig Vandill (Gerte) genannt; war ein königsgut des Högni im besitz seines sohnes Dagr. Vîgdalir (kampfthäler) war ein gebiet dem Dagr gehörig.

Str. 7. 1) âr (morgens); um nættr (gegen nacht) abends. — 2) lioma bregði (es leuchtete das morgenlicht). — Vîgblær (kampf-grauschimmel) name des streitrosses des Helgi.

Str. 8. geiskâ (f. geiti-skâ) geisen schreck. In Strassburg sagt man geisen-gichter für feiges, plötzliches erschrecken.

Str. 9. Das ragende horn wird mit dem ragenden strahl verglichen (vgl. die hörner oder strahlen Mosis); darum ist hier gesagt horn glôa (die hörner strahlen aus) bis in den himmel hinauf.

---

9. Helga för til Valhallar. (Helgis letzte zusammenkunft mit Sigrune).

Das gedicht hat in den abschriften und ausgaben keinen titel.

Str. 1. 1) Diese strophe welche in den handschriften und ausgaben (ed. Bugge s. 200) weiter hinunter versprengt worden, ist hier wieder einzusetzen. — 2) draumþinga (traumversammlungen) bezeichnet den schlaf worin die träume sich rendez-vous geben.

Str. 2. 1) draughusa (gespensterwohnungen) sind die unheimlichen (ungeheiern) orte draussen wo die bösen geister sich aufhalten. — 2) dîs skioldunga (schwester deiner königlichen brüder) s. s. 60.

Str. 3. 1) Diese strophe, die oben angesetzt worden (ed. Bugge s. 198) ist hier einzusetzen. — 2) Ragnarök (Grössendämmerung) weltuntergang.

Str. 4. 1) statt þôtt ist þat zu lesen und zu erklären: obgleich du siehst dass.

Str. 5. sârdropa svefia (die wundtropfen einschläfern) den blutverlust stillen.

Str. 6. wegen der disjunction der alliteration ist val hinter vito zu setzen.

Str. 7. 1) hela (thau) bezeichnet die blutstropfen (valdögg). — 2. bot vinna (besserung, busse gewähren) linderung vornehmen; hier zweideutig gesprochen, um auch die busse für den von ihrem bruder begangenen mord anzudeuten.

Str. 8. 1) ein veldr þu· (du allein bist ursache). Helgi nimmt das obige bot im sinn von familien-busse. — 2) statt suðrænn (südliche) ist sundr-ein (verlassen allein, verwittwet) zu lesen. — 3) innfialgt (in die haut gedrungen); gehört zur sippe fela (f. felga bergen, decken; fialg (fiall) decke, haut, fell; angels. film (f. filgm) haut; filla (muskeldecke) fleischmasse; innfialgt (eingehäutet, eingefleischt) ins fleisch gedrungen; lat. in cutem.

Str. 9. 1) dyrar veigar (theure trünke) bezeichnet hier symbolisch den erfi-drykkr (erbschaftstodten-trank). — 2) angrliôð kveða (das trauerlied sprechen). — 3) die beiden letzten verse, sind in die letzte strophe wieder einzusetzen.

Str. 10. angurlausa (trauerlos) freuden voll.

Str. 11. 1) enskis örvant er (es ist ausser erwartung von irgend etwas) es ist alles gewärtig, glaublich, möglich. — 2) sîð ne snemma (weder spät noch bald) weder in später zukunft noch im baldigen augenblick. —

Str. 12. 1) brûðir (jungfrauen) oder lofða dîsir (des erlauchten schwestern) sind die von Odin dem Helgi zugeschickten Valkyrien, welche hier die schwestern (genien) des königs Helgi genannt werden. — 2) roðnar brautir (die vom morgenroth gerötheteten wege). — 3) flugstig (flugsteige) luftweg. — 4) statt salgofnir ist salgolnir (haus-ansinger) zu lesen; salgolnir bezeichnet, wie salgaukr (hausgauch) und Gellerts hausprofete, den hahn, hier Gullinkambi der, als morgenbote (âr) in Valhalle den morgen ansingt, und die Einherien weckt (Völuspa).

IV. Sigurdurs Fafnistödters-Cyclus.

---

1. Gripis spâ (Greipi's Voraussichten).

Str. 1. Von grîpr (greif, gr. grüps, lat. gryphus, heb. k'rub; (s. Explicat. de quelques passages de Dante) ist gripir (f. grip-ia-s) abgeleitet, wie Geitir (f. geit-ia-s) von geit abgeleitet ist; Gripir (der greifische), Geitir (der geisische).

Str. 2. ôkunnigr bedeutet hier nicht unberühmt (keine kunde, ruf, fama habend) sondern unerfahren (keine kunde, kenntniss, erfahrung habend).

Str. 3. Sigurðr (siegsbestimmung habend) bezeichnet, wie Helgi (für Sighelgi) dem sieg geheiligt (vgl. Gunnhelgi) einen der durch die schicksalsnorn Urðr zum sieg erkoren ist. — 2) Sigmundr (siegeshand), siegreiche hand habend. — 3) Hiördîs (schwerdt-dienerin, schwerdtschwester, schwerdt-jungfrau).

Str. 4. ôkuðr (f. ôkundr, unbekannt) fremd.

Str. 5. 1) þiggþu (erhalte gastempfang) sei gastlich empfangen. — 2) statt væri ist ver î (im aufenthalt, in der wohnstube) zu lesen. — 3) tak við eino (etwas vornehmen) besorgen. — 4) sialfr (selber) bezeichnet den besitzer im gegensatz zur dienenden sache; zu schiff ist sialfr die person die im schiff fährt, zu land ist sialfr der herr im gegensatz zu den dienern (s. ob. s. 53); hier ist sialfr das pferd Grani im gegensatz zu dessen reitgeschirr.

Str. 6. 1) ævi (lebenslauf); das wort wird, obgleich feminin, im genitif statt ævar, wie ein neutrum, declinirt; str. 12. 14. — 2) gleyggr flugar (fluchtkarg) zähe zur flucht, schwer zum fliehen zu bringen.

Str. 7. 1) vor âlîti ist at, wie in str. 4, einzusetzen.

Str. 8. gegn (begegnend, zuvorkommend) bereitwillig, freundlich.

Str. 9. Eylimi (Insel-armig) könig von Gautland, vater der Svava, bruder der Hiördis, und onkel Sigurdurs.

Str. 10. himinskautom (himmelszipfel) sind die vier stützen nord, süd, ost, west, wodurch das himmelgewölb auf der erde ruht.

Str. 11. Gnîtaheiði (kampf-heide) so benannt in der sage, nach dem kampf Sigurdurs gegen Fafnir und Regin.

Str. 12. statt leið ist leiðþu (s. str. 18), und statt lengi nothwendig lengra (s. str. 18) zu lesen.

Str. 13. 1) Fafnir (wogend) ist, durch ir (f. ia-s), abgeleitet von vavn (f. vagin, bewegt), bezeichnet ursprünglich ein wogendes seethier (vagn). — 2) Grâni (grau) graufahl; pferde-namen.

Str. 14. Giuki (f. Giviki) ist dem germanischen gabich, habich entlehnt, welches seinerseits vom lateinischen capucus (raubvogel) zu kommen scheint; die nordische form für giuki ist haukr, angls. hafuk, engl. hawk; vgl. gifr (gierig, gefrässig).

Str. 15. Der dichter nimmt an, dass Sigrûn nach dem tod des Helgi des Hundingstödters wieder Valkyrie wurde, mit dem namen Sigurdrifa (sieg-sturm) und gegen den willen Odins den Hialm-gunnar zum fall brachte.

Str. 16. at heldr (vielmehr, bestimmter) eigentlich.

Str. 17. 1) rikiom steht für af rîkium (aus befähigungen) aus ihres wissens reichthum. — 2) mæla heisst hier heil-recepte angeben, medizinische vorschriften vortragen; â manns tungo hverio (nach jeder menschenzung) so viel heilrecepte als je menschen auszusagen verstünden. — 3) lyf gehört zur sippe: lat. lino (f. livo) de-leo, delibare (auflösen), gr. leibos (auflösung), und bezeichnet die benetzung, auflösung, salbe (vgl. lat. saliva; d. schleim, gr. aleifo), lat. limus (schleimigtes), lævis (schlüpfrig, glatt). Da mixturen und salben die heilmittel der damaligen salbaderie (medizin) waren, so bedeutet lyf (schmiere), jedes heilmittel (s. ob. s. 37) — 3) lækning (erleichterung, fr. soulagement) das medizinische und chirurgische heilen; læknir (linderer, arzt; poln. lekarz). — 4) Da Sigurdur zwar ein königssohn, aber nie ein könig (konungr) war, so ist statt konungr, konr ungr (junger Edler) zu lesen.

Str. 18. leið at huga (suche dich zu besinnen).

Str. 19. Heimir (Heimischer) ist der pflegevater der Brynhildur.

Str. 20. statt gerra segia ist zu lesen gerrat at segia (du bist nicht bereit zu sagen).

Str. 21. lag mer fyrir (es lag mir vor) es war mir vergönnt; lita eptir (hinabschauen, die folgereihe erschauen); liosast um æsko ævi þinnar (das hervorleuchtendste deines lebenslaufs, in bezug auf deine jugend) ich wollte nur die erfreulichen glanzpunkte in deiner jugend erschauen.

Str. 22. statt des einsilbigen þott ist zweisilbig þô at zu lesen.

Str. 23. nadd-els boði (des speeren-sturms gebieter!) du der du den sturm (el) der speeren (nadd spitze, speer) gebietest (boði gebieter, bewirker).

Str. 24. leið visa þu meir mer suche mir mehr noch zu zeigen.

Str. 25. 1) þengill (der den haufen, þing, versammelt, anspricht, und befehligt; angels. þengill (volkssprecher als richter und redner). — 2) lygr (lügt) bedeutet hier einer zusage nicht nachkommen, bei einem verabredeten oder anberaumten rendez-vous nicht erscheinen, einer gerichtlichen citation sich nicht stellen (vgl. þingloga s. s. 53) also ausbleiben; es bleibt nicht aus der eine zeitpunkt (eitt dögur), wo (er), dir Sigurdur, der tod bestimmt ist.

Str. 26. 1) statt vill ist vil'k zu lesen. — 2) statt hvat â ist hvat þâ (was dann, was nun) zu lesen. — 3) hvat þâ synt Sigurði sèr at hondom (was du da augenscheinlich siehst dem Sigurdur zu handen) als mir bevorstehend.

Str. 27. 1) Brynhildr (in der brünne kämpfende). — 2) harðhugðikt (hartsinnig).

Str. 28. zu lesen ist hvat tekr mik â þvi (was berührt mich bei diesem); aus hvat tekr ist hvat ter, und aus hvat ter endlich hvat er geworden.

Str. 29. statt gâr at ist gair-at (du berücksichtigst nicht) zu lesen.

Str. 30. mun ek nâ mey mundi kaupa (werd ich dazu kommen die maid mit brautschatz zu erkaufen).

Str. 32. 1) statt hvat er þâ ist zu lesen hvart er þvi (was ist der grund davon, im sinn von hvat veldr þvî). — 2) geðleysi (gemüthslosigkeit) leichtsinn.

Str. 33. 1) þu verðr (du wirst dazu gezwungen) fyr svikom annars (durch die täuschungen, magischen zwangmittel, einer andern person). — 2) gialda raða Grimhildar (die pläne der G. ausführen). — 3) vor bioða ist hon (sie Grimh.) einzusetzen. — 4) dregr hon vèl at gram (sie aufzieht, an dem recken, trug) Grimhild bereitet dir trug.

Str. 34. meintregar (schmach-bekümmernisse) bezeichnet die trauer (tregar) die aus dem bewustsein einer begangenen schandthat (mein) entsteht.

Str. 35. 1) fysa (begierig machen) antreiben — 2) fliotliga (vorschnell, übereilt).

Str. 36. ratar rað (der verstand läuft irre).

Str. 37. 1) Gunnarr (f. Gundhârr, kampf-hehr). — 2) Högni (f. Haguni Nutzliebend).

Str. 38. hvî gegnir þat (wem begegnet dies) was bezweckt dieses, wozu ist es gut.

Str. 39. 1) megin-hyggior (kraft-gedanken) heldenbestrebungen. — 2) sèr vætr fyr þvî (sie sieht nichts bei diesem) sie hat dabei keinen argwohn.

Str. 40. statt hyggiom ist zu lesen hyggiom'k (ich und meinesgleichen, wir denken uns dabei das schlechteste).

Str. 41. 1) hvîla (sich betten, zur ruhe legen). — 2) mærr (keusch) jungfräulich, auch vom jüngling gesagt.

Str. 42. 1) mær ist hier der accusatif von mær (keusche). — 2) statt mer ist mey zu lesen, wofür ein abschreiber das synonyme mær schrieb, woraus mer entstanden. — 3) snarlynd (heftig-gierige) in liebe wie in hass.

Str. 43. 1) brullaup (f. bruð-hlaup brautanlauf, das der braut zu leibe gehen, das beilager, hochzeit, hier hochzeitsfest. — 2) hömom vikslit (ihr habt von neuem eure gestalten gewechselt), beide habt ihr eure wahre gestalt zurückgenommen.

Str. 44. 1) mægð (verschwägerung) ehe (s. Allweise's sprüche 1). — 2) statt mær segðu ist zu lesen er mær sagðu (da du sie als mit mir keusche besagt hast). — 3) mun til gamans raðit (wird die ehe zur freude gerathen) wird sie günstig ausfallen.

Str. 45. 1) minnir þik eiða (es gedenken dir wohl die schwüre) du weist wohl dass du, um die Brynhild zu täuschen, dem Gunnar geschworen hast. — 2) antu Guðruno goðra raða (du gewährst der Gudrun gute gesinnungen) du erweisest ihr wahrhaft zuneigung. — 3) finnr velar ser at hefndom (sie entdeckt trug, der sie zur rache auffordert).

Str. 46. statt ver (wir) ist við (wir zwei, Gunnar und ich) zu lesen.

Str. 47. eiðom sind hier die dem Gunnar von Sigurdur gegebenen zusicherungen, sich mit Brynhilde keusch zu verhalten.

Str. 48. saðr (wahrhaft) bedeutet hier nach wahrheit beschuldigt, oder mit recht überführt.

Str. 49. skipa við einn (gegen einen es einrichten) mit ihm verfahren.

Str. 50. 1) at hvötun ganga (auf anreitzung gehen, der anreitzung folgen. — 2) statt sifingom ist sifiaðom (verschwägert) zu lesen.

Str. 51. vor bræðr ist er (als), auf þà sich beziehend, zu setzen, damit der halbvers vier silben wieder enthalte.

Str. 52. statt grimilldr ist zu lesen grim-eldr (zornfeuer); vgl. àstar eldr (liebes-feuer); veldr þvi (es bewirkt dieses) der grund davon ist.

---

2. Sigurður hyggr at hefna föður ok Eylima.

(Sigurdur beschliesst seinen vater und seinen onkel Eylimi zu rächen.)

Das bruchstück des gedichts (s. ed Bugge s. 215) hat in den abschriften und ausgaben keinen titel.

Str. 1. 1) hlæia (lachen) aus spott und verachtung meiner. — 2) Eylimi (Insel-armig) bruder des Gripir und der Hiordîs der mutter des Sigurdur. — 3) statt þeir er ist zu lesen þeir enn (die auch). — 4) tiggi (f. tingi gezeichnet) ausgezeichnet.

---

3. Sigurði Hnikarr veðr gōrir. (Hnickar erregt dem Sigurdur unwetter).

Das gedicht (s. ed. Bugge s. 216) trägt in den abschriften und ausgaben keinen titel.

Str. 1. 1) Hnikarr (f. Hnegg-hâr, Alter-Wieherer) Oðinn. — 2) Ræfill (f. hrefill greife, netz, segel) gehört zur sippe lat. carpere (greifen, auffassen); Ræfill (segel) ist der name eines vikings des 8. jahrhunderts. Ræfils hestom (die R. hengste) ist bezeichnung der meerschiffe (s. ob. s. 55), so wie segl-vigg (segel-scheue), hlunn-vegg (schiffs-rollen-scheue) und vâg-mârar (wogen-rappen) etc.

Str. 2. 1) Reginn (aufgerekkt, stolz) vgl. rekinn und rekkr (stolz, aufrecht) recke; hat mit vargr nichts gemein. — 2) ver Sigurðr (wir Sigurdur) bedeutet: Sigurdur und wir seine leute. — 3) brandr (pfosten, balken, stange), bezeichnet hier den balken (spriet) der die spitze des stefn und des hintertheils des schiffs bildet.

Str. 3. 1) Völsungr ungi beweist dass die antwort Odins an Helgi den jungen volsungen gerichtet ist. 2) Fengr (Ergreifend). — 3) Fiölnir (f. fê-olnir, vieh- oder besitz-mehrer; vgl. Fiosnir für fê hosnir) war früher beiname des Freyr (Volos) des heerdenvermehrers, später vielleicht irrthümlich auch beiname des Odinn; vgl. Weggewohntslied, s. 238.

---

4. Hnikars mâl. (Des Hnikars Sprüche).

Das gedicht (s. ed. Bugge s. 216) hat in den abschriften und ausgaben keinen titel.

Str. 1. 1) statt guma (inhaber) ist gumna (mannen, menschen, lat. homines) zu lesen; s. str. 5. — 2) heill (vorzeichen) glückszeichen.

Str. 2. 1) statt gumar ist gumnar zu lesen. — 2) statt hrotta meiði ist hrotta mæti (der den schwerdtern begegnet) zu lesen; vgl. oddbrags mætir; hrotti von hriota (abbrechen) bedeutet zweig, schläger, schwerdt; als eigenname begeichnet es hier das schwerdt des Fafnir.

Str. 3. statt ef þu ist zu lesen er þu (wenn du). — 2) statt â braut ist, wegen der disjunction der alliteration, braut â zu lesen. — 3) vor tvâ ist die fehlende silbe ef wieder einzusetzen. — 4) tâ (f. tav stampfe, tritt, gang) verschieden von tâ (zweig, zehe); â tâi standa, und â tai sitia bedeutet beim herumgehen sich stellen (zum kampf) und, beim herumirren aus schmerz, sich hinsetzen.

Str. 4. statt ulf ist ulfa zu lesen, wie weiter unten der plural þâ (sie) beweist.

Str. 5. eðr hamalt fylkia ist späterer unächter zusatz.

Str. 6. talar dîsir (trug-schwestern) falsche schutzgenien.

Str. 7. 1) statt kœnna ist kempa (kämpfen) zu lesen. — 2) heill (leer, schwach) ist ganz verschieden von heill (heil); es stammt vom ältern havils (hohl) welches zur sippe hav (gewölbt, hohl) gehört; der form nach entspricht heill dem gr. koilos (f. kavilos hohl), lat. cœlus (hohl, himmel); heill (leer) bedeutet speciell leer aus hunger, mitteld. hellig (schwach aus hunger); im Elsass gebräuchlich für schwach aus leerem magen; hungri heill (schwach aus hunger, Lokasenna 62); gelda (entleeren, schwächen, entmannen); das hochdeutsche verheilen scheint mir jedoch für vergeilen (die geilen nehmen) zu stehen, und geil zur sippe lat. hilaris zu gehören.

---

5. Sigurðr kömr til husa Regins. (Sigurdurs besuch bei Regin).

Das fragment-gedicht hat, in den ausgaben keinen titel.

Str. 1. örn steht für ari (adler) und ari bezeichnet den runen buchstaben a, wie im semitischen der stierkopf ∀ das a bezeichnete; rista bloðgan ara (einen blutigen adler reissen) heisst mit der schwerdtspitze auf den nackten rücken des besiegten todten die hausmarke a als kreuzschnitt einritzen, zum zeichen dass der so bezeichnete feige den adlern zum frass gehöre, also nicht begraben werden dürfe.

Str. 2. fangs vôn at ulfi (hoffnung auf angriff, beim wolf) erwartung, dass der wolf, Sigurdur, den Fafnir angreifen werde.

Str. 3. 1) Yngva konr; als königssohn war Sigurdur ein Edelspross (konr) und als Volsungr vom geschlecht des Yngvi (Freyr) s. ob. s. 56. — 2) statt þrymr ist zu lesen þröngr (er drängt hin die schicksalsfaden).

---

6. Fafnis feigs nâ-orð. (Des sterbenden Fafnis letzte worte.)

Das gedicht trägt im cod. R. den titel fra dauði Fafnis und in papierhandschriften und ausgaben den titel Fafnismâl (Fafnis sprüche).

Str. 1. statt sveinn ok sveinn ist sveinn ak! sveinn (jüngling ach! jüngling!) zu lesen; Sigurðr sveinn ist gewöhnliche bezeichnung des jungen unverheiratheteten Sigurdur.

Str. 2. 1) statt göfugt-dyr (freigebiges thier) ist zu lesen gauphugðr (luchsmuthig; vgl. ulfhugað wolfsmuthige s. s. 38); gaupa und gaupi ist die wilde katze, der luchs. — 2) statt geng ek (ich fuhr) ist, der alliteration wegen, ôk (ich fuhr) zu lesen.

Str. 3. Die zweite fehlende halbstrophe ersetze ich durch folgende zwei verse:

ætterni þitt þu lygir, ôk unnigt vera
ok þik sialfan ið sama.

Str. 4. statt kveð ist zu lesen kvað (ich sagte); kvað ek þer gehört zur ersten hälfte des ersten verses.

Str. 5. statt des corrupten oborno skior asceiþ lese ich â bornom skôr â skeið (bei söhnen ist der schuh des vaters das erbstück, und exempel zur lebensbahn) um zu sagen: bei kindern zeigt sich gewöhnlich der väterliche karakter als erbliche nachfolge fürs leben, s. Allweises sprüche s. 270. Vielleicht wäre besser zu lesen: â bornom skor-a skeið (bei kindern schneidet sich die familien-art nicht ab) um zu sagen: art lässt nicht von art.

Str. 6. Der dreisilbige halbvers ist durch angefügtes sâ zu vervollständigen.

Str. 7. 1) statt reiðan vega ist zu lesen vreiðan vega (zornig, nicht hinterlistig, kämpfen). — 2) haptr (als kind ergriffen) geraubt, und als höriger in der fremde erzogen. — 3) hernuminn (beim kriegszug geraubt und weggeführt), von freien kindern und frauen gesagt. — 4) bandingi ist ein freigeborener der als geisel gebunden ist.

Str. 8. 1) statt minom föður-munom ist zu lesen mins föður munom (den liebesbezeugungen meines vaters), da munom mit föður verbunden nicht alliteriren könnte. — 2) statt lauss lifi ist, wegen der disjunction der alliteration, zu lesen lausi lifi (als freier lebe).

Str. 9. 1) Die in den abschriften und ausgaben weiter unten (s. ed. Brugge s. 222) als str. 16. 17. 18. versprengten strophen sind hier einzusetzen. — 2) Œgishialm (den schreckenshelm des Œgir); vgl. die aigis der Pallas. — 3) hugðomk gehört zum ersten halbvers. — 4) statt mögu ist zu lesen möku (gewachsene, gleichstarke) von makr, maki, engl. make, match.

Str. 10. 1) hinter dem dreisilbigen Œgishialmr ist die ausgefallne silbe ær (eher, vielmehr) wieder einzusetzen. — 2) Die zweite halbstrophe welche in die Havamâl (s. Des Hehren sprüche s. s. 104) wörtlich aufgenommen worden, ist mit der zweiten halbstrophe, in den abschriften als 19. strophe angesetzten, gegen einander auszuwechseln.

Str. 11. 1) statt galzt (von gialda) ist zu lesen gatskt (du erlangtest) von geta. — 2) um den dreisilbigen halbvers þâ þat finnr zu vervollständigen, ist enn vor þâ zu setzen.

Str. 12. 1) Die in den abschriften als 9. strophe angesetzte strophe ist hier einzusetzen. — 2) statt telr þu þer (sagst dir aus) ist zu lesen tekr þu þer (du nimst dir heraus).

Str. 13. statt svill ist svinnr vill (der kluge will) zu lesen.

Str. 14. 1) þu munt ist in den ersten halbvers zu setzen. — 2) statt nesiom ist zu lesen hneisiom (verspottung) obgleich fyr nesiom hafa dem lat. pro naribus habere (für spott halten) zu entsprechen scheint; vgl. Helgakvida str. 17. — 3) Api (für Gapi Gaffer) name eines alten iotnen, hier des Iotnenabkömmlings Fafnir; der genitif hängt ab von dem dazu zudenkenden hnesiom. — 4) rær (f. hrær sich rühren, bewegen). — 5) wegen alliterations-disjunction ist er nach feigs zu setzen. — 6) forað (f. for-ahð vor-achtung, das sich vorsehen) furchtbares.

Str. 15. 1) Die in den ausgaben folgenden 4 strophen sind, wie schon Lüning richtig gesehen, hier unächt Bei erwähnung des Norna dôm schrieb ein copist eine notiz über die nornen an den rand; diese notiz wurde später hier in den text gerückt. Die notiz ist offenbar aus einem verlorenen mythologischen, dem Vafthrudnismâl ähnlichen, gedicht entnommen. Wenn Fafnir nicht für einen andern alliterirenden namen gesetzt worden ist, so könnte man dieses fragment als aus einem didaktischen gedicht Fafnismâl betitelt entnommen, ansehen. In der ersten eingeschobenen strophe bedeutet nauðgonglar (Nothgängerinnen) die hülfreichen Nornen, welche den weibern, in schweren kindesnöthen, beistehen. In der vierten strophe heisst der letzte kampfplatz der Götter Oskopnir (der Ungeschaffene, noch nicht bestehende); im Vafthrudnismâl aber heisst dieser kampfplatz Vigriðr (der beim kampf bebende). Môða (Ermattung) heisst der fluss (meeresarm) der die erde von der Hel trennt und bei dem die iotnische Môðguðr wache steht. — 2) Die in den ausgaben, als 20. strophe stehende, ist hier allein am platze. Der dichter scheint die zweite halbstrophe, welche schon str. 12 steht, hier absichtlich nochmals wiederholt zu haben, um den Sigurdur abermals zu warnen.

Str. 16. r a ð e r þ e r r a ð i t hat den ironischen sinn: du bist nun versorgt und aufgehoben.

Str. 17. r e ð und r a ð a hat den sinn von verrathen.

---

7. Regins flâ-ræði. (Regins verrätherischer plan.)

Das gedicht hat in den abschriften und ausgaben keinen titel.

Str. 1. F a f n i u m f a r i ð (dem Fafni ein ende gemacht).

Str. 2. 1) k o m o a l l i r s a m a n (alle zusammen kommen) nicht um zu kämpfen, sondern um mit einander hinsichtlich ihres muthes v e r g l i c h e n zu werden. — 2) S i g t i v a s y n i r ist als eine, das a l l i r erklären wollende glosse, bestimmt u n ä c h t.

Str. 3. 1) G r a m ist das von Regin geschmidete und dem Sigurdur, um den Fafni zu morden, gegebene schwerdt. — 2) h e f i r gehört in die erste hälfte des verses.

Str. 4. nach r e t t ist æ r zu setzen, þ u þ v î r ê ð t æ r (du vielmehr hast dafür gesorgt). — 2) r æ ð i (es würde noch vorstehen) gehört zum ersten halbvers. — 3) f r y i a (freien, fordern, herausfordern) entspricht dem lat. p r o c a r e, und gehört zur sippe f o r (lat. p r o); f r y i a e i n o m h u g a r (von einem den beweis des muthes fordern); vgl. fr. d é f i e r q u e l q u' u n (einem den beweiss einer sache nicht zutrauen). — 4) m e r ist nach h v a t s zu setzen.

Str. 5. 1) Diese in den ausgaben versetzte strophe folgt hier nothwendig auf die str. 4. — 2) der erste vers ist zu lesen: lengi lætir þû liggia Lyngvi î.

Str. 6. 1) Dieser vers folgt hier auf den vorhergehenden. — 2) atta (ich erregte, von etia).

Str. 7. 1) ek sê gehört in den ersten halbvers. — 2) statt harliga ist harðliga (mühevoll) zu lesen.

Str. 8. 1) Diese strophe habe ich sehr im verdacht aus einem den Havamâl ähnlichen gedicht hier eingeschmuggelt zu sein. — 2) hvat sem (sc. hiör) welches schwerdt auch (scharfes oder stumpfes).

Str. 9. 1) Diese strophe ist hier allein, zum schluss, an ihrer wahren stelle. — 2) eiskold — so wie in den semitischen, so auch in den indogermanischen sprachen, lautet, ausser den exclamationen, keine wortform ursprünglich mit einem vokal an (s. Poëmes isl. p. 371, und Résumé d'études d'Ontologie et de Linguistique p. 284); eis (gischt, waltung) lautete ursprünglich geis; vgl. ikt f. gikt gicht; igda f. figða) und bedeutete die physische und moralische herzerregung; vgl. mitteld. hes (schluchzen); koldi (kollr, kolla, gr. chêle) bedeutet bolle, gefäss, lade; eis-koldr (erregungs-bolle) bezeichnet den herzmuskel, das herz.

---

8. Igðra mal. (Der drei Elstern reden.)

Erstes gedicht.

1) Das gedicht hat in den abschriften und ausgaben keinen titel. Es bestehen davon zwei redaktionen; hier folgt das erste gedicht.

2) igða (f. figða bunte) gehört zur sippe gr. poikos, poikilos, lat. pingo, Pîcus, altd. vêch, und bezeichnet einen bunten (schwarzweissen) vogel, speciell die

elster, die man wie den Picus für vorherkündend (vgl. altd. agalastra ánsagerin, elster) hielt. Hier sind die elstern nicht, wie die manuscripte angeben, sieben an der zahl, sondern blos drei Elster-schwestern, gleich den drei Nornen oder den drei Parzen.

Str. 1, 1) fiörsega (lebensbolle); segi (stück) gehört zur sippe sags (stück, stein), altd. sahs, lat. secare (abschneiden) und bedeutet abbiss (fr. morceau), klumpen, bolle; fiörsega (lebens-bolle) ist ein, dem eiskoldr (s. ob. s. 81) ähnlicher ausdruck für herz. 2) frânn (fettglänzend).

Str. 2. berr af reiði röng orð saman (aus ärger stellt er kränkende worte zusammen) bezieht sich auf die discussion zwischen Sigurdur und Regin im vorigen gedicht.

Str. 3. 1) Die in den ausgaben (ed. Bugge s. 224) als str. 34 folgende strophe gehört ins zweite gedicht welches in dem lioðahattr verfasst ist; die str. 35 ist hier die dritte, von der dritten Elsterschwester gesprochene, strophe. — 2) ef kynni (wenn er erkännte) âstrâð yðvar hafa (dass euer wohlwollens rath gut sei); hafa hat hier, wie str. 8, die bedeutung von wohl sein, gr. kalôs echei. — 3) ulf's von (wolfs-erwartung) muthmassung dass ein wolf da sei. — 4) statt hugin gleddi ist zu lesen hug sinn gældi (seinen muth ausüben, von gialda (geltend machen, ausüben).

Str. 4. 1) diese strophe ist von der ersten Elsterschwester gesprochen. — 2) vor dem dreisilbigen hildimeiðr (kampfbaum, held) ist die ausgefallne vierte silbe hinn zu restituiren. — 3) sem ek hyggia mundak (wie ich ihn mir denken möchte). — 4) aldrs of syniat (das alter verhindert) das leben genommen.

Str. 5. 1) Die in den ausgaben als 40. str. angesetzte, ist hier als 5. einzusetzen. — 2) kviðа mörgo (manches fürchten) vor manchem zurückschrecken.

Str. 6. fram visa sköp folkliðondom (sie weisen das gesckick den herumirrenden) die wege führen, voran zu ihrem bestimmten geschick, die welche, unbestimmt, bei völkern herumziehen.

Str. 7. 1) Hindarfiall (hirschkuh-felsberg). — 2) ôdokkom lioma ôgnar (aus dem undunkeln, lichten, glanze des schrecklichen meeres) das heisst aus gold (meerglanz).

Str. 8. 1) folkvitur (truppkundige) bezeichnet die Valkyrie, welche sich unter den trupp mischt. — 2) lindar vaði (des lindholzes schaden) bezeichnet das feuer. — 3) hörgefn (linnen-busige) jungfrau mit leinenkleide. 4) statt aðr â ist zu lesen aðra (nicht bevor, erst nach dem). — 5) er hafa vildi (welche Odin wollte, dass sie wohlbehalten seien).

Str. 9. 1) statt vingskornir ist zu lesen vindskûrir (windschauern, wolken). Vingskornir kann nicht der name des pferdes der Valkyrie sein, da die Valkyrien nicht auf rossen ritten sondern auf wetterwolken. — 2) statt Sigurdrifar ist zu lesen Sigurdrîfu ær.

Igðra mâl. (Der Elstern reden.)

Zweites gedicht.

Dieses gedicht, das in den abschriften keinen titel führt, ist verschiedentlich vom vorigen gedichte in dem lioðahattr abgefasst. Die strophen dieses gedichts sind unter die strophen des vorigen gedichts ungeschickt eingeschoben worden, so dass in den abschriften und ausgaben ein toller wirrwarr besteht.

Str. 1. 1) statt enn ist inn (jenen, den Regin) zu lesen. — 2) folkskâ (allerwelt-schädlichen). — 3) statt þar er ist þâ er zu lesen. — 4) er hann raðinn hefir (der jenen Fafnir verrathen hat). — 5) kann-at (er kann nicht vernünftiger weise, er darf nicht); at sia (sich scheuen), við sliko (vor ähnlichem verrath, ebenfalls zu verrathen).

Str. 2. 1) hâra þul (alten schwätzer) nämlich den Regin. — 2) þâ knâ ist in den ersten halbvers zu setzen.

Str. 3. 1) hrîmkalda iotun bezeichnet den Regin als Iotnen und als reifkalten, das heisst hier, als grausamen. — 2) statt einvaldi vera ist wegen der alliteration zu lesen, valdi einn vera.

Str. 4. 1) svâ rîk skôp (das schicksal des Regin so vorzüglich). — 2) mitt bera bana-orð (den tödter-ruhm von mir davontragen) den rühmlichen namen Sigurðar-bani davontragen.

---

10. Sigurdrifu mâl. (Sigurdrifa's reden).

Erstes gedicht.

Das gedicht, von dem dieses fragment noch übrig, trägt keinen titel.

Str. 1. 1) hvi brâ ek svefni (wodurch unterbrach ich den schlaf). — 2) fella fölvar nauðir (die fahlen fesseln fallen machen) den fluch aufheben der mich, in den dem bleichen tod ähnlichen schlaf, fesselt. — 3) statt des einsilbigen fyr ist zweisilbig fyrir zu lesen. — 4) statt hrafns hrælundir hior Sigurðar ist zu lesen hrafns hrælunda hiörvi Sigurðr (Sigurdur mit dem rabenaas-gierigen schwerdt) welches heldenleiber zu rabenaas zu verwandeln sucht.

Str. 2. 1) Diese strophe, welche in den abschriften und ausgaben weiter unten hin versprengt worden, ist hier wieder einzusetzen. — 2) bryn þing (wehrwaffenversammlung) kämpfer-versammlung, schlacht. — 3) über apaldr s. s. 40. 105. — 4) magni blandin (mit kraft gemischt) um körper- und geisteskraft zu geben. — 5) megin-tiri (mit kraftruhm) um den durch kraft erzeugten ruhm zu geben. — 6) liôða (lieder) welche weisheit geben. — 7) lîkn-stafa (erleichterungs-stützen) heilungsregeln. — 8) goðra galdra (gut wirkende beschwörungsformeln). — 9) gaman-runa (geheimlehren um gunst nnd liebe zu erlangen).

---

11. Sigurdrifu mâl. (Sigurdrifas reden.)

Zweites gedicht.

Das fragment hat, in den abschriften und ausgaben, keinen titel. Das gedicht aus dem es entnommen, ist, verschieden vom vorigen gedicht, im lioðahattr abgefasst.

Str. 1. 1) statt læ ist zu lesen hlæ (ruhe, pause) unterbrechung der gewöhnlichen geschäfte, während der nacht. — 2) blunn (das augen zudrücken); blunnstafir (ursachen des schlafs) sind die runen die magisch schlaf bewirken.

Str. 2. 1) statt heill dagr ist zu lesen heill siâ (gegrüsst sei der Tag). — 2) statt heilir dags synir ist zu lesen heilar dags synir (gegrüsst des tags scheinende strahlen). — 3) statt nott ok neipt ist zu lesen Nottar nipt (die nichte der Nacht) d. h. Sôl, die tochter Mundilfœri's, des bruders der Nacht. — 4) statt sitiondom sigr ist zu lesen sitiondom sègar (gebet den sitzenden bissen); die sitzenden sind

Sigurdrifa als lehrerin und Sigurd als zuhörer; die weisheits-bissen sind, wie in der folgenden strophe steht, mâl (weise reden) und manvit (guter verstand).

Str. 3. 1) statt fold ist zu lesen flioð; in fiolnyta flioð (die sehr nütze frau) ist Freyia, welche der geburtshülfe und heilkunde vorsteht. — 2) statt mêrom ist zu lesen menn-rôm (männer-beifall) guter ruf bei den männern.

Str. 4. 1) vætt-rim (wagebalken) ist das querstück das am schwerdgriff (hialti) wagerecht (horizontal) ruht, und das man, an spätern schwerdtern, das stichblatt nennt. — 2) val-bost (rund-knopf) der runde degenknauf oben am griff, s. ob. s. 41.

Str. 5. 1) statt ölrunar ist zu lesen ôlrunar (bundrunen) und statt annars zu lesen andar (der zuneigung, der liebe). — 2) Nauð (band, drang, not) bedeutet hier den runen-buchstaben N nauð genannt; dies wort gehört zur sippe got. nauan, sansc. naç, gr. nekus, norr. nâr. Die folgende strophe der ausgaben ist unächt.

1) signa (weihen, segnen) gehört zur sippe sansc. sadj (für sa-ga) zusammengehen, begleiten; sadjnam (angebinde, zeichen; nicht aus sa-djna zusammen denken), lat. signum, lith. segti (anbinden), altsl. sag-(ehlichen); das wort segen scheint eher aus dem slavischen entlehnt als vom lat. signum. — 2) við far î sîa (um gefahr zu verhüten, hinein blicken. — 3) verpa lauki lög (mit laug das flüssige verwahren); verpa steht für verpia (eine werb, schutzwehr lat. urbs fr. rempart aufwerfen). — 4) Diese ganze strophe ist unächt der spätern strophe angehängt worden, von einem der glaubte in der vorigen strophe seie die rede von ölrunen (trankrunen).

Str. 6. 1) of liðo spenna (um die glieder der

kreisenden spannen). — 2) dîsir (schutzschwestern) die weiblichen schutzgenien (fylgior) s. ob. s. 75.

Str. 7. 1) statt legia eld î ar lese ich leggia liðo î âr (die glieder arme, und beine, kreuzweise legen); î âr in gestalt des durchkreuzten runen-buchstabens â (âr); vgl. âr rist (einen kreuzschnitt ritzen) ob. s. 76. — 2) die zwei verse, am ende der strophe, scheinen mir später angefügt worden zu sein.

Str. 8. 1) statt lim-runar (ast runen) ist likn-runar (heilungsrunen) zu lesen. — birki (n. birkenbäume) gehört zur selben sippe wie börkr (rinde, bast, blatt), sansc. burdjas.

Str. 9. Die verse:

þær um vindr þær um vefr
þær um setr allar saman,

sind eine, aus einem spätern zaubergedicht, entlehnte beigeschriebene randglosse, also hier bestimmt unächt.

Str. 10. 1) Der vers: þær of rêð þær of reist (diese runen ich errieth, diese runen ich einritzte) ist aus demselben zaubergedicht, wie in str. 9, entlehnt und hier unächt eingesetzt. — 2) um den vers þar um hugði Hroptr or hausi Heiðdraupnis zu erklären, hat ein copist die glosse af þeim legi er lekið hafði (aus der flüssigkeit die ausgeflossen) eingeschoben. — 3) haus Heiðdropnis (der schädel des Goldträuflers) bezeichnet den abgehauenen weissagekopf des Iotnen Mîmir (f. Mîgmir, Träufler) der den iotnischen Himmel, aus dem die befruchteten regentropfen fallen, symbolisirt. — 4) horn Hodd-drofnir (das horn des hort-träuflers) ist das horn des Mîmir (des reichthum träuflenden himmels), welches Odin gegen sein auge ausgetauscht, und aus dem er weisheit trank. — 3) bei der erwähnung des haus Heiðdropnis hat ein glossator die folgende strophe beigeschrieben, welche dann in den text unächt eingerückt worden ist:

â biargi stôð með Brimis eggiar,
hafði ser â höfði hialm
þâ mælti hann við Mimis höfuð
frôðlikt it fyrsta orð.

Diese strophe ist aus einem spätern gedicht entnommen, welches den kampf in der Götterdämmerung erzählte. Beim herannahen der Weltfeinde steht Odin, mit dem schwerdt Brimir und dem helm bewafnet, auf den Nidaföll an der äussersten gränze der erde; zum ersten mal, in dieser gefahr, frägt er um rath das abgehauene, stets weise, haupt des Mimir. — 6) an obige in den text geschobene strophe hat dann wiederum ein glossator das gedicht Runafrœði (s. Des Hehren sprüche s. 235) angefügt, dessen zweiter theil hier, und dessen erster theil in den Hâvamâl, enthalten ist. Endlich hat ein späterer dichter an die Rûna frœði, zum schluss, noch folgende schlechte verse hinzugedichtet:

þat ero bôkrûnar þat ero biarg-rûnar
ok allar ölrunar
ok mætar meginrunar
hveim er þær knâ ôvilltar ok ôspilltar,
ser at heillom hafa;
niottu, ef þu nâmt
unds riufass Regin.

---

12. Sigurdrîfu mâl. (Sigurdrifa's reden).

Drittes gedicht.

Dieses gedicht führt, in den abschriften und ausgaben, keinen titel. Dies spätere gedicht ist mit dem vorigen, als folge, fälschlich vereinigt worden. Um eine verbindung zwischen ihnen zu bewerkstelligen hat man die beiden strophen, welche ursprünglich ans ende gehören, fälschlich an den anfang gesetzt.

Str. 1. siðr þu hefnir (dass du nicht rache übest).

Str. 2. 1) statt limar (äste, ist zu lesen sîmar (schicksalsfaden); vâra vargr (der zusagen zerreisser) der schnöde wie ein verbrecher (vargr verbannter) lügt; vgl. angels. værloga, engl. warlock (lügner, betrüger).

Str. 3. Da irgend ein leser oder abschreiber mit dem in dieser strophe gegebenen dritten rath nicht übereinstimmte, so schrieb er ans ende allt er vant (dies ist ganz falsch) und dichtete statt derselben folgende unächt ins gedicht eingeschobene strophe:

ef þu við þegir þâ þikkir þu
með bleyði borinn,
eða sanno sagðr:
hættr er heimis kviðr
nema ser goðan geti:
annars dag lattu hans öndo farit
ok launa svâ lyðom lygi.

Str. 4. Bei erwähnung der fordæða (unzüchtiges zauberweib) schrieb ein leser an den rand, aus einem andern gedicht, eine unächte strophe Forniosnar dugo etc. bei (ed. Bugge str. 27), welche in den text eingeschmuggelt worden ist.

Str. 5. statt sifia silfr ist zu lesen sifia slîtur (verwandschaften-zerschlitzungen).

Str. 6. 1) fari (dir zukommen, dir vorkommen). — 2) dolgviðr (feindschafts-baum) feindlich gesinnter mann. — 3) bei erwähnung der betrunkenheit fügte ein leser die strophe ein sennor ok öl etc. (ed. Bugge str. 30), welche, falsch, in den text eingeschmuggelt worden ist.

Str. 7. auðstafr (besitz-träger) ist hier gleichbedeutend mit gumi (inhaber) und höldr (freier besitzer), hausbesitzer.

Str. 8. eggia ofgamans (zur lüsternheit anstacheln).

Str. 9. Dieser ächten strofe hat ein christlicher leser eine andere hier unächte strophe lōg skal göra (ein loch, eine grube soll man machen etc. ed. Bugge str. 34) hinzugefügt; î kisto fari (einsargen, in eine kiste legen) war schon ein heidnischer gebrauch, s. unten.

Str. 10. 1) vârom (versöhnungszusicherungen). — 2) dropi (tropfen, kleiner abfluss) bezeichnet einen armen tropfen, eine hilflose waise; varg-dropi ist die waise eines verbannten. — 3) hverstu ert broðurbani eða hefir þu feldan föður ist eine unächte in prosa geschriebene glosse; zu lesen ist wahrscheinlich blos:

þvî er ulfr er î ungom syni.

4) Die dieser strophe in den abschriften und ausgaben (ed. Bugge str. 36) folgende strophe ist offenbar hier unächt.

Str. 11. 1) Auf diese elfte strophe folgen die, in den abschriften und ausgaben, an den anfang gesetzten zwei letzten strophen. — 2) langt lif þikkiom' ak lofðungs vita (ich glaube nicht zu wissen, dass das leben des Erlauchten-sohns lang sein wird). — 3) römm ero rôg of risin (starke kämpfe ums leben haben sich erhoben, stehen bevor). Hier geht Sigurdrifa von der didaktik zur profetik über.

Str. 12. 1) Hinsichtlich der römm rog stellt Sigurdrifa dem Sigurdur die wahl zwischen der bekanntmachung derselben (sögn) oder dem verschweigen derselben (þögn). — 2) sögn eða þögn hafðu þer sialfr î hug (die vorgetragenen runenlehren und die verschwiegene profezeiung fasse sie zusammen in deinem persönlichen muth) ersetze sie beide durch deinen heldenmuth. — 3) öll ero mein of metin (alles unglück ist abgeschnitten durch den heldenmuth).

Str. 13. 1) flæia (die flucht ergreifen) vor den öll mein. — 2) feigan (dem todte bestimmt). — 3) hafa (beibehalten, bewahren).

---

13. Sigurðar kviða. (Sigurdurs sage-lied)

Str. 3. hann um ætti ef hann eiga knætti (er Sigurdur hätte die Brynhilde heirathen können, wenn er sie zu ehelichen gedurft hätte.

Str. 4. 1) statt inn suðræni ist zu lesèn enn sundr-eini (aber sonder-einzeln unverheirathet und keusch). — 2) statt hunskr konungr lese hiunskr konr ungr (der junge ehemännische Edeling); hiunskr (wie ein ehemann im bett liegend). — 3) fal (barg, aufhob, vorbehielt).

Str. 5. nach ekki grand ist die vierte ausgefallene silbe vann wieder einzusetzen; sie ist, wegen des folgenden assonirenden vamm, ausgefallen.

Str. 6. nach aptan dags ist allan, wie str. 12, einzusetzen.

Str. 8. 1) nach ills ist die ausgefallene silbe hugs wieder einzusetzen. — 2) statt îsa und iokla ist zu lesen ysa ok iolla (lärm und geschrei); über ioll s. Des Hehren Sprüche s. 217. — 3) statt hvern lese hverian. — 4) Um das sveipr î ripti (das bettlachen umlegt) zu erklären, hat ein ungeschickter glossator die glosse eingeschrieben konungr inn hunski kvan frîa sina (der hunische könig seine geliebte ehefrau) worin jedes wort unwahres aussagt. — 4) statt beggia (beider) ist zu lesen bekkia (der gesellschaftsbänke) der gesellschaften.

Str. 11. statt hölda ist harma (unbill) zu lesen, und statt lifi zu lesen lifit: jedem wird die rache für unbill hinterher zum vergleich leichter dadurch, dass kein sohn mehr lebt.

Str. 12. 1) statt reiðr ist zu lesen vreiðr, und fnasaði (schnaubte) statt hnipnaði (trauerte), s. Thrymskv. 13. — 2) der vers eða hanom væri vinna bezt ist als unächt zu streichen.

Str. 13. 1) statt avar titt ist arar tillat zu lesen; âr (ruder) bedeutet metaphorisch förderungsmittel zum wegkommen; ârar tillât (der förderung zulassung) bezeichnet einen zulass (consens) der aus der verlegenheit hilft. — 2) statt kvanir ist zu lesen kvan ina (diese frau). — þar (darin) nämlich in den besprechungen (rûnom) worin Gunnar den Högni als vollvertrauten hatte.

Str. 14. meyiar meiðmom (der jungfrau besitzthümer) welche sie als jungfrau in die ehe mitbekam.

Str. 15. 1) fylkir (heerführer); Sigurdur war als heerführer im reich des Gunnar angestellt. — 2) malmi (für malðmi geschmolzenes) schmelzbares metall, hier gold; das wort gehört, wie sein homonym malmi (zerriebener, sand), zur sippe mala (mahlen, zerreiben, schmelzen), gr. maltha (schmalz, theer); — 3) Rinar malmr (Rhein-metall, Rheingold) kann bedeuten das im Rhein ausgewaschene gold; könnte aber auch eine poetische anticipation (prolepsis) sein für den später in den Rhein versenkten Niflungenschatz. — 4) sitiandi (ruhig zu haus sitzend) im gegensatz zu dem unruhigen leben im kriege draussen.

Str. 16. 1) Die in den ausgaben als str. 17 angesetzten verse sind als unächt zu streichen; sie sind unächt 1. weil sie neben der einzigen entgegnung des Högni (eino andsvör) in bezug auf eidbruch, noch andere, des Högni ganz unwürdige, gründe angeben; 2. weil sie ungereimtes wie hunski herbaldr (der hunische held) und die sonderbare voraussetzung enthalten, dass die Giukunger noch 5 söhne zeugen werden; 3. weil Gunnarr direkt nur auf die eine entgegnung Högnis antwortete.

Str. 17. hvaðan vegir standa (welche auswege hieraus offenstehen) um den schwurbruch zu umgehen.

Str. 18. 1) Der unnütze, überzählige prosaische vers ok eptir varp ôbilgiarnom ist als unächt zu streichen. — 2) statt kyn-birt ist zu lesen kænn-barit (geschickt, scharf geschleudert); vgl. schwed. kyn, kön, angels. cîńe, engl. keen. — 3) statt konungs ist kons zu lesen. — 4) til hluta tveggia (gegen die zwei abtheilungen des saales hin); da der mörder floh und von hinten getroffen wurde, so fiel sein oberleib ausserhalb und seine füsse innerhalb der thüre. — 5) Die beiden in den ausgaben folgenden verse hendr ok hofuð etc. sind eine glosse um hluta tveggia zu erklären, und als solche, hier unächt.

Str. 19. sæing ist zweisilbig, weil entstanden aus sægin (sackartige); das ursprüngliche bett war nämlich eine art sack, zieche, polster, angls. sæing, sông, säkking (polster decke); das wort gehört also entweder zur sippe lat. sagum, gr. sagena (sackartiges netz), d. sack (versenkung, senkloch) von sinken, oder zur sippe slav. sag (angebinde) sansc. sadjnas s. s. 86.

Str. 20. 1) statt des einsilbigen hendr ist zweisilbig hendur zu lesen. — 2) firrask (entfernt werden) fern getrennt leben. — 3) statt frandgarði ist zu lesen frændgarði (verwandten gehöft).

Str. 21. 1) statt ser hafa ist zu lesen sêt hafa (die haben es abgesehen auf). — 2) in der zweiten vershälfte ist die silbe nû ausgefallen. — 3) dâtt ist das neutrnm von dâr (f. davr) tödlich, vgl. dâ-sviðr (Des Hehren sprüche s. 240). — 4) statt des dreisilbigen nylig râð ist viersilbig nyligra râð (neuern bessern plan) zu lesen; vgl. ny-râd (Hrafnagaldr 22). — 5) statt siau alir ist zu lesen sia valir (sie sind vorzügliche) — 6) statt systor sonr ist zu lesen systur-konr or (der schwester ehherr ausreitet). — 7) systir (f. sa-vas-tir aus dem selben gefäss, bauch) lat. sosor (f. sa-vas-or, desselben bauches von vas (gefass); vgl. gr. adelfe (sansc. sa-garbhâ desselben bauches).

Str. 22. 1) hvî gegnir (wem es entspricht) wem es zuzuschreiben. — 2) statt hvern ist zweisilbig zu lesen hverian. — 3) siðr værak heitinn (damit ich nicht geheissen würde).

Str. 23. statt konungr ist konr (edeling, eheherr) zu lesen.

Str. 24. 1) eino sinni (zum ersten mal) vgl. unten. — 2) vor grat ist inn wieder einzusetzen.

Str. 25. 1) gramr haugstalda (der hagestalten gestrenger); das sächsische wort hagi (haag) bezeichnet den kleinen theil des eingefriedigten familien-guts, dessen grösster theil der hôf (gehöft) war; der ältere bruder erbte den hof, die andern jüngern brüder die gehäge. Ein solcher hagbesitzer hiess im angelsächsischen hægestaldi (hag-bestallter); die jüngern blieben meist ledig (hagestolt), dienten als freie mannen (gumnar) in der leibwache (hirð) der fürsten. Da das sächsische wort hægestaldi den Nordmannen nicht klar war, so deuteten sie es sich als gleichbedeutend mit hauk-staldi (habichtbestallter), weil die jungen hagestalten, auf der jagd, öfters habicht-träger waren. — 2) golf (rinnsal, durchgang, seitengemach) steht hier für hvilu-golf, rekkiu-golf (schlafgemach).

Str. 26. vor bloðug ist um einzusetzen, das wegen der assonanz mit der endung des vorherstehenden þinom ausgefallen ist.

Str. 27. fryr (auffordert) zum kampf. s. ob. s. 80.

Str. 28. 1) hve er yðr til saka rêðot (wie ihr Giukunger, euch zum unfrieden vorbereitetet). — 2) ofþrungin (gedrängt mich zu verheirathen). — 3) statt fê ist zweisilbig fêi zu lesen.

Str. 29. 2) för þörfgi væri (wäre doch diese fahrt niemals ein schicksalsgesetz worden). — 2) auf diese strophe folgt die in den ausgaben als 37. angesetzte strophe.

Str. 30. þioðkunt at munar strîði (weltkundig hinsichtlich des widerstreits meines vorhabens.

Str. 31. 1) statt höfnom ist zu lesen höfnum (nach gebühr, nach gebührendem antheil). — 2) statt engi lut (keinen antheil) ist zu lesen eigi luta (nicht die antheile). — 3) auðins (des zum auðr, väterlichen vermögen, gehörenden). — 4) ioðungri (kind-jung) unmündig. — 5) statt ara taldi ist zu lesen aðr â talði (früher bezahlte).

Str. 32. 1) letom sîga sâttmal okkor (wir liessen sinken unsere beweisreden) wir brachen den disput ab, und vereinbarten uns im frieden. — 2) lek mer meir um mun (es spielte mir mehr nach wunsch) es gefiel mir besser. — 3) meiðmar þiggia (den brautkauf annehmen) sich verehelichen lassen.

Str. 33. 1) þâ (damals als später Sigurdur unter der gestalt des Gunnars (þioðkonungs) um mich freite. — 2) da eine silbe fehlt, so ist statt yðr der genitif yðar zu lesen und auf i augo zu beziehen. — 3) â engi lut (in keinem andern stück) war er euch gleich. — 4) at âlitum (bei seiner äussern gestalt). — 5) þô þikkiz er þioðkonungar (wiewohl ihr schienet Volkskönige) ist ein unächter glossenartiger vers.

Str. 34. 1) Men-skögul (die durch schmuck hervorragende) die hohe ehefrau; bezeichnet hier die Brynhildur selbst. — 2) biô-at hug (sie bereitete ihren sinn dazu) nämlich at unna einom (nur einen zu lieben). — 3) statt um hverfan ist um hvorfon (nach sinneswandel) nach langem innern kampf. — 4) finna (verstehen, begreifen).

Str. 35. 1) statt at þeygi ist zu lesen þvi at ey (weil immer). — 2) þunngeð (fein-sinnige) im gegensatz zu der þunggeð (der plump-sinnigen). — 3) leiða ver aldri (einen ehemann mit dem leben begleiten) mit ihm aus dem leben gehen. — 4) þâ (dann), wenn ich aus dem leben gehe, mun â hefndom vera harma minna (wird es sein zur hebung, erleichterung, sühne meiner leiden.

Str. 36. 1) gramr verðungar (der Gestrenge der gefolgschaft) ist wie gramr haukstalda str. 25, der könig Gunnar. — 2) statt hveim ist zweisilbig hveriom zu lesen.

Str. 37. 1) mein (verhinderung, abhaltung); meini er abhalte, verhindere. — 2) þarfr (starr, derb, unbeugsam); þörf (die starre, die nothwendigkeit, der bedarf, gebühr, recht); þarfir (nothwendigkeiten);

þarfar (die unbeugsamen) die Nornen und das schicksal (orlög).

Str. 38. fyr knè (vor die knie) euphemistisch für aus dem mutterschoos.

Str. 39. 1) mörk (grenzscheide, wald, baum); mörk menia (der schmuckanhängsel-baum) bezeichnet die edelfrau, die, wie ein baum mit blättern und ästen behängt ist, so schmucksachen trägt. — 2) statt soltnar (kaltgemachte) ist sollnar (aus furcht, erregte, betrübte, engl. sullen) zu lesen. — 3) die zwei in den ausgaben folgenden strophen sind in die 44. str. zu setzen.

Str. 40. Die 49. str. (ed. Bugge) ist hier allein an ihrem platze. — 2) þeir bezieht sich auf männer und weiber; vgl. str. 42 mann. — 3) statt minna þvî ist vielleicht zu lesen mina nâð þvî (meine gnade damit); ist minna ächt, so müsste man es von einem masculin minni (das gedenken, die minne) ableiten. — 4) hrôðit leite ich von grôði (wachsthum), reichthum ab; hrôðit (reich, werthvoll). — 5) über sigli, das ich (Allweise's sprüche s. 225) als sonnchen erklärt, habe ich bedenken: es konnte gehören zur sippe sansc. sadj (anbinden, anhängen), sadjnam (anhängel, angebinde, zeichen), lat. signum, (anhängsel, zeichen), norr. sigul (anhängsel, segel) und demnach anhängsel, frauenmedaillon bedeuten. — 6) bôk (bunt-gesticktes); blæio (f. blægia) laken; biartar vaðir (hellegewänder)

Str. 41. 1) statt hugðo ist zu lesen þrauto (sie waren verlegen) at raðum (zur aushülfe). — 2) statt ærnar soltnar ist zu lesen þô ærnar sollnar (wiewohl zur genüge geplagt); þô ist, wegen der assonanz mit der letzten silbe des vorhergehenden worts, ausgefallen; munom enn lifa (wollen wir doch noch leben);

verða salkonor sæmd at vinna (als saalfrauen ihr gehöriges verrichten müssen).

Str. 42. unds (bis dass, nach zwischenreden); af hygiandi (nach überlegung); hör-skrydd (mit feinlinnen schön gekleidet); mann bezieht sich auf männliche und weibliche dienerschaft, vgl. str. 40, und d. jemand; tröðan (träge) unwillig; tor-bœnan (schwer erbittlich).

Str. 43. þâ er fram komit (wenn ihr von hier weg in die andere welt kommt). Statt neit ist zu lesen ne at (nicht bei der Schmuckgöttin, bei Freyia).

Str. 44. 1) Die in den ausgaben als zweite halbstrophe 47 angesetzte strophe ist hier wieder einzusetzen. — 2) miðlaði (sich mitten in den leib stach). — 3) hnê â annan veg hon við bolstri (sie sank auf das bettpolster in anderer richtung) nicht wie man ins bett sinkt rückwärts, sondern vorwärts, weil sie sich vor dem bett ins schwerdt stürzte. — 4) hugði at raðum (dachte noch auf rathertheilungen und leichenfahrts anordnungen).

Str. 45. 1) hier folgt die in den ausgaben als 53. und 57 angesetzte strophe. — 2) lifs orvænna (f. orvænda, des lebens unverhoffte) deren leben nicht mehr zu hoffen ist. — 3) statt liosa brûði ist zu lesen liosa brunn î (bei dem aufleuchten der lichtstrahlen) beim anbrechenden morgen, î dags-brunn. — 4) hvê steht für hveriom er. — 5) statt sara ist zu lesen sarla (sarliga schwer). — 6) statt vaðin at velia ist zu lesen vaðin-at at vilia (nicht zur lust bin ich aufgetreten), vgl. mun-at at vilia.

Str. 46. 1) folgt hier die, in den ausgaben als zweite halbstrophe 53, eingesetzte strophe. — 2) mun-a yðvart far allt i sundr (es wird nicht euer ungemach ganz auseinander gehen) euer unglück wird nicht vergehen. — 3) un die fehlende alliteration herzustellen lese ich: þôtt ek hafa vandri (obgleich ich werde das elende leben gelassen haben).

Str. 47. kunn kona (verwandte frau) ist die mutter der Gudrun und des königs Gunnar; statt des zweisilbigen konung ist dreisilbig konungi zu lesen; við konungi steht für kunn við konungi. — 2) vor moðir ist ein (allein) zu setzen; der dichter will sagen dass die Svanhild nach des vaters Sigurdurs tod geboren wurde, und die mutter sie allein aufziehen musste. Svanhildur (Schwan Hilde) ist kein zusammengesetztes wort sondern wie oft ein einfacher name (Hildur) durch eine einfache bezeichnung (Schwan) von ähnlichen namen unterschieden; Hilde, die Schwanweisse.

Str. 48. 1) versæl gefin verheirathet als mit dem mann glückliche. — 2) vor broðir ist ok zu setzen.

Str. 49. 1) luta saman (zusammen neigen) der liebe pflegen. — 2) statt hon mun ist zu lesen svâ mun hon. — 3) gôð umsköp (gute schicksalswendung); umsköp ist gebildet wie umdæmi.

Str. 50. Der vers mundu î öngan ormgarð lagiðr ist unächt 1. weil überzählig, 2. weil eine zu spezielle vorhersagung aussprechend. Desgleichen sind auch die beiden verse þvîat hanom Guðrun etc., als spätere erklärungen des ondo tyna, für unächt zu halten.

Str. 51. 1) Da eine silbe mangelt, so ist statt goðra râð etwa goð vinna râð zu lesen. — 2) ossum (für älteres onsarom) unserem. — 3) ôört mæli (ich spreche nicht irrig) ich irre mich nicht in dem ich so spreche.

Str. 52. 1) Iônakar (f. Hion-akar, Hausgewächs). — 2) ôðal-torfo (familienguts-wiesengrund). — 3) Den 1. ausgefallenen vers hat Bugge ersetzt durch ala mun hon ser ioð erfivörðo (sie werden gebären kinder zu erbwärtern); für den zweiten vers lese ich, statt ero ivaruðôm, bestimmt ero yfir hugðom (sie stehen über den muthigen) sind vorzüglicher als die muthigen.

Str. 53. 1) sina mey ok Sigurðar ist kein ächter vers, sondern eine unnöthige glosse. — 2) Bikki (winke, signal). — 3) statt des einsilbigen râð ist zweisilbig af-râð (verrath) zu lesen. — 4) Iormunrekr (Sonnen-recke, Allerwelts-rekke) ist offenbar der gothische könig Airmanareiks (Sonnen-starke) Ermanrich, so wie Thioðrekr (Allerwelts-recke) der ostgothe Thiodreiks (Theodorich) ist. — 5) ôþarft (ungebührlich, ungenehm).

Str. 54. 1) breiða (ausbreiten, anlegen) — 2) sulto (gestorben sind) müsste hier den sinn haben von sterben werden; der ganze vers scheint mir aber eine unächte glosse, die das oss ollom erklären will.

Str. 55. 1) vala-rift (auswahlstücher) sind ausgewählte vorzügliche tücher (fr. de choix) vgl. valafolk (vorzüglicher trupp), vala mengi (vorzügliche menge). — 2) statt hunska (hunisch) ist nothwendig zu lesen hiunska (ehemännisch); vgl. hyski (häuslich). — 3) statt aðra ist zu lesen æðra (vorzüglichere); die vorzüglichere seite ist die rechte (hægri). — 4) statt mîna ist zu lesen liggi mîna.

Str. 56. 1) þa er öllo skipt til iafnaðar (damit alles angeordnet sei zur ähnlichkeit mit unserer bettbesteigung). — 2) endr-lagið (zwischen uns gelegt). — 3) statt stigom ist zu lesen steigom.

Str. 57. 1) hlunnr (f. hlundr gehölt, gewölbt, gerundet) gehört zur sippe lat. cavus (hohl), gr. kulindros (cylinder), mitteld. holundi (höhle), und bezeichnet einen runden stamm, walze, schweller, hier die runden thürpfosten. — 2) blik (wendeflügel der thüre) gehört zur sippe sansc. varç (walken), gr. helko (ziehen wenden), heliks (gewinde), lat. lacio (zu-wenden, zerren), lith. vilkas (zerrer, reisser, wolf), got. vilvian (zerren).

Der thürflügel (blîk) war, bei dem einen thürpfosten (hlunnr), mit zapfen, in die unter- und oberschwelle eingezapft. — 3) statt litkoð ist zu lesen lekkoð (f. linkoð) welches zur sippe hlekkr, engl. link, gelenk, mitteld. klenke (schlagbaum, riegel, klinke) gehört, und verklingt (mit einer klinke versehen) bedeutet. Der riegel war hringi lekkoð (mit einem ring oder handgriff verklinkt) den man zum thüröffnen umdrehte. — 4) hallar bezeichnet hier Valhöll. — 5) aumlig (f. iaumlig, mitteld. jämmerlich) gehört zur sippe ach! oder iach!) und bedeutet ärmlich.

Str. 58. 1) fostrman (ernährmensch) ist die unfreie säugamme der Brynhildur. — 2) faðerni (väterliches; lat. patrimonium) das ererbte väterliche vermögen.

Str. 59. 1) miötuðr (das abmähen) bezeichnet den gewaltsamen tod. — 2) ômuna (laut) gehört zur sippe ômr, ymr (geräusch). — 3) svelln (kühlwerden, erstarren). — 4) svâ (so) drückt aus: so wahr es ist, dass ich nur wahres gesprochen, eben so wahr ist es, dass ich nun das leben lasse (lata sc. ondo, fiörvi).

---

14. Sigurðar Kviða in onnur. (Das zweite Sigurdurs Sagelied.)

(fragment.)

* * *

Str. 1. statt hvi ertu ist zu lesen hvî er nû.

Str. 3. 1) hefir þik heiptar hvattan (sie hat dich durch vorwürfe angereitzt). — 2) ȝoðra raða (gute versorgung) hier guter ehebestand, gute heirath.

Str. 4. 1) statt sviðo und sniðo ist sviddo und sniddo zu lesen. — 2) statt gæra deildo ist zu lesen gær â deildo (gähr zutheilten); gær (f. gæs, gischt, gæhre) gehört zur sippe sansc. yas (sprudeln), gr. zeo, got. geysan und bedeutet hier gärtrank (aufregender trank).

Str. 5. 1) soltinn (kalt gemacht, todt gemacht). — 2) statt hât (hoch) ist zu lesen hrâtt (rauh, grausig). — 3) skâr (f. skavr schnell kühn), vgl. sniallr; vîgskâir oder schwach vîg-skâ (die kampfschnellen). — 4) of vîða (überwinden, verderben). — 5) die zwei verse die in den ausgaben der 16. strophe angehängt worden, sind hier wieder einzusetzen. — 6) statt Niflunga ist Hniflunga (der Edeljungen) zu lesen. — 7) statt eroð ist zu lesen er eroð (so wie ihr seid); er auf svâ bezogen hat hier die bedeutung von sem. — 8) afli gengin (der macht entgangen) ihre macht verlierend.

Str. 6. frændir minir (meine brüder Gunnar und Högni.

Str. 7. grâr ìor (grau ross) ist der Grani (graue) das ross Sigurdurs.

Str. 8. mundi raða (er würde gesohaltet haben).

Str. 9. 1) statt gota (der Goten) ist gotna (der mannen) zu lesen. — 2) hann bezeichnet den Giuki. — 3) folkrôði wie folkrœði (heer-ruder, heer-steuer) bezeichnet die truppenanführung.

Str. 10. eino sinni (zum ersten mal) s. ob.

Str. 11. götvaðr (vernichtung) ist der form nach kein particip, sondern, wie bani (tödung), glötuðr (vernichtung), ein abstraktes substantif, mit conkretem sinn: vernichter.

Str. 12. statt fot ist zu lesen fet (schritte); die schritte rühren bedeutet unruhig schnell und öfter in gedanken hin und hergehen.

Str. 13. 1) hyggia tæði (er thät sinnen) er sann. — 2) statt þeir a boðvi baðir sogðu ist zu lesen þar â böðvi bölva sagði (was damals, beim mord, böses aussagte). — 3) statt ey ok orn ist zu lesen eyk or einn (aus der eiche herunter, einer).

Str. 14. 1) dîs Skioldunga (der könige schwester) s. ob. s. 60. dîs (f. deisi bekannte, verwandte) gehört zur sippe sansc. dhi (unterscheiden, kennen), gr. daimon (kundig), lat. disco (ich werde kundig), und entspricht dem sansc. dhayasi (verwandte, schwester) îo-dis (haus-verwandte) schwester; dîs (schwester, schutzgeist, s. ob. s. 38) vgl. gr. daimon (schutzgeist); — 2) das zweite mik ist zu streichen. — 3) eða svâ lata (oder es so unterlassen) es eben so unterlassen, nämlich meine besorgniss auszusprechen.

Str. 15. 1) fâr kunni (keiner begriff, verstund). — 2) statt flioða latom ist floða latom zu lesen; flôð n. (zu- und abflut) ebbe und fluth; floða latom (ebbe und fluth äusserungen) sind die ausdrücke sich entgegengesetzt folgender gemüthsbewegungen. — 3) statt hölda (freihalter) ist hlyða (aufhorchen) zu lesen.

Str. 16. î fianda lið (unter feindes begleitung).

Str. 17. sik finna (sich erweisen).

Str. 18. unga gram bezieht sich auf Gunnar.

Str, 19. 1) margdyrr konungr (Sigurdur den ich damals für den sehr reichen könig Gunnarr hielt). — 2) varo gorvar eldi (waren bereit zum feuer) zur beissenden verletzung wie das feuer. — 3) enn innan (aber die schneiden mitten längs der klinge). — 4) fâðar (bestrichen).

15. Guðrunar harmr. (Gudrune's wehklagen.)

Erstes gedicht.

Das gedicht führt im Cod. R. den titel Guðrunar Kviða.

Str. 1. 1) hiufra (seufzer) gehört zur sippe hiu! vgl. jamer s. s. 101. — 2) gerði kveina (sie thät weinen) steht für kveinaði (weinete).

Str. 2. 1) harðs hugar letto (von dem hartsinn erleichtern) den thränenlosen stummen schmerz auflösen. — 2) môðug (im schmerz verstockt).

Str. 4. 1) Giaflög (gaben-stamm) gabenträgerin. — 2) statt forspell ist zu lesen fiörspell (lebensverderbniss).

Str. 6. 1) Herborg (Heerburg); die mutter Atlis und der Brynhildur. — 2) hræ r (rohfleisch, todtfleisch) gehört zur sippe sansc. kravyam (rohfleisch), lat. cruor (rohblut), crudus (f. cruvidus roh), rus (rauh-land), norr. hrâr (rauh, roh), hræ (tod-fleisch). — 3) statt sunnanlandz ist zu lesen viersilbig sunnan-landsis; sunnanlandsis steht für ursprüngliches sunnanlands-ins; und dieser genitif hat die adverbial-locatife bedeutung von: in jenem südlande dort, (das heisst in Italien); vgl. unten Hunalanz (Oddrunar gratr. str. 4).

Str. 7. 1) statt des einsilbigen vindr ist zu lesen zweisilbig veður (wetter). — 2) der vers sialf skyldaek göfga sialf skylda ek götva ist offenbar eine spätere glosse um hondla hræför zu erklären. — 3) statt her for ist zu lesen hræ-för (herbeischaffung der zerstreuten leichen). — 4) ein' (alleine) ohne hilfe. — 5) statt missere ist zu lesen misseri î.

Str. 8. statt kvan ist zweisilbig kvani zu lesen.

Str. 9. 1) ægia (schrecken) hart anfahren. —

2) afbryði (braut-abspannung) eifersucht wegen der braut; af-kvæni (frau-abspannung) eifersucht wegen der frau.

Str. 12. 1) statt kvað þat ist zu lesen kvað at (Gudrun sprach zu). — 2) Gullrönd (Goldner-schildrand). — 3) statt Giuka dottir ist zu lesen Guðrunar fostra (der G. milchschwester). — 3) annspioll (f. andspioll ansprache) trostgründe. — 4) varaði (verhütete, sich hütete, drauf bedacht war, fr. avoir garde).

Str. 13. 1) eino sinni (auf ein mal zum erstenmal wieder s. ob. s. 94. — 2) döglingr (abkomme von trefflichen) s. ob. s. 49. — 3) hugborg (muthburg) herz, brust. — 4) iofur (f. hiovur, hieber, hauer) gehört zur sippe sl. kovati (hauen), gr. poia (f. kovia gemähtes, gras, heu), lat. aper (f. caper hauer) wildschwein, caper (stösser, bock), engl. hew (hauen), norr. hiörr (mäher, schwerdt), allem. keien hinschlagen, hinfallen). Der krieger wird mit einem wildschwein verglichen, daher gr. hêrôs (lat. verres, held), iöfur (eber, muthiger kämpfer).

Str. 14. 1) statt svâ attar flugo tresk î gegnom lese ich svâ at tarf-logom telsk î gognom (so dass es durch die bretter-wände sich aussprach, hören liess). — 2) der vers mærir fuglar er mær atti ist offenbar eine unächte glosse.

Str. 15. 1) statt Giuka dottir ist nothwendig zu lesen Guðrunar fostra. — 2) vor das dreisilbige systir mîn ist die silbe þû zu setzen.

Str. 16. 1) geirlaukr (ein junger baum, den man zu einem gêr oder lanzenschaft nimmt); die poesie im alterthum vergleicht gerne den jungen mann mit einem apfelbaum, (apaldr) vgl. Hohes lied Salomons cap. 2. — 2) statt iarknasteinn ist zu lesen iarknasteina regirt von auðlingom (den königen, edelsten der erchensteine).

Str. 17. 1) Herians dîsi (valkyrie die als schutzgenius der krieger von Herian oder Odin ausgesandt ist). — 2) nach lauf ist die silbe eitt einzusetzen. — 3) statt opt î ölstrom ist zu lesen ypt î èl-storm (aufgehoben im wettersturm); èl (wetter) von ilan (eilen, stürmen); storm (aufregung) von angels. styran (stürzen, stören).

Str. 18. 1) sakna ek (ich vermisse). — 2) statt der zweimal wiederholten halbversen und des falsch eingesetzten bölvi lese ich:

mins mâlvinar, magar Giuka;
valda megir Giuka mino bölvi.

Str. 19. 1) svâ þer um lyða landi eyðit sem þer um unnoð eiða svarna ist zu erklären: ebenso wenig verödet ihr (künftighin) das land bei den völkern, als ihr gehalten habt die geschwornen eide (da euer beschützer der heerführer Sigurdur nun gemordet ist). — 2) statt gulls ist zu lesen gôðs (nutzen vortheil), — 3) þeir muno þer baugar at bana verða ist ein unächter vers 1. weil eine falsche erklärung von gulls um niota, 2. weil eine bestimmte hier unpassende profezeiung des todes des Gunarr, 3. weil überzählig.

Str. 20. 1) statt þâ er ist zu lesen aðr (bevor).

Str. 21. 1) Die in den ausgaben zuletzt stehende strophe ist hier wieder einzusetzen. — 2) stôð und stoð (Brynhildur stand am thürpfosten während die andern frauen oben im saal sassen). — 3) strengði hon èli (sie zurück fest hielt den sturm, den ausbruch ihrer wilden gefühle). — 4) fnæsti eitri (sie schnaubte mit verzehrendem zorn). — 5) sâr sind hier die wieder blutenden wunden.

Str. 22. 1) su vættur (die gegenwärtige creatur). 2) grâts um beiddi (dir zum ausbruch des weinens verhalf). — 3) statt malrunar ist zu lesen mâli rûm (veranlassung, möglichkeit zum sprechen).

Str. 23. 1) statt Giuka dottir ist nothwendig zu lesen Guðrunar fostra. — 2) þioðleið (allerweltsverhasste). — 3) Urðr steht hier für böse Norn. — 4) rekr þik allda hver illrar skipno (jeder mann citirt dich als von boshaftem charakter; statt rekr liest man vielleicht besser rœgir (rügt dich, klagt dich der bosheit an). — 5) Die zwei folgenden verse sind unächt, weil 1. sie eine glosse sind, um das illrar skipnu zu erklären, 2. weil darin Brynhildur als ein schwerer kummer von sieben königen dargestellt wird, und als männerverderberin vieler frauen, 3. weil prosaisch schlecht versifizirt und überzählig.

Str. 24. 1) eld ormbeðs (des schlangenlagers feuer; das gold worauf Fafnir lag) bezeichnet den reichen Niflungenhort des Sigurdur. — 2) gangs (angangs) besuchs. — 3) þeirrar synar (dieses erscheinens) dieses anblicks des reichthums. — 3) statt des zweisilbigen samk ey ist zu lesen viersilbig er sâum'k ey (welchen ich und Atli stets vor augen hatten).

---

16. Brynhildar helför. (Brynhilde's Helfahrt.)

Str. 1. 1) Ueber die strophe ist Môðguðr kvað einzusetzen. — 2) Môðguðr (Muthkampf) ist die iotnische Valkyrie welche zur wache des eingangs der Hel bestellt ist.

Str. 2. 1) statt af Vallandi ist mit F (Flateyarbôk) zu lesen vâ alandi (weh-gebärende); vgl. vôlundr-

(wehgeartet, bösartig). — 2) statt hvarfust ist zu lesen hvarffust (abkehr-süchtig) sterbe-süchtig in der bedeutung von selbstmords-süchtig. — 3) höfuð (haupt) hat hier nicht, wie gr. kara, lat. caput, die günstige bedeutung von liebe person, sondern, wie beim vieh, die verächtliche bedeutung von creatur, stück.

Str. 6. 1) statt hami vara ist zu lesen heimvara (heim-wahrerin) als bezeichnung derjenigen die im heim bleiben, nicht auswärts heirathen will. — 2) statt âtta systra ist, mit F, zu lesen Atla systur. — 3) statt undir eik borit ist, mit F, zu lesen und eik bûa (unter der eiche wohnen).

Str. 7. 1) Hlymdalir (Lärmthalen) ist der name der residenz des königs Heimir, des pflegvaters der Brynhilde. — 2) Hildr abbreviation für Brynhildr; Hildr und hialmi (Hilde die Valkyrie). — 3) statt Goðþioþo ist zu lesen guðþioðo (beim kampf-volk) bei den kriegern, in der schlacht. — 4) Hialm-Gunnarr (Gunnar, der den beinahmen Helm-Gunnarr führte) der tödter des Helgi s. ob. Gripis spâ. — 5) Auðo broðir; der bruder der Auða (Reiche) hiess Agnarr (f. Agnharr Angelhehr).

Str. 8. randir (ränder, striemen, riemen) sind hier die riemen womit man die brünne fest zieht.

Str. 9. herr (f. herir, got. hariis verwüster) gehört zur sippe sansc. djar (aufreiben), und nicht, wie herri (f. hâriro höherer, herr) zur sippe hava (erheben); her viðar (holzverwüster) feuer.

Str. 10. vor einn ist enn ausgefallen, wodurch allein die strophe sinn erhält.

Str. 12. statt undom (wir erlustigten uns) ist zu lesen unnom (wir betrugen uns).

Str. 18. 1) statt fœðask ist, mit F., zu lesen forðask (sich verwahren) við ofstrîð (gegen widerwärtiges). — 2) statt seykstu ist, mit F, zu lesen sækstu (f. sveigiasktu) wende dich weg.

V. Atli-Cyclus.

---

1. Guðrunar kviða hin forna. (Gudrun erzählt ihre heirath und ihr benehmen mit Atli.)

Str. 1. 1) mær var ek meyia (ich war das mädchen der mädchen) ich war ein sehr junges feines mädchen. — 2) statt fœddi (gebar) ist zu lesen frœddi (sie mich unterrichtete). — 3) statt gulli reifði ist, das zweitemal, zu lesen gulli reifða (mich goldgeschmückte).

Str. 2. statt up (auf) ist zu lesen af (abstehend, abstechend).

Str. 3. 1) statt at þingi ist zu lesen af þingi. — 2) of-vanið (ausser erwartung) aussergewöhnlich. — 3) vor und ist zu lesen sem, und zu erklären: wie rosse die unter kämpfenden sich bewegten.

Str. 5. 1) statt ior frâ'k spialla ist zu lesen îo or frâ'k spialla (vom pferd erforscht ich den vorfall). — 2) eigendr ne lifðut (dass die besitzer, Sigurdur und Godorm, nicht mehr lebten.

Str. 6. ver (f. hver sprudel) quell.

Str. 7. statt suðrvega (südweg) ist zu lesen sundrvega (auf abgelegenem sonderweg).

Str. 8. statt við lönd yfir enn ist zu lesen við lönd firri enn (in landen die entfernter sind als dass du deren bewohner känntest).

Str. 9. sino eino (zum ersten mal) gegen gewohnheit.

Str. 10. 1) â við (im wald) in der waldgegend. — 2) der vers þâ er sat soltin um Sigurði ist hier offenbar unächt.

Str. 11. Wenn der vers: eða brenndi mik sem birkinn við ächt ist, so ist er zu erklären: oder wenn man mich wie einen birkenwald verbrennt hätte.

Str. 12. 1) af fialli (aus dem gebirgsland des Rheins). — 2) Halfr (Halb) bezeichnet einen der aus einer mischehe entsprungen, dessen mutter eine ausländerin war. Halfr ist hier könig in Süddänemark, ein verwandter der Gudrun. — 3) þora (kühnheit) des königs Hakon tochter. — 4) Danmörk (Dänen-gränzland) süd-Dänemark.

Str. 13. 1) bôka (pochen, einschlagen, sticken); gullboka (goldfäden) in ein canevas einschlagen). — 2) statt sali suðræna ok svani danska lese ich sal î sundreinu ok svana dansku (im sal der ledigen mädchen und der dänischen damen); vgl. bokaði î sali s. unten —3) hofdo við (ich und Thora) nahmen als gegenstände. — 4) â skriptom (für farbenmalereien); skript (schrift) ist ein schreiben, ritzen in holz oder anderes material, lat. scribo, gr. grafo, heb. katab (einhauen, schreiben), engl. write; später malte man die buchstaben mit tinte: das schreiben wurde ein malen, sl. pis (malen, schreiben), und man nannte im Norden das mit farbe gemalte, skript (schrift). — 5) þat er skatar leka (was die recken spielten) die kampfspiele der recken. — 6) hannyrð (f. handyrkð geschickt gewirktes) sticknadelarbeit. — 7) statt rekka huna lese ich rakka hiona (den jagdhund der eheleute Halfr und Thora).

Str. 14. 1) borði (f. brorði, brosdi, stickerei) gehört zur sippe goth. bruzdon, angels. brord, norr. broddr (spitze, nadel), bregda herausstrecken, lat. brochus (f. brogdus spitze, zahn, vgl. fr. broc); von borði kommt byrða (stickerei machen, fr. broder). — 2) Sigarr (f. Sîgharr Sieghehr) s. ob. s. 41. — 3) Siggeir (Sieggere) s. ob. s. 62. — 4) Fivi Fifeshire in süd-Skotland, genannt nach dem clanfürsten Fyve Macduff † 850 (?).

Str. 15. 1) statt gotnesk ist zu lesen gratnesk (beklagenswerth). — 2) der unvollständige halbvers ist durch at fâ zu vervollständigen. — 3) brâ borða (den schild strecken) ist ein kämpfer-ausdruck um zu sagen, den kampf aufgeben (vgl. das gewehr strecken).

Str. 17. 1) Der dichter will ausdrücken dass am dänischen hof des Halfr damals zusammentrafen krieger mit spielleuten: dies drückt er aus durch:

valdi harr î dönum var með iaru-slævi
eymoðr þriða með iaro-skiara.

(der durch gewalt hehre war bei den Dänen zusammen mit dem kampfschlaffen; der stets muthige des Odin (þriði) mit dem kampf-scheuen). — 2) Langbarðs liðar (die mannen des Langbärtigen, d. h. des Atli). — 3) lôða rauða (rothe zottmäntel). — 4) stuttar bryniar (kurze, blos die brust deckende, brünnen). — 5) steypta hialma (gegossene, aus einem stück bestehende nicht aus mehreren blechstücken zusammengeschmiedete helme). — 6) skalmom gyrðir (umgürtet mit krummsäbeln).

Str. 14. 1) statt des wiederholten hnossir velia ist zu lesen ef hnossir viliak (wenn ich geschmeide wolle). — 2) hugat mæla (tröstliches sprechen). — 3) sûta trygðir (trost der kümmernisse). — 4) trûa steht für zutrauen haben, sich trösten lassen. — 5) statt der doppelten negation ne gerðak (nicht nicht ich thät) ist zu lesen enn gerða trua (aber ich thät mich nicht trösten lassen).

Str. 19. 1) statt des folgenden indicatifs mundak ist nach ne (damit nicht) myndak zu lesen. — 2) aukit iarðar magni (verstärkt durch erde-kraft) vermehrt mit einem absud von korn oder gerste; s. Des Hehren sprüche s. 217; vgl. Rigs sprüche s. 150. — 3) statt svakoldom se ist zu lesen seva-koldom siö (mit sieben geistbollen, d. h. herzen); sefakoldr ist synonym mit eiskoldr (s. s. 81) und fiorsega (s. s. 82). — 4) sônar dreyri (versöhnungsblut).

Str. 20. 1) î horni (an dem horn). — 2) statt des dreisilbigen lyngfiskr langr ist viersilbig zu lesen lyngfiskr lagar der heidefisch des meeres); die wasserschlange (gr. hudria) galt für einen fisch; der heide-fisch steht für schlange, und der heide-fisch des meeres für den Miðgarðsormr. — 3) statt landz-haðingia lese ich landâss heiðingia (der landbeschützer der wölfe oder heidewohner) welches den wolfsvater Loki bezeichnet. — 4) aks ôskorið (ungeschnittene ähre) aufrechtstehende ähre. — 5) innleið dyra (eingang der wildthiere) thierhöhle.

Str. 21. 1) böl mörg (viele schädlichen ingredienzien) stark wirkende zaubermischungen. — 2) lifr (schlüpfrig, kleberigt, leber) gehört zur sippe lat. lævis (glatt), libum (lebkuchen), got. hlaibs (klebkuchen, laib), sl. chleb (laib).

Str. 22 1) statt oll iofurs ist zu lesen full öll iofurs (alle vollbecher des königs). — 2) statt iorbiug lese ich fiörbiug (lebenskraftbeugend) betäubend; alle vollbecher des königs Half, welche den sinn betäubten, erklangen (gleymðo, abgeleitet von glaumr), als man sie hatte dargereicht bekommen (er hofðo getið). — 3) þrennir konungar, nämlich Atli und die brüder Gunnar und Högni. — 4) statt sialfa mik (mich selbsten) ist zu lesen sialf â mik (sie selbst mich suchte).

Str. 23. 1) sâlir (übergaben, abgaben in naturalien) vgl. sâl-hus (abgab-haus) vorrathshaus. — 2) hlöð (ladung, aufhäufung); hlöð-vê (vorrathshaus für die abgaben in naturalien) ist synonym mit fiarg-hus (bewahrhaus) und mit sâl-hus. — 3) âr sâlr (jahrseinkommen, tribut der jahresproducte). — 4) hlaða (beladen, mit etwas tragbarem schmücken). — 5) spialld (gespaltenes, viereckiges brettchen; vgl. bôk) bezeichnet, wie bôk, farbigen carreauzeug, wie die schottischen zeuge.

Str. 24. 1) die in den ausgaben als 33. str. versprengte strophe ist hier einzusetzen. — 2) vînbiorg (weinberge, weinkeller). — 3) valbiorg (kornkeller. kornscheunen); val steht für valrugg, valbygg. — 4) hierauf folgt die in den ausgaben als 27. angesetzte strophe.

Str. 26. 1) statt hölldom ist zu lesen heildom (glücksaussichten); heill (f. heild), dän. held; heiptir gialda (mit missachtung entgelten). — 2) statt þviat ist zu lesen þvî er (für das was). — lata (unterlassen den groll). — 4) statt þeir ist zu lesen þer (dir). — 5) Sigmundr (Siegeshand) nicht name des gemordeten sohnes des Sigurdur sondern Sigurdurs vater.

Str. 27. 1) glaumi bella (zum lauten jubel sich erkühnen). — 2) vigrisins vanir telia (auf die hoffnung eines kampfrühmlichen, zweiten gemals, zählen). — 3) hrægifr ok huginn (der wolf und rabe).

Str. 28. 1) statt framarst nekkvi ist zu lesen

framstan nekkvi (einigermassen ausgezeichnetsten). — 2) aldr viðr (das alter überwindet dich).

Str. 29. 1) þrâgiarnliga (unglückseliger weise). — 2) letta (ruhen). — 3) folgt die in den ausgaben als 34. angesetzte strophe.

Str. 30. 1) af konungom (wegen des wunsches meiner königlichen brüder). — 2) af niðiom (wegen der verwandten). — 3) verðr (es gereicht). — 4) at bura skioli (zur verschonung der söhne). — 5) folgt die als 32. in den ausgaben angesetzte strophe.

Str. 31. mögom sinom (ihren künftigen enkeln).

Str. 32. 1) valnisk (einer auserwählten (valin), glücklichen braut ähnliche). — 2) vagna (der brautwagen) ist plural majestaticus. — 3) svalt land (steinkaltes, ungebautes land).

Str. 33. hier fehlt offenbar die zweite halbstrophe; ich ersetze sie, bis auf besseres, durch folgende zwei verse:

siðan við þar sattum; sendusk of farhugi,
til harðræðis hiona î harmi þessum
da sassen wir beide seit dem, die bösen gedanken kämpften
zu der ehleute verstimmung, in diesem harm.

Str. 34. hier fehlt die erste halbstrophe: ich ersetze sie durch folgendes:

dreymdi opt Roskvan, dylir mik þat eigi;
gettisk þess illu at grand væri svefna
Oft träumt es dem Raschen, er verschwieg es mir nicht;
es ahnt ihm daraus böses, dass unglück in den träumen.

2) statt enn ek vera þottumsk ist zu lesen er ek vera þottumsk (als ich ihm zu sein schien im traum).

Str. 35. vilsinnis spâ (ein wirrsinnig gesicht) ein sonderbares traumgesicht.

Str. 36. 1) drosar reiði (der frau eisenwaffen) deuten auf dul ok vil (scherz und vergnügen) d. h. auf nadelarbeit. — 2) brenna við bölvi (glüheisen auflegen gegen ein wundübel).

Str. 37. statt vildigak (ich möchte nicht) ist zu lesen vildak (ich wollte).

Str. 38. statt sorgmoðs sefa ist zu lesen sorgmoða sofa (ich dünkte mir kummermüde zu schlafen); sollinn bloði (mit warmem blut übergossen).

Str. 39. 1) glaums andvana (dem freudengebell entwöhnt). — 2) statt des einsilbigen nâ ist zweisilbig nâum zu lesen.

Str. 40. 1) seggir (sendboten) steht für sveinar (junge dienstleute). — 2) sæfing (das schlafen legen, abschlachten) bedeutet hier schlachtvieh. — 3) hvitinga (weislinge) bedeutet hier weisse schafe. — 4) fara natta (nachtabtheilungen durchleben). — 5) bergia (unterhalten) verköstigen, speisen.

Str. 41. 1) statt þrâgiarn î kör ist zu lesen þrâgiarni î kör (im kummergieren bett). — 2) þat man ek görva (dran muss ich immer denken).

---

2. Guðrun sykn orðin. (Gudrune im gottesgericht.)

Der titel Guðrunar kviða im Man. R. ist zu allgemein.

Str. 1. 1) statt æ (aus ævi, æi entstanden) ist zu lesen ifa (zweifel); hvat ifa (was für zweifel); ifa (für gifa angabe, annahme) bezeichnet das verschiedene annehmen, den zweifel); geben und nehmen sind correlatur begriffe, gefa (geben), lat. capio (nehme), gr. nemo (geben), germ. nehmen. — 2) statt hrygt î hug ist viersilbig zu lesen er hrygt î hug (so dass du darüber traurig).

Str. 2. Vor mer ist er ausgefallen, wegen der assonanz mit der letzten silbe von dottir. — 2) Herkia (harke, greife) name der friedel des Atli. — 3) þioðrekr (volkstreiber) hatte ursprünglich den sinn von heerführer (fylkir); bezeichnet hier den heerführer des Atli; der name ist dem þioðrîkr (allerwelts-reicher) angepasst, und dem Theodorik von Verona entlehnt.

Str. 3. 1) hvitu (weiss) hat hier die nebenbedeutung, wie das slav. çveta, zend spenta, von rein, heilig. — 2) þioðmar (allerwelts-rühmlich) ist hier kein eigenname, sondern der eigenschaftsname (wie unten fylkir, heriastillir, iofurr ôneiss) des Thiodrek. — 3) statt des abstrakten vörðr (verwahrung) ist zu lesen vörð (die verwahrte, die geschützte, die ehefrau) vgl. verr (beschützer, eheherr).

Str. 5. 1) hrinkto mik at brœðrom (lass mich umringen, bei den brüdern) stell um mich einen zeugenkreis, im beisein meiner brüder. — 2) statt sunnmanna (südländer) ist zu lesen syn-manna (beweismänner); syn (augenschein, probe, rechtfertigung) alt-säx. sunnia, s. Fascinat. de Gulfi p. 296; gram synmanna bezeichnet den obmann der beweismänner.

Str. 6. synia lyta (sich gegen die beschuldigung rechtfertigen.

Str. 7. 1) statt botz ist zu lesen botns; vgl. vatz (für vatns) — 2) iarknast ein s. ob. str. 3. — 3) seggir (send-männer) sind zunächst die abgesandten des königs von Sachsen. — 4) sykn em ek orðinn (ich bin gerechtfertigt worden); syknn (rein, heilig), got. svikins (für su-akins gut gehend), gr. hagnos (rein, heilig), lat. sancus (heilig); su (aus vasu wahr, recht, gut), gr. eu (gut). — 5) heilagliga (nach dem geheiligten brauch).

Str. 8. Guðruno grandi vænti (sie dachte der Gudrun schimpf zu).

Str. 9. 1) statt maðr ist, wegen der alliteration, hann zu lesen. — 2) statt sinna ist syndi (f. syniaði sie rechtfertigte sich) zu lesen. — 3) harma ist gleichbedeutend mit lyta, str. 6.

---

3. Oddrûnar grâtr. (Oddrune's liebe zu könig Gunnar von ihr gerechtfertigt.)

1) Oddrûn (Spitzen-rûne) ist als name entlehnt von dem magischen runenzeichen (rûn) welches auf die spitze eines spiesses, pfeils, oder schwerdts eingeritzt wurde, um die waffe stark verwundend zu machen; rûn gehört zur sippe sansc. çru (flössen), gr. rheo (einflössen, raunen, sagen), lat. ruere (hervorbrechen); odd (f. osd; got. azd, d. ort, vgl. azdings) gehört zur sippe sansc. daç (wovon açru, gr. dakru beissend, d. zähre; lat. acus, lith. asztrus scharf, gr. oksos), norr. darr (f. dard daçd spitzer pfeil, fr. dague, eng. dart, vgl. norr. darraðr, anglos. deorod (spiess). — 2) grâtr (f. gravtr, d. krât) gehört zur onomatopoë krähen, lat. corvus (krähe), lat. qveritus (klage), fr. regret (nachklage).

Str. 1. 1) mornaland (moorland, morungaland moorwohner land, cf. mauringia, morungen, sl. moravia) bezeichnet hier eine Donaugegend, in der nähe des Hunaland; gehörte zu Atlis reichsland. — 2) Heiðrekr (goldvertreiber, freigebig) ist der name eines unterkönigs von Atli, und des vaters der Borgny.

Str. 2. 1 sôttir (suchten, geburtsschmerzen) gehört zur sippe siukr (niedergesunken, schwach, siech). — 2) stiörn (feststellend, richtend, steuer) vgl. sansc. stâviras (festgestellt), gr. stauros (fester pfahl), got. stiurs (festlegend, zügelend); bezeichnet hier den leitzaum des gebisses (bitull). — 3) svartan (schwarzross) synonym mit mârr (rappen).

Str. 3. 1) moldveg bezeichnet den weg auf dem weichen grund (mold weiche, vgl. lat. mollis) des moorlands. — 2) svangr (schwankend) aus hunger, aus helligkeit, s. ob.

Str. 4. 1) statt frægst â foldu ist zur vervollständigung der silben zu lesen frægist her â foldu. — 2) statt hlez ist zu lesen hlytsk; hlytask (f. hliotask) heisst mit ertheiltem sich genügen; hier bedeutet es ertheiltes vermissen, es brauchen (nöthig haben). — 3) Graphisch könnte Hunalanz den genitif (Hunalands) bezeichnen; da aber der halbvers wenigstens viersilbig sein muss, so entstand Hunalanz aus Hunalandsis, und dieses aus Hunalands-ins (dieses Hunalandes). Der genitif wurde im lokatif-adverbialen sinn gebraucht für: in diesem Hunaland hier. s. ob. — 4) Borgny (Burg-neumond) bezeichnet als name das erwünschte glänzende neulicht des mondes für die burgbewohner: vgl. Borghildr.

Str. 5. 1) Vilmundr (Frohmund, angenehmes vorsprechend), wird als Högnistödter gerühmt, str. 6. — 2) vinr haukstalda (freund der hagestalten) bezeichnet eher einen der zu den hagestalten gehört, als einen könig, der hagestalten freundlich ist.

Str. 6. 1) Vor die knie einer frau gehen bedeutet

euphemistisch zu ihrem mutterleib als hebamme unten hin treten — 2) den erdweg betreten heisst hierdass die zwillinge, nach schwerer geburt, endlich auf die welt (zu ihrem lebenslauf) kommen.

Str. 7. fiorsiuka (lebens siech) todkrank, in folge der schweren niederkunft.

Str. 8. 1) verð (werthe, würdige). — 2) hinnig (hieher) hat hier zeitliche bedeutung bis jetzt.

Str. 9. 1) af fâri (aus auffahren) aus zorn. — 2) fylgðak (ich begleitete dich) als untergebene freundin und cousine. — 3) Fiorgynia (Donnerbergige) bezeichnet die Erde welche die vom Donnergott (Fiorgynn, sansc. Pardjanias, gr. Herkunos) getroffenen donnerberge (got. fairguni, altd. vergen) trägt, vgl. sansc. Parvatadhara (bergträgerin, erde); speziell kommt davon der name Burgund (fairgun-thâ Donnerberg-sitz, altd. Vergent-eib (Burgunds landstrich). Die Burgunder wohnten anfänglich an der Ostsee, später in Norddeutschland und noch später bei den Donnersbergen am Rhein.

Str. 10. dœmi slîks (ein exempel von solchem).

Str. 11. eina (einzig) bedeutet hier: nur so lang als.

Str. 12. 1) statt þat ist zu lesen at þat (hierauf) — 2) statt sia moðr ist sîg môðr (siegesmüde) zu lesen. — 3) suðr (nach süden) scheint verdächtig, da das land Gunnars nicht im süden von Hunland lag; ich lese dafür sundr (abgesondert) von hause weg.

Str. 13. nema steht für nem-a (nimm nicht an; in der bedeutung von: angenommen, dass nicht) wie ef (für gef, gebe zu) die bedeutung hat von: vorausgesetzt dass, wenn, ob.

Str. 14. 1) In den handschriften und ausgaben sind die halbstrophen der strophen 17 und 18 verschränkt worden. — 2) statt iorð dusaði ist zu lesen iorð dunsaði (die erde qualmte); von dunn (qualm, wolke, daun vgl. eiderdaun) bildete sich duns, engl. dust (dunst) und das verbum dunsa (qualmen); dunn, altd. duom (dunst) gehört zur sippe sansc. dhumas, gr. thumos, lat. fumus. — 3) þatti (von þiggia aufnehmen, annehmen) bedeutet, hier hineingehen; der hirsch nimmt den wald an bedeutet, in der jägersprache, tritt in den wald.

Str. 15. 1) litit, im gegensatz von langt, bedeutet hier kurz; vâ-litit (kläglich kurz) allzubald. — 2) öll ist neutrum weil es sich auf männer und weiber bezieht.

Str. 16. við mer (gegen mich) als austausch, als kaufpreis.

Str. 17. 1) statt eigi ist zu lesen eiga. — 2) munom viðvinna (es über die lüste gewinnen) die lüste überwinden. — 3) halda hofði við einn (den kopf gegen einen zum kuss hinhalten).

Str. 18. statt orðit bæði ist zu lesen orðit bölvi, und zu erklären: sie äusserten sich (kvöðusk) dass wir beide (okkar) uns gedreht haben zum bösen (hafa orðit bölvi) d. h. schmachvoll geworden sind.

Str. 19. freista (erproben) belauschen.

Str. 20. 1) statt ôliga ist ôðliga (eilig, eifrig) zu lesen. — 2) heldo halfo vita (nur zur hälfte oder verstümmelt erfahren) oder um die hälfte verschlechtert erfahren.

Str. 22. 1) harpa ein saiteninstrument, ursprünglich eine art hackbrett; vielleicht in form einer sichel (gr. harpe); ich glaube aber dass das wort, mit A. Fick eher zur sippe lat. crepare (klirren, lärmen) zu stellen ist. — 2) statt kynrîkr ist zu lesen kynrika konungi (dem könige Atli stammreiche schwester).

Str. 23. 1) Hlêsey (schlamminsel) hat mit Hles-ey (f. Hlers-ey Oceansinsel) nichts gemein; das wort gehört zur sippe gr. klimat (senkung) got. hlaiv (absenkung) prov. lhia (hefe), fr. lie (schlamm, hefe) vgl. lat. limus; lama; d. lehm; langob. Lamissio (dümpfler), norr. hlöm (das verplumsen, einsinken). — 2) fliota ist accus. neutr. vom schwachen flioti, zum neutr. far (fahrt) gehörig; es könnte der acc. femin. von fliotr sein, wenn man far in för umänderte.

Str. 24. 1) statt Atla ist zu lesen öðla (der schlangen). — 2) morna in einen sumpf (myrr) zur strafe versenkt werden.

Str. 25. 1) statt bil ist zu lesen böl (unglück). — 2) linnvengi (schlangenzwang, schlangenzwinger); linnvengis böl (des schlangenzwangs unglück) ist der tod Gunnars im schlangenzwang des Atli.

Str. 26. 1) um-sköp (umgewandeltes geschick) vernichtung des guten geschicks (sköp). — 2) at munom sînom (nach seinen gelüsten) nach wunsch und verlangen. — 3) um-genginn (dahingegangen, verstorben) hat als compositum die alliteration mit Oddrûnar auf der ersten silbe.

IV. Atla kviða hin Grönlendska. (Atlis sagelied.)

(In Grönland gedichtet.)

Grönlond ist nicht das heutige Grœnland (Grünaland), auch nicht das norvegische Grönland, dessen adjectif grænskr nicht grönlandskr lautet (s. Vigfusson), sondern wahrscheinlich der südwestliche küstenstrich der insel Môin (Moen), der Gröñland (Fichtenland) hiess wo der Grön-iotun (Fichten-Iotne) hauste, und wo sich der grönasund befindet.

Str. 1. 1) âr (als boten); seggr (f. sandius, abgesandter, wie veggr (f. vandius) abwender, mauer) gehört zur sippe senda (f. semda zusammentreffen lassen). — 2) knefruðr (knopf-reis) ist zusammengesetzt, aus knefi (knopf, reiss, knospe) welches dichterisch, wie hniflungr (reisling), einen jungen adeligen bezeichnet, und aus ruðr (runnr schössling) das einen jungen burschen bezeichnet: knefruðr bedeutet also junger adelicher und ist hier als symbolischer eigenname gebraucht, so wie Vingi (Beschwingt) der andere namen des von Atli abgeschickten boten ist. — 3) arinn (f. varinn, heerdfeuer) gehört zur sippe var (warm). — 4) greipr (greifend, fassend, umgebend); aringreipr (den heerd umgebend).

Str. 2. 1) statt dyliendr ist zu lesen deilendr (kostvertheiler, bewirther). — 2) valhöllo (wärm-halle) ist gebildet wie Val-tîvi (Wärme-Gott) s. str. 14.

Str. 3. 1) greypr abgeleitet von graupr (niederdrückend) bedeutet hier kauend, nagend; mel-greypr (gebiss-kauend). — 2) statt hialmom ist zu lesen hiallom (plaudereien).

Str. 4. 1) val rauða (ausgesucht-rothe) oder gallisch-rothe, mit garance gefärbte. — 2) serki (waffenrock). — 3) dafar (leiblang) von döf (körper, körperlänge) bezeichnete die mannslange lanze, auch döf-lenz (körperlanze) genannt. — 4) darraðar (mit einem dard, fr. dard, altd. tart versehen) betartete lanzen, lanzen mit bajonett; darað gehört zu sippe sansc. dar (reissen), gr. derein, ist also im norränischen ein entlehntes fremdwort.

Str. 5. 1) statt völl ist zu lesen vell (f. veld gewelltes, geschmolzenes, gereinigtes) gold. — 2) statt stofnom lies staufom (dan. stob, d. stof) becher, deminutif stübchen. — 3) statt Danpar lies Danavar (der Donau)

Str. 6. 1) statt rœðr þu ist zu lesen rœðr þâ. — 2) statt æri ist zu lesen öri (verrückt, toll). — 3) das dreisilbige annat slikt ist durch gôtt (gut) zu vervollständigen. — 4) sal-hûs (tributhaus, vorrathskammer, waffenkammer) s. s. 113. — 5) nach dem dreisilbigen sverða full ist öll einzusetzen.

Str. 7. 1) boga bekk sæma (ansehnliche bogenbank) bank wo die schiessbogen, in ansehnlicher anzahl aufgelegt sind.

Str. 8. 1) bendva ist die ältere form für benda; vgl. munu (f. munva), skulu (f. skulva). — 2) statt þâ er ist blos er, und statt at hon blos at zu lesen. — 3) riðit î hring (es ist einem ring hineingetrieben) ist in einen ring hineingesteckt. — 4) ylfskr (wölfisch) ist gebildet wie hyski (häuslich), hiunski (ehemännisch), menskr (männisch, mensch). — 5) okkar ist der datif dualis, zu uns. — 6) vegr steht für ganga (weidgang, ausgang zum frass); ylfskr er vegr okkar at rîða orendi (es ist dies uns ein wölfischer weg so zur botschaft zu reiten.

Str. 9. 1) nach rikir varo ist offenbar die strophe ulfr mun raða etc. zu setzen; statt Niflunga ist zu lesen Hniflunga (der jungedeln) der prinzen, der söhne Gunnars; arfi Niflunga in str. 27 (ed. Bugge) ist unächt. — 3) gran-verðir (fichtenwirthe) bezeichnet die adler, die im Norden auf den höchsten fichten horsten und wirthschaften. — 3) þref-tönnom (hackenzähne, fangzähne). — 3) gamna greystoði (der lustjagden greyen-stände) die ställe der jagdgreyen.

Str. 10. Fiornir (f. fê-varnir schatzwahrer) gebildet wie fiosnir (f. fê-husnir, viehbehauser), Fiolnir (f. fêolnir viehmehrer).

Str. 11. 1) statt hûna ist zu lesen hiuna (der hausgenossen, der dienerschaft); garðr hiuna (das gehöft der dienerschaft) war beim ausgang der burg. — 2) statt æri ist zu lesen ôri, schwache form von ôrr (junger).

Str. 12. 1) statt raka lese vrako. — 2) vandstyggva (gerten-scheue) reitpferde die die gerte fürchten.

Str. 13. 1) lið-skialfar diupa (die hütten der bauern, der skialf-bûar, in den tiefen moorlanden). — 2) bikkr oder vikkr (wink, signal), angels. beacen, engl. beacon; greppr (f. grempr) ist nebenform von gramr und grimmr (grimmiger); bikka-greppar (die grimmen der signale) signalwächter. — 3) statt sàl um suðr þioðom ist zu lesen salr var suðr-þioð um-sleginn sessmeiðom (der saal war für das südvolk umschlagen mit sitzschnitten (sitzdielen).

Str. 14. statt dafa ist zu lesen dûðu (es erklirrten) die betarteten lanzen.

Str. 15. 1) statt hennar baðir ist zu lesen heilsar baða; heilsa regirt hier den accusatif. — 2) — statt biori var hon litt drukkin ist zu lesen biori var þô litt drukkit (doch wurde wenig (kein) willkommbier getrunken).

Str. 16. 1) statt sem hialmom ist zu lesen enn svâ hialom (s. ob. s. 122). — 2) statt skialdmeyiar ist zu lesen skialfbœiar (bretterwohnungen) vgl. skialfbûi (eine bretterhütte bewohner). — 3) hervi (verheerung) ist der datif von hiorr (verheerer, got. harjis) oder von hyrr (verwüster, feuer). — 4) lætir þû ist als unnöthige, rythmusstörende wiederholung zu streichen.

Str. 17. 1) hniflungr (sprössling, knabe) bedeutet hier einen knappen, jungen kämpfer (vgl. engl. child, knight), geir-hniflugr (gerenheld) junger kämpfer (s. unten. str. 22). — 2) statt rôsmo ist zu lesen rôgsmo (f. rôg-samo streitsam, streitlustig).

Str. 18. Borgundar sind die bewohner von Burgund (Vergent-eibe) hier die Rhein-Burgunder, stammverwandte, nachbarn, und verbündete der Franken.

Str. 19. Den ausgefallnen theil des ersten verses ersetze ich, muthmasslich, durch: Gumnar Atli sina sendr til Gunnars.

Str. 20. statt ok â bioð ist blos zu lesen â bioð.

Str. 21. statt er ist zu lesen þâ'r, wie str. 23.

Str. 22. 1) kumbla smiðr (kübel-schläger) bezeichnet das schwerdt, als schläger der den kübel, kobel (kübelartige kopfbedeckung, mittel. lat. cupellus) oder die helmhaube zerschlägt. — 2) statt des dreisilbigen Geir-hniflungr ist viersilbig geir-hniflunga zu lesen; geirr (spiess) ist gleichbedeutend mit oddr (spitze) vgl. geirnet und oddnet; geir hniflunga der knappen (kampfgesellen) anführer.

Str. 23. Hialli (plauderer, schwätzer) sclavenname.

Str. 24. 1) der unvollständige halbvers sem muntu ist durch okkrum (unsern augen) zu vervollständigen. — 2) vor er ist, wegen der assonanz mit der vorhergehenden letzten silbe, þâ ausgefallen. — 3) öll hodd umfolgin (ich weiss wo der schatz im Rhein aufbewahrt und geborgen ist) und einom mer (der mir allein als besitz zugefallen), lîfir-a nû Högni (da der mitbesitzer Högni nun gestorben).

Str. 25. 1) tyia (zweifel) ob das geheimniss über den ort des versenkten schatzes immer möge ganz bewahrt bleiben. — 2) der vers svinnask unn â arfi

Niflunga (das erbe der Nibelungen schwinde zu den wogen) ist eine unächte glosse, um den vorigen vers zu erklären. — 3) val-baugar (auswahls-ringe) vorzügliche reichthümer.

Str. 26. 1) vikva (ykva) in bewegung setzen. — 2) statt menvorð bituls ist zu lesen mön-varað bituls; mön-varað (mit mähne verwahrte) ist die bemähnte (stute); um sie als pferd näher zu bezeichnen ist bituls (gebisszaum) hinzugefügt. — 3) drô (spätere schreibweise für drag (ziehe). — 4) dôlgrogni (feind-rüger) für feindangreifer, bezeichnet hier den Gunnar. — 5) statt til dauð skokr ist zu lesen til dauðstokkar (zum todes-stock) zum todeszwinger, zum tödlichen ormgarð.

Str. 27. 1) statt mönom ist zu lesen mörom (rossen); glaum-mörum (mit geräusch machenden rossen). — 2) rogþornom (streitspiessen, lanzenknechten, vgl. geira-hniflungar). — 3) den fehlenden halbvers ersetzte ich durch: enn giölð kallaði (sie anrief die vergeltung durch rache). — 4) Sigtivi (sieghimmlischer) schwache form für Sigtyr (Sieg-gott), bezeichnet wie Rögnir (str. 31) den rächenden Odin. — 5) þys genitif von þy (diener, dienerschaft) þyshöll (dienerschaftshalle) bezeichnet hier die küche.

Str. 28. 1) Sigtys berg (Odinsberge) bezeichnet Valhöll. — 2) statt hvilbeðiar ist zu lesen Helbeðiar (des Helbettes) welches wegen der nagenden sorgen (fr. soucis dévorants) kör (sorge, kummer vgl. sansc. garu, gr. kèr, lat. cura, got. kara, engl. care, d. char-) genannt ist. — 3) hulkvir (pfühl) gehört zur sippe hulian (hüllen) und bezeichnet die gepolsterte decke, das küssen (lat. culcinus, culcita, fr. coussin), den pfühl, das bettgestell, (angels. hulc, hulcel). Högnis pferd hiess Holkver (pfühl) weil man auf ihm bequem sass. — 4) Hringr Ullar (der rundschild des Ullur) über Ullr, s. Fascination de Gulfi s. 283.

Str. 29. 1) Vor skriðinn ist wahrscheinlich uti (ausserhalb) als gegensatz vom folgenden innan ausgefallen. — 2) heiptmôðr (trotzmuthig). — 3) statt hendi ist zu lesen hefndi (zur rache, zum rache- und hilferuf). — 4) statt skal ist zu lesen skall (schall). — 5) viðhalda fira die männer aufhalten, zurückhalten.

Str. 30. 1) nach let ist renna ausgefallen. — 2) statt lands ist zu lesen lâð (f. lagð gelegenheit, wohnsitz). — 3) eyr-skâr (froh zurückeilend). — 4) vapn söngr (waffengeräusch) vgl. Grotta söngr.

Str. 31. 1) reifa (einwickeln, verkleiden), reifa giold (den entgeld verkleiden) ihn nicht erkennen lassen, ihn äusserlich vertuschen. — 2) statt gnadda ist zu lesen gnaddga; gnaddr (naddr, spitze); gnaddugr (bespitzter) bezeichnet das trinkhorn mit der hornspitze; vgl stikkill (stecher, trinkhorn). — 3) statt niflfarna ist zu lesen niðrfarna (niederfahrender, getödeter).

Str. 32. 1) töldusk (sich zählten) sich zahlreich einfanden. — 2) statt gumar (besitzer) ist zu lesen gumnar (schutzmannen). — 3) statt veigar (krafttrünke) ist der alliteration wegen, zu lesen skalir (schalen). — 4) af-karr (überbeschwerliche, höchst beleidigte) gehört zur sippe kör (s. str. 27). — 5) dîs (schwester) bedienende frau (s. oben). — 6) enn ist aus dem zweiten halbvers in den ersten zu setzen. — 7) nið (neid, groll, fluch) fluchworte.

Str. 33. hunang (honig) erkläre ich als hun-angan (bärleins-lust) weil der bär den honig liebt; vgl. slav. mediedi (honigkenner, bär)

Str. 34. Erpr (iarpr braunblond); Eitil entspricht dem hunischen Ethele.

Str. 35. 1) goð-vefi (gut-gewebe), angls. godveb ist, wie ich glaube, umgebildet aus dem gr. gossyp welches im ægyptischen baumwolle bedeutet, und das die Griechen für seide hielten; goðvefi bezeichnete eine seidene kopfbedeckung der edelfrauen; und guðvefiom var gnyr (unter den seidenhauben ertönte klage). — 2) söngr steht für vapna songr (waffengeklirr). — 3) statt er hon ist zu lesen ær hon (eher sie); nicht beweinte sie ihre brüder und nicht mehr (ær ok, das heisst noch weniger) ihre söhne.

Str. 36. 1) gagl (f. gvagl quacker, gans, schwan, gr. kuknos) ist nebenform von svanr (f. çvâknr, beller). — 2) reifði (bestach) s. ob. str. 31. — 3) statt ekki ist ekka (schaden) zu lesen. — 4) skap (die gehörig abgetheilte portion) hier die portion essen und trinken. — 5) fiarghus (pferch-häuser) vorrathshäuser die im pferch (lat. paricus park) standen. In Strassburg bedeutet pfirchele ein enger eingeschlossener raum. — 6) æva gâði ekka fiarghusa (sie achtete nicht mehr auf den schaden der vorrathshäuser) sie sorgte nicht mehr für den unterhalt der zukunft, sie verschwendete allen vorrath.

Str. 37. statt ôvarr Atli moðan hafði hann sik drukkit ist zu lesen ôvarr Atli hafði ölmôðan sik drukkit. — 2) statt opt var ist zu lesen yptr (aufgeführt, dargestellt) und, statt skyldo, ist skyndo zu lesen. — 3) sâ leikr betri (das spiel, oder der äussere schein sah besser aus als es war) þâ er þau]int skyldo optar umfaðmask (als die eheleute, Atli und Gudrun, zum schein mehrmals eilten sich zärtlich zu umarmen) — 4) fyrir öðlingom (in gegenwart der hofleute).

Str. 38. 1) gaf gehört noch in den ersten halbvers. — 2) helfussi (nach der Hel gierig) mordgierig. — 3) statt leysti ist zu lesen losti (lust); das starke los tr (got. lustus) bestand neben dem schwachen iosti (lust). — 4) hvelpr (wölfling); hvelpa losti (mit der mordlust junger wölfe). — 5) statt þâ let ist zu lesen þâ beið (da erlangte sie).

Str. 39. Die worte ok fra morði þeirra Gunnars komnir voro or Myrkheimi sind als unächt zu streichen 1. als sinn und versmass störende prosa, 2. als eine unnütze glosse, um zu sagen dass die, die drinnen verbrannt wurden, am morde Gunnars schuld waren, weil sie aus Myrheiði (nicht, wie hier, Myrkheim) gekommen.

Str. 40. 1) statt skialdmeyiar ist zu lesen skialf-bæiar (bretter-wohnungen, s. ob. str. 13); skialf (gespaltene, diele), engl. shelv; skialfar bondi (bretter-hütten-bewohner), Hliðskialf (Thürenhütte). — 2) aldur-stamar (alter-verhinderte) altermürbe. — 3) bana-orð eins bera (den ruhm des tödters eines davontragen).

---

5. Atla mâl (hin grönlendsku). (Atli's geschichten).

In Grönland verfasst.

1) Ueber den namen Atli s. 42.

2) mâl hat hier nicht, wie in Vafthrudnismâl, Hava mâl etc., die bedeutung von rede einer person, sondern von erzählung einer geschichte. Atlamâl (Atlis geschichten) erzählt den mordplan des Atli, seinen kampf mit den Giukungen, und seinen tod durch Gudrun.

3) Die halbverse der Atla mál haben durchschnittlich 5 silben bisweilen mit einer sechsten zuschlagssilbe; sieben- oder gar achtsilbige halbverse sind darin aber bestimmt corrupt.

Str. 1. Yggr (scheue, besorgniss) ist gleichbedeutend mit ögr. — 2) statt er ist zu lesen ær'r (bevor).

Str. 3. 1) um sæ segla, enn sialfan ne komask at (auf der see segeln, und nicht zu ihr gelangen) ist ein sprichwort, um zu sagen: etwas thun sollen und nicht die mittel dazu wollen; vgl. schwimmen wollen und nicht ins wasser gehen. — 2) statt fars ist zu lesen fás (eines wenigen); fâs flytandi (ein wenig abändernd). — 3) statt fiörð lima ist zu lesen fiolð liða (viele leute).

Str. 6. kaps-galig (um die wette achtsam) sehr achtsam.

Str. 7. 1) svipvisi (trugweise) trugmittel; vgl. sveipvisi str. 62. — 2) vor het ist, wegen des vorigen þi, die silbe þvi ausgefallen.

Str. 9. gata tungo î baða goma (die zunge in dem obern und untern gaumen halten) bedeutet das maul halten, sich nicht äussern; hier bedeutet es in zweifel sein über die deutung der schrift.

Str. 12. statt valda ist, der alliteration wegen, zu lesen vanda (ausarbeiten).

Str. 13. 1) statt ero illuðgar ist zu lesen eroð illhugðar (ihr frauen seit argwöhnisch). — 2) statt akak ist zu lesen â'k-at. — 3) statt þess leita ist wahrscheinlich zu lesen læs leita (böses suchen).

Str. 14. 1) stopalt (f. stophalt) zusammengesetzt aus stop (anstoss, hinderniss) und hald (haltung, verfahren); stophalt (mit hindernissen fahrend); vgl. andæris (ruderwidrig, widerfährig), gegen den ruder antrieb, hier gegen das gute geschick. — 2) statt ella hræðomk ist zu lesen illa hræðomk (ich fürchte mit unrecht).

Str. 15. 1) statt brenna ist zu lesen blika (durchblicken) und statt brat brenna zu lesen brat bleikia (bleichen, weiss machen, waschen).

Str. 16. stokkr (versteck) nebenzimmer, beim schlafzimmer.

Str. 17. roðra (rothblut), vgl. sansc. rudhiras.

Str. 18. Den vers, den ich so vervollständige enn tôk við Gunnar at fâ tvær leiðir (aber Gunnar nahm dies auf, als bedeute es: er erlange zwei fahrten, hin zu Atli und her nach haus) ist ans ende der 19. strophe zu setzen, als erklärung des traums von seiten Gunnars.

Str. 20. statt emioðo ist zu lesen ymioðo (es heulten).

Str. 21. 1) fœtr (füsse) bezeichnet hier die bankstollen des hochsitzes. — 2) Da die antwort Gunnars wahrscheinlich ausgefallen ist, so nehme ich die von Sophus Bugge (str. 27) vorgeschlagene ergänzung als annähernd richtig an.

Str. 22. 1) vartbûnar (unsrig gekleidet) in unserer tracht gekleidet. — 2) aflima (abgliedrig) aus dem körper herausgetreten. — 3) dîsir (schwestern, schwesterseelen) bezeichnet hier die schutzgenien (hamingior, fylgiar).

Str. 23. skamm-æir (kurzes leben habende) bald sterben sollende.

Str. 24. 1) lito er lysti (als es mit farben, das heisst mit morgenroth, leuchtete). — 2) hugat var þvi illa (es war schlecht bedacht, überlegt).

Str. 25. 1) Snævarr (f. snæf-harr rüstig-hehr,

ausgezeichnet rüstig) — 2) Sôlarr (f. Sôlharr sonnenhehr sonnenglänzend). — 3) Orkningr (kleiner seelöwe).

Str. 26. 1) Glaumvör (kampflärm-wahrerin) die gleich den Valkyrien den kampf bewacht. — 2) at orði (zum botschafter); das abstrakte orð (ansage, botschaft) steht hier conkret für botschafter. — 3) Vingi (Beschwingt) symbolischer name für den mit windesschwingen eilenden boten. — 4) statt vert ist zu lesen virt (f. virkt freundlichkeit); bezeichnet hier die einladung Atlis. — 5) verð-launa, die bewirthung hier durch gegenbewirthung bei Atli lohnen.

Str. 27. 1) hann bezieht sich auf gests str. 26, und bezeichnet den Vingi selbst. — 2) galgi (aufzieher) gehört zur sippe gr. helko (ziehen), heliks (winde), altd. holen (f. halhan herbeiziehen, holen), norr. hali (nachzug, schwanz), fylgia (nachziehen, begleiten, folgen); stammt wahrscheinlich aus dem slavischen pol. galonz (querstock, ast) und bezeichnet ursprünglich einen pflok in der wand woran man, mit einem strick unter den armen, einen gebunden aufhängt: vgl. Nibelungelied X str 642: si truog in zeinem nagele unt hing in an die want. Hier hat aber galgi die bedeutung baumast (galgen). Das germanische alterthum kennt, wie die heutigen Lyncher, blos bäume zum aufhängen; offizielle galgen auf richtstätten kommen erst mit der christlichen justiz auf. Kurz vor der Revoluzion hatte Paris noch drei offizielle galgen.

Str. 28. 1) Bera (Bärin) abgekürzter name für Kostbera (Auswahls-bärin). — 2) statt sigli þer ist zu lesen sigliðer (segelt ihr). — 3) fæst eigi (es möge nichts haben; nichts geben, fr. qu'il n'y ait rien), þvi nita (das zu verneinen) meinem wunsch zu widersprechen.

Str. 29. 1) hvergi er þat görvisk (nirgends ist etwas das, wider uns, unternommen wird); vgl. str. 26 görisk nakvað. — 2) mæla margir (viele widersprechen) rathen ab; missir stôrum (man verfehlt sich dabei gewaltig) man irrt sehr. — 3) mörgom ræðr litlo hve heiman leiddr (manchem nützt es wenig, wie er von haus entlassen wird); glückwunsch auf den weg oder befürchtungen sind daher unnütz.

Str. 30. 1) beysto bakföllum (sie einschlugen mit rückenfällen) sie ruderten so gewaltig dass, bei jedem ruderschlag, sie sich ganz rückwärts beugten. — 2) brugðusk heldr reiðir (sie erarbeiteten sich wie zornige). — 3) hamla (bordkerbe) in der das ruder eingelegt wird). — 4) hair (erhöhungen) pflöcke, die als ruder-anhalt, bei der bordkerbe, stehen.

Str. 31. þats an væri! (besser diess unterblieben wäre!) wäre doch dies anklopfen unterlassen geblieben!

Str. 32. 1) flat er til sœkia (verrätherisch ist die ergangene einladung zum besuch) — 2) brendr (für berndr geprellt); vgl. fr. berner, ital. borta (prellerei, fopperei); vgl. fr. flamber. — 3) bragð (das zucken) bragðs (im zucken, flugs). — 4) illa heðan biðit (erwartet von hier aus schlechtes). — 5) statt ek heygg yðr galga ist zu lesen ek hygði yðr galga (da ich euch den galgen zugedacht hätte). — 6) gaigi, wie mitteld. galgen, bedeutet hier fesselbloch, nothstall; s. str. 44.

Str. 35. statt eroð (ihr seit) ist zu lesen erom (wir sind).

Str. 36. 1) forðoðu fingrom (sie hervorholten die finger); finger sind hier die fingerähnlichen bolzen. — 2) fengo î snœri (spannten in die bogenschnüre).

Str. 38. 1) fælt (blass, erschreckt) gehört zu fælinn (erschreckt). — 2) statt Niflunga ist zu lesen Hniflunga (die Edeljungen) nämlich Snævar, Solar und Orkning, welche, nach Gunnarr und Högni, von Gudrun begrüsst wurden. — 3) fylgði saðr sliko (es folgte gleichfalls höflichkeit).

Str. 40. hæg var-at hialdri (Gudrun war nicht angenehm im kampf).

Str. 43. 1) unds miðian dag liddi (bis es abging zum mittag). — 2) die worte otto alla ok ondurðan dag (die ganze frühwache und den vormittag). sind unächt, als glosse um den vorigen vers zu erklären: otta (f. vahtva wache) frühwache; der vormittag war getheilt in die otta (aufwache, got. uhtvo) wo die leute aufwachen, von 4 uhr bis 8 uhr, und in den aufsteigenden tag (ondurðr dagr) von 8 uhr bis mittag.

Str. 44. or er þar brunnit (da ist es ausgebrannt) der kampfbrand ist, durch den tod der kämpfer, ausgebrannt.

Str. 45. 1) statt ferðan ist zu lesen ferðað (ihr entferntet mich, beraubtet mich). — 2) slîks ek mest 'kennomk (welche sache ich am meisten bedauere).

Str. 46. systrungo (geschwisterkind) kann hier die schwägerin Oddrun die schwester Atli's bezeichnen.

Str. 48. â galga festit (festigt ihn lebend an den fesselbloch im wurmgarten); kann nicht heissen knüpft ihn auf am galgen, weil ja Gunnar nicht erwürgt starb.

Str. 50. 1) Beiti (beize, schärfe); bryti (zerstücker, vorschneider). — 2) Hialli (plauderer) s. ob.

s. 125. — 3) forðom (fördern, fortlassen) verschonen. — 4) hogom ver halft yrkiom (wir sind zur hälfte dem aufgetragenen geschäft gerecht). — 5) skap-dauði (ein von natur schon todter). — 6) löskr (tölpel) stammt wie dän. luske von lutr (gebeugt, geknechtet); loskr (f. lutiskr knechtisch, faul, vgl. engl. lazy linkisch).

Str. 51. 1) hvergetir (kessel-merker) küchendiener; brâs (bräter). — 2) lêtsk at deyia frâ svînom vera sinn dag dapran (er äusserte sich dass, von den schweinen wegzusterben, für ihn sei ein trauriger tag). — 3) ið vergasta (das schmutzigste) angels. verig (schmutzig). — 4) ef hann við rêtti (wenn man ihn dazu anwiese).

Str. 53. 1) fremia leik þenna (diesen eigenen todeskampf bestehen). — 2) hve (als dass); minna hvî (weniger als dass).

Str. 54. 1) statt þrîfo ist, der alliteration wegen, zu lesen kringðo (sie im kreise schnitten). — 2) statt dagmegir ist zu lesen dag-bœiar (des Tags wohnung) der Himmel, vgl. dagleggr (des tags lager, der himmel); dag-synir (tag-leuchten,) der himmel.

Str. 55 1) statt raptar (säulen) ist zn lesen reipar oder reimar (riemen, saiten). — 2) â lesti (beim verlust) beim lebensverlust, beim sterben.

Str. 56. stîga um einn (über einen überwundenen schreiten) ihn als besiegt niedertreten.

Str. 58. 1) hofnom (zurückhalten, verweigern, ausschlagen). — 2) â mun gœða (wird noch sich vergüten, sich noch mehren). — 3) hræfða'k (ich gab nach).

Str. 61. kostom drepr (die wünsche nieder schlägt).

Str. 62. 1) lek tveim skioldom (mit einem

weissen friedlichen und einem rothen feindlichen schild kämpfen) sprichwörtlich für verschiedene gesinnung zeigen. — 2) statt at erfa bræðr sina ist zu lesen at erfi brœðra sina (zur leichenfeier ihrer brüder). — 3) at sina görva steht für görva at erfi sîna brœðra (es zu thun, zur leichenfeier seiner brüder).

Str. 64. 1) statt lagði (legte) ist lukði (einsperrte) zu lesen; við stokki (in das versteck) nebengemach des schlafzimmers. — 2) glupnuðo grimmir (die wilden knaben wurden bestürzt).

Str. 65. skömm mun rô reiði (schnell wird ruhe dem zorn) der zorn wird bald sich legen; ef þu reynir gerva (wenn du es genau untersuchst).

Str. 66. statt skaptit ist zu lesen skiptisk (es entschied sich); statt skapliga (passend) ist zu lesen sköpliga (schicksalsgemäss).

Str. 67. yfir râðomk ganga (ich möchte drüber 'naus gehen) unterlassen.

Str. 70. statt veitstu (du weist) ist zu lesen veitslu (traktement speise).

Str. 71. 1) statt snytt ist zu lesen snitt (f. sniðit, geschnitten). — 2) millom (zwischen den extremitäten liegendes); millom ills (des mittelübels, des nicht ganz-übeln) ist dem full-illa (vollends-übeln) entgegengesetzt. — 3) greipt glæp (du hast frevel erfasst).

Str. 74. 1) Hniflungi (dem Edel-Jungen) bezeichnet hier den jüngsten sohn Högnis nach seinem grossvater Giuki genannt. — 2) gat fyr Guðruno (es gelangte günstig an Gudrun) sie erfuhr mit genugthuung.

Str. 76. 1) statt rœða ist ryta (schnauben) zu lesen. — 2) litt leikinn mer (mir ist nicht leicht mitgespielt worden) man hat mich tödlich verwundet.

Str. 80. statt silfr ist zu lesen sialfri (an dir selbst).

Str. 81. grofðu svâ undir atgerði-t hlut þiggia (du untergrubst oder verhinderst es so dass ich nicht thäte mein antheil erhalten); vor gerðit ist at einzusetzen das dem svâ entspricht.

Str. 85. statt hunski ist zu lesen hiunski (der ehemännische) der eigentlich mein ehmann war.

Str. 86. 1) den letzten halbvers ersetze ich durch: þess þu kunntit reka (du liessest ruhig sein, was du nicht vermochtest zu rächen).

Str. 88. statt knörr (seehandelsschiff) ist zu lesen kör (todtenbett) da der leichnam Atlis nicht in einem seeschiff zur brandfahrt (bâlför) ins meer hinaus gefahren wurde.

Str. 90 1) þrâ mæli (leidensgeschichte, tragödie); hvargi er (wo auch immer).

VI. Gudrun-Cyclus.

I. Guðrunar hvöt. (Gudrune's racheruf.)

Str. 1. fengligr (umfänglich, dick, schwanger); sliður-fengligr mit unheil schwanger.

Str. 2. 1) þer (ihr) ist nach dem dreisilbigen hvî sitit, hinter dem es ausgefallen, wieder einzusetzen. — 2) statt grâm ist zu lesen gram-gang (wilder verderblicher gang); gram-gang tömom (den rossen welche im kampf gewöhnt worden rücksichtslos auf die gefallenen zu treten). — 3) Gotnar (berittene) kommt von goti (stampfer, pferd); hat mit Gotar (Gothen) nichts gemein, und bezeichnet hier die adelichen gumnar (schutzmannen) welche beritten sind.

Str. 3. statt hunkonunga ist zu lesen hiun-kons unga (des jungen ehelichen Adelings) nämlich Sigurdur der adeling (konr) und eheherr (hiun) der Gudrun.

Str. 4. 1) vokðo ist, der alliteration wegen, aus dem ersten halbvers nach svefni or einzusetzen. — 2) statt blâ-hvita (weiss mit blauen streifen) ist zu lesen blek-hvito (blendendend-weiss) welches im gegensatz steht von blut-roth. — 3) val-blôð (warm verspritztes blut); val (wärme) vgl. (Val-tivi (Wärme-Gott).

Str. 5. 1) braðar (schnelle, kühne, heftige). — 2) vor knættim ist ær (eher, vielmehr), welches wegen der assonanz mit der endung des vorigen worts ausgefallen, wieder einzusetzen. Hamdir der die vorschnelle bruderrache der Gudrun tadelt will sagen: wir vielmehr wollen einstimmig nach überlegung (sam-hyggiendr) unsere halbschwester Svanhild rächen. — 3) nach knættim ist zu lesen ungrar (der jungen frau); vgl. str. 2. — 4) statt berið (bringet) ist zu lesen ber-þu (bring du). — 5) hnossir (f. hnoðþir gehämmerte, geschmiedete) sind hier schmucke vortreffliche waffen. — 6) statt hun-konunga lies hiun-kons unga s. str. 3.

Str. 6. 1) kumbl (kobel, haube) haubenhelm. — 2) statt konunga lese kons unga. — 3) sîðar brynior (tief-brünnen) harnische die den unterleib schützen, im gegensatz zu den stuttar brynior (stutz-brünnen) die blos die brust decken.

Str. 7. 1) statt komuz ist zu lesen komum'k-a (ich und mein bruder wir mögen nicht kommen). — 2) statt geir-niorðr ist zu lesen at geir-vörð (nach dem der geer-wart); gerenwart (krieger) steht hier für könig Iormunreck. — 3) statt goð-þioð (Götter-volk) ist zu lesen Gotþioða (Gotenvolk). — 4) Die, in den abschriften und ausgaben, folgenden strophen gehören nicht hieher, sondern bilden das gedicht Guðrunar grątr.

---

2. Hamdis mâl.

1. mâl (geschichte) hat hier dieselbe bedeutung wie in Atla-mâl (Atli's geschichten) und ist ein anderer ausdruck für kviða (sage-lied).

2. Hamdir (f. hamaðius, behemdtet) bezeichnet einen recken der mit einem hemd (serkr, curass) bekleidet ist. Der bruder des Hamdir heisst Sörli (f. Sarvila diminutif von got. sarv, altd. saro, mitteld. sar) der einen kleinen gestuzzten panzer oder hemd (vgl. fr. sareau) trägt.

Str. 1. 1) statt sprutto ist zu lesen spretta (entspringen) tregnar iðir (traurige thaten); tâi, (f. tâvi beim stampfen) gehört zur sippe sansc. dhap (einstampfen, graben), gr. tafe (grab), thapto (einwühlen), tafros (graben), dän. tov (trottoir), schwed. tô (stampfe, viehweg); ist ganz verschieden von tâ (f. tvag, zweig, sprösse, zehe) welches zur sippe sansc. daç (f. dvaç), gr. dakno zwicken) gehört, und die kratzkralle am fuss, den zeh bezeichnet: â tâi bedeutet hier: auf dem weg (des lebens), im lebensgang. — 3) statt alfa ist zu lesen æ lifa (leben stets fort). — 4) âr um morgin (früh schon am morgen) so bald die menschen zum handlen erwachen. — 5) sûtir hveriar manna bölva (jeder art schmerzen der menschlichen bosheiten); kveykva sorg (erzeugen und beleben den kummer).

Str. 2. 1) nû und nê, weil accentuirt, haben auch die alliteration. — 2) statt des dreisilbigen ne î gær ist viersilbig zu lesen ne var î gær. — 3) er fâtt fornara (es ist wenig älter) und fremr var þat halfo (es ist um ein weniges früher) ist eine glosse zu ne var î gær; also entschieden unächt.

Str. 3. 1) statt grâm gangtömum ist zu lesen gram-gang-tömom (an den graussen tritt gewöhnt) s. ob. s. 137). — 2) gotna hrossom (mit der berittenen reitpferden) s. s. 138. — 3) statt eptir er ykkr þrungit þioðkonunga ist zu lesen hefnt er yðr þrungit ioðs hiuns unga (zu rächen das kind des jungen gemahl ist euch aufgedrängt). — 4) lifið einir er þatta ættar minnar (da ihr die einzigen am leben von meinem geschlechtsstamm). — 5) Die in den ausgaben folgende strophe einstöð etc. gehört in das folgende gedicht Guðrunar grâtr.

Str. 4. Die strophe urðv-a ið glikir, weil sie schon im gedicht Guðrunar hvöt, das vor diesem gedicht stand, geschrieben war, ist von den abschreibern, (um mühe und raum zu sparen) hier nicht wiederholt worden. Diese strophe ist aber vom dichter der Guðrunar hvöt diesem gedicht entlehnt worden, und da sie hier nicht mangeln darf, so muss die ausgelassene strophe hier wieder eingesetzt werden.

Str. 5. vökðo ist aus dem ersten halbvers ans ende des zweiten halbverses zu setzen.

Str. 6. 1) statt blâ hvito (blau-weiss) ist zu lesen blik-hvito (glänzend weiss). — 2) val-undom (heisswunden); vgl. val-blôð (s. ob. s. 138). — 3) glyia (glühen) sich freuen.

Str. 7. 1) Erpr, Eitil s. ob. s. 128). — 2) at ser ne striddi-t (dass er nicht sich selbst verwunde).

Str. 9. 1) sitiom feigir (wir sitzen hier zum tode bestimmt); á marom ist, als eine einfältige erklärung von sitiom, unächt. — 2) fiarri (im fernen auslande).

Str. 10. 1) Die zwei als str. 16 in den ausgaben stehenden verse sind hier allein an ihrem platz. — 2) statt skôko (sie schüttelten) ist zu lesen skôpo (sie zurecht machten). — 3) loði (zottmantel, angels. loða, norr. lôðbrok zott-hose); da die lederkoller (curass) aus zottigen thierhäuten bestanden, so bedeutet ludu, im russischen, den panzer. — 4) skalm (säbel) entspricht dem slav. szabla. — 5) guðvef (gut-webe s. ob. s. 128) bedeutet hier den seidenen überwurf in den sich die adelichen (goðbornir) einschmiegten (smugo), vgl. serkr (seidener überwurf) hemd. — 6) statt yfir ungir ist zu lesen ungir yfir. — 7) eiskra, abgeleitet von eisa (voranstürzen), bedeutet zornig und muthig voranschreiten. — 8) iarpskamr (braun-kurzer) bezeichnet den Erp als einen kleinen (kurzen) braunhaarigen burschen. — 9) fultingia (stützen) von fulting (angels. fultum, lat. fulcrum) gehört als nebenform zur sippe lat. forcere, fortis, vgl. norr. þryngia).

Str. 11. statt ne holdgrôin ist zu lesen enn heldr gör ein (vielmehr eine rechte).

Str. 12. 1) statt mær ist zu lesen mær ein (eine jungfrau) hier eine jötnische zauberin. — 2) allt er blauðom hal brautir kenna hat absichtlich den doppelten sinn, 1. es ist schlimm, steht nicht zu, einem verstand- und muthblöden manne (hal), wie ich (Erp), nach eurer ansicht, es bin, euch den kampfweg zu zeigen, euch im kampf anführen zu wollen, 2. es steht schlecht an einem biedermann (hal) wie ich, euch blöden (blauðom) den weg zu weisen. Hamdir und Sörli nehmen die rede Erps im letzten sinn und erwiedern ihm mit schimpfreden; sie nennen ihn harðan hornung) (einen groben bastarden).

Str. 13. 1) statt skiði-îarn (scheide-eisen) ist zu lesen skeða-îarn (schädigungen-eisen); îarn (f. eisan) ist zweisilbig; die schreibung jàrn ist grammatisch ganz zu verwerfen. — 2) at mun flagði (der zauberin zur lust); flagð (balg) ist ein verächtliches weib.

Str. 14. trytti æ tröno hvöt (es trällerte stets fort des kranichs abendruf).

Str. 15. 1) Mit Bugge ist iarlar in den ersten halbvers einzusetzen. — 2) seggir und hialmom (vornehme abgesandte die zum kampf bewaffnet erscheinen). — 3) Das überzählige fyr (dafür) ist eine unächte glosse um den zweck der ankunft zu erklären.

Str. 16. 1) Das dem slavischen entlehnte branga (blanke, blinkende brünne) bezeichnet den blanken eisenharnisch, im gegensatz zu dem zottigen lederkoller; das wort gehört zur sippe sansc. bhradj (glänzen), got. brunnis, russ. bronie, vgl. slav. bron (blinkende eisenwaffen).

Str. 18. 1) statt kvað þâ Hrôðr glöð ist zu lesen kvað at Hroðr Glöð (es sprach Glöð zu Hrôdr); Hrôðr (ruhm) ist der name des heerführers des Iormunrek; Glöð (vgl. Men-glöð) ist die mutter des königs. — 2) stôð uf hleðom (stand auf den stufen des hochsitzes) bezieht sich auf den jungen mann (mög) Hrôðr. — 3) mêfingr (zartfingerige), ist zusammengesetzt aus fingr und mêv (miav, miô zart) vgl. fr. meffion (zartes kind), mievre (zärtlich), und bezeichnet die zartfingrige Glöð. — 4) statt þviat þat hætta ist zu lesen þvî er-at þat hætta (an dem ist nicht etwas gefährliches) d. h. mit der ankunft und dem herausfordern der fremden hat es keine gefahr. — 5) statt at hlyði-gi myni ist zu lesen at hlyðigi minu (nach meinem nicht-gehört haben) da es mir unerhört ist, da ich nie habe sagen hören; hlyð ist nebenform von hliôð.

Str. 19. 1) statt bragnar ist zu lesen brangur (die brünnen). — 2) komið (unrichtig für komno) ist falsch eingesetzt, um or briosti zu erklären. — 3) statt höndom ser þu þinom ist zu lesen hondom sem at þînom (zugleich mit deinen händen).

Str. 20. 1) statt hröt ist, der alliteration wegen, zu lesen raut (er schnaubte) von riota. — 2) regin kungi hat hier fast die bedeutung von fiölkungi (zauberkundiger). — 3) statt baldr ist barðr (der bärtige) zu lesen.

Str. 21. statt â mann hvern ist blos â hvern zu lesen.

Str. 22. 1) statt broðir okkarr ist blos broðir zu lesen. — 2) statt harr ist zu lesen har er (ist der alte). — 3) statt hvættumk at ist zu lesen hræðask at (es erschrecken an ihm). — 4) dîsir (schutzschwestern) schutzgenien s. oben. — 5) gumi (inhaber) bezeichnet den besitzer der Valholl, den Odin. — 6) gunnhelgi (der im kampf unbezwingliche, immer siegende) ist Odin; vgl. Helgi s. s. 20.

Str. 23. 1) Die in den ausgaben (ed. Bugge str. 29) folgende strophe ist offenbar unächt, schon weil sie im lioðahattr verfasst ist. — 2) die worte eða î gær sind unächt 1. weil widersinnig, 2. weil sie den halbvers zehnsilbig machen. — 3) statt maðr ekki ist zu lesen okkar eingi (von uns keiner).

3. Goðrunar grâtr. (Gudrune's klage und todesentschluss.)

Dieses gedicht ist unrichtig in die Guðrunar hvöt und in die Hamdis mâl eingeschoben worden.

Str. 1. 1) In den ausgaben steht die strophe als 9. im Guðrunarhvöt. — 2) nach Guðrun ist var einzusetzen. — 3) â tai sitia (nach dem herumtraben sitzen) s. s. 139. — 4) târog-hlyra (mit thränenbenetzter wange). — 5) nach spiöll (verluste) ist, als vierte silbe, sîn (ihre) einzusetzen.

Str. 7. In den ausgaben (ed. Bugge s. 316) bildet sie die 5. str. der Hamdis mâl. — 2) einstöð (alleinstehende) einsam. — 3) fallin at frændom (an verwandten gefällt) mir sind die verwandten gefällt (abgehauen). — 4) vaðin at vilia (an freude weggestürzt) weggetrieben von der lebensfreude. — 5) kvist-skæða (äste-schädigend) feuerflamme, sturmwind; der dichter bezeichnet hier nicht den waldbrand in der heissen jahreszeit, sondern den gewittersturm der am schwülen sommertag die baumblätter wegtreibt.

Str. 5. 1) hofuð gehört noch in den ersten halbvers. — 2) statt Niflungom ist zu lesen Hniflungom (den Edel-knaben) nämlich Erpr und Eitill.

Str. 6. 1) statt strîðgrið (beschädigungslust) ist zu lesen hrîðstrið (stürmische schädigung). — 2) statt stec ist zu lesen stêk (f. steig-ek).

Str. 7. 1) ioð (f. hioð, häusliche) ächte kinder. — 2) der ausgefallene halbvers ist zu ersetzen durch æfri öðrom (lat. aliis superiores) vorzüglicher als die andern söhne des Ionakur.

Str. 8. 1) statt enn ist im zweiten vers ina oder

hana zu lesen. — 2) sæmleitr (mit geziemendem glanz) schönglänzend.

Str. 9. 1) guðvefiom (schöne gewänder) s. ob. s. 128. — 2) statt Goð-þioðar ist zu lesen Gut-þioðar (Gothenvolk) s. ob. s. 139. — 3) statt of þann ist zu lesen at þann (dass diesen). — 4) haddr (f. hazðr behaarung) frauenhaar; hâr (f. hars) das starrende, vgl. sansc. harscham; lat. horror (f. horsor erstarrung).

Str. 10. statt þeir Gunnari ist zu lesen þeim Gunnari (diesem trefflichen Gunnar).

Str. 11. 1) statt fiold man ek harma ist zu lesen fiold bar ek harma (ich ertrug viele schmerzen). — 2) Die beiden folgenden verse beittu etc. sind ans ende der strophe zu setzen. — 3) hnossir (geschmeide) hier geschenke die man den verstorbenen mitgibt.

Str. 13. 1) statt kostinn (diessen holzstoss) ist zu lesen kost einn (einen holzstoss). — 2) hilmir (bedecker) steht für iarðar helmir (erdbedecker) himmel.

Str. 14. 1) statt ôðal ist zu lesen ôboll (f. vôboll bekümmernisse). — 2) treg-rôf (trauer-reihe) auf einander folgendes unglück. — 3) statt um-talið (erwähnt) ist zu lesen up-talið (bis zu ende erzählt).

VII. Vôlundur-Cyclus.

1. Vôlundar Kviða. (Vôlundurs sagelied).

1. Vôlundr ist zusammengesetzt aus vô, (vâ, væ, got. vaia, d. weh) und lundr (neigung, gesinnung, charakter); vôlundr (vâ-lyndr) bedeutet weh-gesinnt, bösartig, und hat, sprachlich und sachlich, nichts zu schaffen mit dem altd. particip vielanti (d. Wîland) feilend, fegend, goldschmidt). Vielant (f. vigel-ant) gehört zur sippe sansc. piç (sticken) malen, gr. poikilos (bunt, schön), lat. pingo, got. fagrs; d. fegen (schön machen, fegen, feilen, raspeln), altfr. vair (bunt), viola (raspel) fidel, norr. iel (feger) sturm, d. eilen (stürmen).

2. Kviða (sagenlied) bezeichnet hier die poetische darstellung der mündlichen tradition.

Str. 1. 1) Diese in den ausgaben nach unten versprengte strophe (ed. Bugge str. 15) ist hier zu anfang wieder einzusetzen. — 2) Hlaðguðr (ladet zum kampf) entspricht ziemlich dem umgesetzten namen Guðhlöð, (zum kampf ladend) und ist ein Valkyrien-name. — 3) Hervör (Heer-wahr) schwester der Hlaðguðr und tochter des Hlôðvê. — 4) Hlôðvê (Ruhm-wucht) verschieden von Hlôðvîg (Ruhm-kampf) ist das fränkische Chloðovê (lat. Chlodovæus); hier name des vaters der Hlaðguðr und der Hervör, des bruders Budli's und des Kîhar. — 5) Ölrûn (f. alhi-rûn, tempel-räthin) ist die tochter des Kîhar und die cousine der Hlaðgudr und der Hervör. — 6) Kîar (f. kiv-harr, kief-hehr, zänker) vater der Ölrun und bruder Budli's und Hlôðvê's. — 7) Myrkvið (Dunkelwald) bezeichnet hier die bewaldeten gebirge welche Süd-west-Deutschland und Nord-ost-Deutschland trennen. — 8) statt alvitr unga ist zu lesen alhvîtur ungar (als junge schwäne). — 9) orlog drygia (um urlag zu betreiben) um an dem kampfschicksal der rekken theil zu nehmen, als Valkyrien. — 10) sævar strond ist nicht der binnensee (vatn), Wolfsee (ulfsiar) genannt, sondern der strand der ostsee (Eystra-salt). — 11) drôs (schüchtern) gehört zur sippe driusan (senken) und bezeichnet das ernste ruhige schüchterne frauenzimmer, im gegensatz zum aufgeregten sinn der Valkyrien. — 12) dyrt lin (theurer lein) goldflachs.

Str. 2. 1) ein (die eine) bezeichnet die Olrun Kihars tochter, welche an ihrem hellen schwanenbusen (faðmi liosom), als der helden glänzende magd (fögur mær fîra), den recken Egill umfasste (nam at veria). — 2) Egill entspricht dem got. agls oder aglus (beschwerlich) und bedeutet: den feinden beschwerlich und lästig. — 3) önnur bezeichnet die Hlaðguðr die schwanweisse, die geliebte des Slagfiaðri. — 4) Slagfiaðri (Schlagfedrig) ist ein iotnenname und bezeichnet hier den bruder des Egill und des Vôlundur, der sich in einen adler verzaubern konnte, und mit schlag- oder schwungfedern flog; der name hat eine ähnliche bedeutung wie der iotnen-name Vingnir (s. s. 132). — 5) statt þeirra ist zu lesen þeirrar (dieser Hlaðguðr). — 6) þriðia (die dritte) bezeichnet die Hervör die schwester der Hlaðguðr. — 7) statt hvîtan ist zu lesen alhvît (ganz weiss); sie umfasste, ganz weiss, den hals des Volundur.

Str. 3. 1) nauðr (noth, unüberwindlicher drang, gr. anankè; vgl. þörf s. s. 86. — 2) der vers alvitr unga orlog drygia ist unächt 1. weil überzählig,

2. weil aus der ersten strophe mit den fehlern entlehnt, 3. weil die mädchen heimweh hatten nach den Rheinlanden und sich nicht sehnten wieder als Valkyrien zu handlen.

Str. 4. 1) Die in den ausgaben als 14. strophe angesetzte ist hier wieder in ihren platz einzusetzen; sie ist gesprochen von Ölrun der ältesten der drei mädchen. — 2) þar (hier zu land) ist nicht gold, wie am Rhein, wohin Grani den Sigurdur trug (â Grana leiðo auf des Granis weg). — 3) fiarri hugðak vart land fiallom Rînar (ich dachte mir dass dies land hier kaum (vart) so ferne sei von des Rheins gebirgen) ich dachte mir es nicht so fern liegend vom Rhein, und deswegen ein eben so reiches land wie die Rheingegend. — 4) mæti (angemessene, passende) kleinodien; vgl. gersæmi (ganz schickliche) kleinodien. — 5) heilhiu (völliges hausgesäss) bezeichnet hier die haustochter im gegensatz zu den verehlichten frauen (varðir).

Str. 5. 1) statt hon inn umgekk ist zu lesen Hervör enn umgekk. — 2) stôð â golfi (stand still auf dem gang) nach dem sie zögernd im saal hin und her gegangen war (â tâi). — 3) stilti röddu (sie stillte ihre rede), sie sprach heimlich bei sich. — 4) hyrr (f. hiurr geheuer, heimlich, freundlich) erfreut.

Str. 6. 1) hier folgt die in den ausgaben als 4. angesetzte strophe. — 2) statt vegreygr ist, mit Gudbrandr, zu lesen vê-þreygr (nach haus verlangend) heimweh fühlend. — 3) statt des dreisilbigen ok um sâsk ist viersilbig zu lesen ok um-sâosk (sie sahen sich allenthalben suchend um).

Str. 7. 1) skreið (er schritt auf schneeschuhen) gegen norden. — 2) statt enn einn ist zu lesen einn enn, weil einn die alliteration hat und als silbe nicht unmittelbar vor Vôlundar stehen darf. — 3) sat (sass, blieb sitzen) verliess nicht. — 4) Ulfdalir (Wolfthalen) ist norränische übersetzung des slavischen namens einer thalgegend im lande der Neuren (Niarven), so wie Ulfsiar wahrscheinlich die übersetzung des namens des Amadoker see's ist (s. Schaffarik, slav. Alterth. I. s. 198). Die nordische sage verlegte das land der Neuren geradezu nach Schweden.

Str. 8. 2) gull raut (rothes gold) bezeichnet hier das durch kunst zu goldringen verarbeitete gold. — 2) gim-fastr (feuer-fest) bezeichnet den feuerfesten stein im gegensatz zum verbrennbaren holz; gimstein und gimmfastr bezeichnet speziell den edelstein; slô gull við gimfastan (er schlug gold gegen edelstein) er fasste edelsteine in goldringen. — 3) lukði vel lind (er fasste das gold an den bast) er band die goldringe zusammen mit einer lindbastschnur. — 4) statt des dreisilbigen svâ beið hann ist fünfsilbig zu lesen svâ beið hann lengi; vgl. str. 14 sat hann svâ lengi. — 5) ef hanom koma gerði (er wartete lange ob sie gewillt wäre zu ihm zurück zu kommen).

Str. 9. 1) Niðhaðr (Niðhöðr Neid-kampf) ist, wie Nidung in der Volsunger- und Wilzen-tradition, ein nordischer name für einen mit den Volsungen in verbindung gesetzten slavischen fürsten. — 2) Niara drottinn (der Niaren drost) ist der starost der goto-slavischen Niarven. Niarar (f. Niarvar; vgl. Nari Lokis sohn für Narvi) bezeichnet die Neuren im Weletenland zwischen der Oder und der Weichsel. — 3) statt nôttum ist zu lesen nott um (gegen die nacht) am abend. — 4) negldar brynior (genagelte brünnen) eisenbrünnen mit nagelköpfen gefestigt und geziert.

Str. 10. 1) â bast dregna (an der bastschnur

aufgezogen). — 2) statt sa seger ist zu lesen sâ seigr (der verspätete); seigr gehört zur sippe lat. segnis, norr. seina (f. seigna), got. sainian, d. sehnen.

Str. 11. 1) af toko (wegnahmen) aus der bastschnur, um die ringe näher zu betrachten und zu zählen. — 2) â-leto (anliessen) wieder an die bastschnur anfassten. — 3) af-lêtu (wegliessen) auf die seite legen, um mitzunehmen.

Str. 12. 1) statt des dreisilbigen gekk brunni ist viersilbig zu lesen gekk â brunni; brunnr (f. brundr) ist andere form für brandr (brand, feuer); da feuer und wasser sprudeln, so sind die wörter brunnen, sod (sud, brunnen) und brennen logisch und phonisch verwandt; s. Allweise's Sprüche s. 36. — 2) statt alþur ist, der alliteration wegen, zu lesen hallarr (bengel, mitteld. kall, kalli) altfr. kalli (Lex sal. 41, 4) vgl. fr. hallier. — 3) statt fura ist zu lesen furu (der föhre).

Str. 13. 1) lioði (volkherr) ist hier gleichbedeutend mit fylkir (heerführer) und vîsi (weisel) anführer. — 2) Alfar sind, in der spätern mythologie die Epigonen der Iotnen, weil Iotnenheim später Alf-heim, (Svartalfaheim) unrichtig genannt wurde. Die spätere sage vermischte bisweilen die Alfar mit den Alfar, den bewohnern des landstrichs zwischen der Gota-elf und Raum-elf).

Str. 14. statt des dreisilbigen vilia lauss (freudelos) ist viersilbig und schwach vilia lausi zu lesen; vgl. str. 28.

Str. 15. 1) statt â-lögðu ist zu lesen af-lögðu (weglegten, wegnahmen). — 2) statt byrsima ist zu lesen giörsima (ganz passende), kleinodien; vgl. mæti str.4. — 3) statt vara ist, der alliteration wegen, mit

Bugge, zu lesen ôra (wahren, aufbewahren, schonen) welches manchmal dieselbe bedeutung aber nicht dieselbe sippe hat wie eria (ehren, schonen, sparen); vgl. Vielgewandts Sprüche s. 67.

Str. 16. 1) teygiask tenn (die zähne sich lang ziehen) gehört zur selben anschaung wie unsere redensart: einem lange zähne machen. — 2) tæð steht für früheres tiað (gezeigt). — 3) âmun (anhaltend, begehrend) stets gierig. — 4) ormi þeim inom frana (mit jener scharfblitzenden schlange) mit jenem bekannten schlangenblick; bezieht sich auf die redensart: er hat orm î augo, (er hat einen furchtbar leuchtenden blick). — 5) sævar-stöð (see-stätte) bezeichnet einen wartthurm auf einem holm am seeufer.

Str. 17. 1) frânn-mækir (blitz-mäher) ist der eigenname den Vôlundur seinem schwerdte gegeben. — 2) æ fiarri borinn (für immer von mir entfernt getragen) um zu sagen, dass das schwerdt so unverwüstlich gut ist, dass es nie braucht, zur ausbesserung, dem Vôlundur zugetragen zu werden. — 3) Der vers sê'ka-k þann Vôlundi til smiðio borin ist unächt, 1. weil er blos die erklärung des vorigen verses ist, 2. weil ihm, als prosa, die alliteration mangelt. — 4) bið'ka ek þess bôt (ich erwarte nicht dessen ausbesserung) sagt aus, dass der ring der Hervör (Hervarar nautr), den nun Böduhild trägt, so vorzüglich gearbeitet ist, dass er nie einer reparatur bedürftig sein wird. — 5) bauga rauða (das rotherz der ringe) ist bezeichnung des rings (gull) der Hervör, welcher ein hecke-ring war, aus dem man, durch zauber, andere ringe aushecken konnte; so wie man aus dem bauga rauði (der ringe goldrotherz) andere ringe macht.

Str. 18. 1) sat hann (er sass) auf rache sinnend. —

2) ne hann svaf ok hann slô hamri; sein nachsinnen liess ihn nicht schlafen und auch nicht arbeiten; avalt (f. æv-alt auf ewig nimmermehr, durchaus) ist unächt, 1. weil es den rythmus stört, 2. weil dem sinn nach überflüssig, 3. weil aus str. 28 entlehnt. — 3) vel gorði hann heldr hvatt Niðhaði (vielmehr bereitete er dem Niðhað scharfe arglist); da vèl feminin ist, so ist hvöt statt hvatt zu lesen, oder hvatt als adverb zu nehmen. — 4) drîfu â sîa (sie trieben hin zu sehen) es trieb sie hin zu sehen; sîa (f. siha, unterscheiden, lat. secare) ist zweisilbig, und hat natürlich den accent auf der ersten silbe; es ist daher doppelt ungrammatisch zu schreiben siâ oder gar sjâ.

Str. 19. 1) opin var (war geöffnet, eröffnet, offenbart) trat hervor, entstund. — 2) statt illuð ist zu lesen ill-hugð (böser gedanke). — 3) syndisk (sie stellten sich dar) glaubten zu sehen, in folge einer von Vôlundur bewirkten magischen verblendung der sinne.

Str. 20. at eð mik fyndit (dass ihr beide mich besuchen wollt).

Str. 21. 1) statt snemma kallað ist zu lesen snemma kallaði (kaum hat angerufen, verkündigt). — 2) statt des dreisilbigen halbverses seggr annan ist viersilbig zu lesen seggr annan dag; seggr (ansager, bote, wächter). — 3) bei broðir â broður ist das verbum kvað (sprach) zu suppleiren.

Str. 22. 1) statt undir fenfioturs ist zu lesen undir fen-fötur (unter die schaumfässer); um das glühende eisen im wasser zu härten und abzukühlen, standen, zwischen der esse, den blasbälgen und dem ambos, zwei in den boden versenkte mit wasser gefüllte fässer (fötur); sie hiessen schaumfässer (fen-fötur), weil das glühende eisen darin schmutzigen schaum (fen, sansc.

phena) oder blasen, erzeugte. — 2) fôtr; da man am körper blos kopf und fuss unterschied (s. ob. s. 93) so bezeichnet fôtr die füsse sammt dem rumpf. — 3) sveip silfri (mit silberrand umschweifte); solche silberberänderte schalen hiessen hring-kalkir (reif-schalen), s. Allweise's sprüche s. 244.

Str. 23. 1) über iarkna steina s. Weggewohntslied s. 113. — 2) kunnigri (geburt, adel, vornehmheit besitzend). — 3) kringla ringel, kringel, kreckling, fr. craquelin) ist dimunitif von kring (kreiss); briost-kringlor bezeichnet hier zwei anhängsel oder ein halsband (vgl. kinga, Rigssprüche s. 58) welches auf die brust herabfällt.

Str. 24. statt hrôsa (rühmen) ist zu lesen hriosa (erschüttern, zerbrechen).

Str. 25. at sama hôfi (in demselben maas) in dem, vater und mutter, den ring schöner finden werden.

Str. 26. 1) bera einn (einen beladen, überladen). — 2) statt þvi at hann betr kunni ist zu lesen þvi at hon betr kunni (damit sie sich dies (þvi) besser gefallen liesse (kunni). — 3) îvîð-giarnra (der ränksüchtigen, durch ränksucht bewirkten); îvîð (f. îvîðþ, got. invindiþa verkehrtheit, bosheit, angels. invidd, ränkesüchtig) gehört zur sippe vindan (wenden, kehren) und bedeutet verkehrtheit, bosheit.

Str. 27. 1) statt tregði for ist, wegen der disjunction der alliteration, for tregði zu lesen. — 2) uti stendr (stand draussen vor dem saal) weil die besorgte mutter die vermisste tochter draussen vor der thür abwartete. — 3) ok hon bezieht sich auf die eingetretene Baduhilde.

Str. 28. 1) hann bezieht sich auf Vôlundur der lachte (hlæandi str. 2) im gegensatz zu Baduhilde die weinte (gratandi, str. 27). — 2) salgarð steht für salgrað (saalgrat) die spitze, firste des saaldaches; grað gehört zur sippe sansc. kûrdanam (f. kvardanam umschwung, tanz), gr. krade (baumfirst), lat. crista (f. critta), vertecs (f. cvertex wirbel, scheitel), d. græte (spitze). — 3) âvalt (f. âva-aldt, ewig alt, immer, nimmer), s. str. 18. — 4) statt des dreisilbigen starken vilialauss ist, viersilbig, schwach vilialausi zu lesen. — 5) siðst steht für siðar-s-at (seit dem dass) und regirt den accusatif: seit meine söhne todt sind.

Str. 29. 1) kell mik â höfuð (es schauert mich im kopfe) ich mache mir schauerhafte gedanken. — 2) vilnom'k; von vilnun (das zu-willen-sein) stammt das verbum vilna (f. vilnuna, zufrieden stellen); vilnask (sich zufrieden stellen); vilnomk (f. vilna mik ich stelle mich zufrieden) ich lasse mir zu. — 3) hûnn (brummer) gehört zur sippe hu (fr. huer, wie ein uhu oder junger bär brummen) und bezeichnet, 1. einen jungen bären, und edelknaben, 2. den hohlen brummkreisel (nachteule, habergais; gr. kônos, lat. cuneus) 3. den einer habergais ähnlichen hohlen mastknopf; vgl. fr. hunier.

Str. 30. 1) eiðr (f. geiðr beachtung, verehrung, got. aiþs) gehört zur sippe geð (bedenken, geist) sansc. tchit (bedenken, ehren) tchaitya (erwürdiges, bei dem man schwört); alla eiða (eide welche man schwört bei allen verehrten gegenständen, welche nutzen oder schaden können). — 2) Die verse:

at skips borði ok at skildar rönd
at mars bœgi ok at mækis egg

sind offenbar aus einem andern gedichte entlehnt, und hier, als exempel, von den alla eiða eingesetzt worden; sie sind als unächt zu streichen. — 3) kvelia (quälen, zu tode martern). — 4) ver eigim (wir, du und ich, haben mögen). — 5) kvân (ehefrau für mich, und frau-tochter für dich. — 6) ioð (f. hioð häusling) echter familienspross; innan hallar (innerhalb deiner halle geboren) zu deinem haus gehörig.

Str. 33. 1) einga schwache form für einug (alleinig, einzig) — 2) statt ykkor ist zu lesen ykkar (genitif dualis).

Str. 34. 1) nîta (f. hnîta kneipen, verwunden). — 2) hâr (hochgestellt) auf deiner höhe sich befindend. — 3) hestr (reitross) bezeichnet den dachgrat (salgarð) auf dem Vôlundur, wie auf einem pferderücken, sitzt. — 4) öflugr (ein kräftiger) bezeichnet hier einen kräftigen pfeilschleuderer. — 5) über skollir (schwankest) s. Des Hehren Sprüche s. 207,

Str. 35. 1) þakkrâðr (dankwürdiges, angemehmes, bereitend) ist der eigenname d. Dankrât, italiän. Tancredo. — 2) ôgur-stund (schrecken-stunde) unglücksstunde. — 3) vinna einom (einen überwinden) vgl. skopum vinna (das schicksal bekämpfen, Gripis spâ 55).

VIII. **Frodi-Cyclus.**

Grotta söngr. (Der Granitenen geräusch.)

1. söngr bedeutet nicht gesang (gesungenes, gedicht) sondern geräusch der in gang gesetzten zaubermühle, um gold zu produziren; vgl. vapna söngr (waffengeklirr) und hliomr (geräusch) str. 2; str. 17.

2. Grotti (f. griotti, granitene) ist die schwache form für griottr, welches aus griot (korn- oder griesstein, korniger granit) gebildet ist, und Granitene (aus granitenen mühlsteinen bestehend) bedeutet. Dieser name bezeichnet eine Zaubermühle, welche könig Froði vom Iotnen Hengikioptr (Hänglefze, bär) kaufte, und womit er, durch zwei iotnische mahlmägde Menia und Fenia, sich gold mahlen liess. Der titel Grotta söngr bezeichnet das Zaubermühle-geräusch welches das drehen der mühlsteine begleitet und die goldproduktion andeutet.. Von grotti stammt das adjectif grottin (grotti-artig) ein iotnennamen, wie Grottin-tanna (Grotti-artige zähne habend).

Str. 1. 1) nû ero komnar soll anzeigen, dass das gedicht die erzählung da anfängt wo die beiden mahlmägde bereits bei Frodi zum mahlen eingestellt werden. — 2) framvîsar (weit wissende) bezeichnet die mahlmägde die vorher iotnische Valkyrien gewesen, und, in dieser qualität, einsicht in das schicksal hatten. — 3) Fenia (Schaumige, Gefäumte) bezeichnet die Iotnentochter als symbol des schäumenden bergwassers; auf der dänischen insel Môin (Mœn) am Grönsund trägt die frau des Iotnen Grön ebenfalls den namen Fane (fania, fenia); longob. fani-gold (sumpf- oder schaum-gold) hat keine mythische bedeutung. — 3) Menia (Mondliche) bezeichnet die Iotnentochter als mit einem silbernen mondähnlichen anhängsel (men) geschmückte. Die deutschen namen mangold (liebeslohn vgl. minnesold) und menegoz (gedenke gottes!) haben keine mythische bedeutung. — 4) Frôði (f. forôði sehr verständig, lat. prudents f. providents). — 5) Friðleifr (der zum frieden hinterbliebene).

Str. 2. 1) lûðr (f. lugðr einlage, lade, schiff) ist verschieden von luðr (f. hluðr aufruf, kriegshorn, von hladan rufen, einladen) und bezeichnet hier die mahlkiste (meldrar lið mahlschiff) welche unter den stützbalken (steðr) der mahlsteine stund, und in welche das gemahlene fiel. — 2) griot (gries, korniger stein, griespudding, granit), rom. granito (körnigt). — 3) statt grîa ist zu lesen grîu; grì (f. grâi, fr. gris) ist die schwache form von grâr (grau); grîu ist der genitif plur. (der grauen mühlsteine); griots grîu (der grausteine des granits). — 3) hliom ambatta (dass geräusch der mägde) das sie durch das mühlstein-drehen hervorbringen.

Str. 3. 1) statt þulu ist zu lesen þutu; sie machten ertönen den lärmenden mühlstein (þiotandi kvern. Fornald. sög. I, 493). — 2) þögn horvinnar (zum schweigen zurückgekehrte) vom singen ablassend, und schweigend arbeitend, das mühlengeräusch ertönen lassend. — 3) leggium luða (den stützen der mahlkisten) bezeichnet die stützbalken (stedr) auf denen die mühlsteine ruhen, und unter welchen die mahlkisten stehen. — 4) statt lettum steinu ist zu lesen lettum steini (dem leichtbewegten stein) der mit dem snuðga steini (beweglichen steine) gleichbedeutend ist. — 5) meldr (die mahlung, das mahlen, mahlapparat).

Str. 4. 1) statt des dreisilbigen fiold fîar ist viersilbig enn fiold fiar zu lesen. — 2) fegins (des frohen) bezeichnet den besitzer (gumi) der freudig erhält was er sich wünscht; feginsluðr ist die mahlkiste die das produkt (gold) des erfreuten (fegins) aufnimmt. — 3) dun (daunen) s. ob. s. 120. — 4) vell (vel) ist gewelltes, geschmolzenes, gereinigtes gold, s. ob. s. 122.

Str. 5. bua til böls (zum bösen sich rüsten) auf rache lauern.

Str. 6. 1) kvað ekki (nein sagte, verläugnete, widerrief), den befehl (orð) nicht zurücknahm. — 2) statt sofit eigi þit ist zu lesen svæfit eigi þyt (lasst den mühllärm nicht schlafen) unterbrecht nicht die arbeit. — 3) sâl (ablass) hat mit sâl (seele) nichts gemein; es gehört zur sippe altd. sal (ablass, abgabe, einkommen), sâlhus (proviantȟaus s. s. 123), selia ablassen, übergeben), got. silan (ablassen), anasilan (vom sprechen ablassen), lat. sileo (schweigen, ablassen) luna silet (der mond lässt vom leuchten ab), vgl. Dante: sol tace (die sonne lässt vom leuchten ab); per lungo silenzio (durch den langen finstern raum) s. Explication des passages faussement interpretés etc.; got. sels (ablass, ruhe, frieden habend, glücklich selig), norr. sæll; sâl bedeutet hier das ablassen vom ruf, das schweigen des kukuks; of sâl (über das schweigen des kukuks hinaus) über den zeitraum hinaus der zwischen dem 7 bis 8 maligen rufen des kukuks sich ausdehnt, oder über die zeit hinaus während welcher der kukuk schweigt, bevor er seine mehrmaligen rufe wieder beginnt.

Str. 7. mâl ist hier der versprochne lohn, später als mâli (lohnung) bezeichnet; mâl mánna vinr (der männer lohn liebend) freigebig, reichlohnend.

Str. 8. 1) Hrungnir s. Das Graubartslied (s. 127. 130). — 2) Thiassi, s. Graubartslied (s. 137. 139) und Allweise's Sprüche (s. 244). — 3) Iði, s. Graubartslied (s. 138). — 4) Örnir (f. Vörnir, Abwehrer).

Str. 9. 1) statt griafiall ist zu lesen griufiall (der grausteine fels) granitgebirg. — 2) statt or das, wegen des vorigen or, sich eingeschlichen, ist zu lesen at (zu, auf). — 3) der singular mær bezeichnet hier synekdochisch die beiden meyiar. — 4) ef vissi (wenn

Froði gekannt hätte) til hinnar (in bezug auf die beiden meyiar) vitt vættar (die ausdehnung ihres gewichts, ihrer kraftnatur).

Str. 10. 1) fyrir iorð neðan (vor der erde abwärts) bezeichnet, wie gewöhnlich, Iotnenheim. — 2) statt stôðu meyiar ist zu lesen stôðum meyiar (als mädchen stunden wir). — 3) setberg (sitzfels) ist ein felsgebirg das man als den sitz mächtiger bergriesen und iotnischer landwichte (landvættir) ansah.

Str. 11. 1) vît (gewicht, grosses und kleines) wir schleuderten den obern beweglichen mühlstein so (leicht). — 2) at halir toku (als ob starke männer sie angepackt hätten) vgl. tôkum â mondli, str. 19.

Str. 13. 1) gôðom goðormi (dem gut beschlechteten kampfwurm) bezeichnet den adelichen krieger als träger von kampfschlangen (schwerdtern). — 2) statt aðr kniu felli ist zu lesen aðr knè î felli (eh' er im knie fiel) in seine knie sank, für hnè (sich neigte, besiegt niederfiel); knè (f. kînu, sansc. djânu (eingeknicktes) knie; lat. inguen (f. ingenu, einbeugung am bauch) vgl. gr. ignua (f. ignuka).

Str. 15. 1), drôgum (wir nach uns zogen) den zug anführten, vgl. hertogi (heerführer, lat. ducs). — 2) siötull (der eine gefolgschaft (sveit, siot) ordnet und anführt) heerführer; dolgssiötull (kriegsanführer). — 3) leiti (nachsuchung, begehr); of mitt leiti (über mein begehr) mehr als ich will, vgl. of sâl (über das schweigen hinaus str. 6).

Str. 16. 1) statt muna hondom ist zu lesen mun â hondom. — 2) vel (für vell) gold; s. str. 4. — 3) full malit (vollgemahlen) zur genüge gemahlen.

Str. 17. 1) statt hælþa ist zu lesen hörfa (zurückkehren). — 2) vor harðar ist â ausgefallen wegen des a am ende des vorhergehenden worts. — 3) trionar (schnäbel, spitze waffen) vgl. kymr. trwyn, corn. tron, fr. trogne. — 4) söngom bezeichnet hier das waffengeklirr das die früheren Valkyrien Menia und Fenia wieder ertönen lassen wollen. — 5) statt sōgum ist zu lesen sigum (siegen).

Str. 18. 1) viti (anzeige, vorweis) signal. — 2) regin grioti (mächtigen granit) bezeichnet den grotti.

Str, 19. 1) valmar ist blos dialektisch verschieden von varmar (wärme, im kampf erhitzte).) — 2) statt mins fōður ist zu lesen mîns brôður; brôðir (bruder) bezeichnet bisweilen den vater-bruder, den onkel; mîns broður mær (das mädchen meines onkels) meine cousine, nämlich Fenia, die tochter des Iði, der der bruder ist des Örnir des vaters der Menia, oder ihr onkel. — 3) steðr (plur. von stöð, die stützen) das gestell auf dem die mahlsteine lagen, und unter welchem die mahlkiste (luðr) stund. — 4) statt iarnar fiarðar ist zu lesen îarna-rifiaðar (eisenberippt, eisenbeschlagen).

Str. 20. 1) Yrsa (f. virsa, die wirsche) gehört zur sippe sansc. vish (treiben, drängen), lat. vîs (f. virs, drang, kraft), vîrus (gift), got. vairs (giftig, wirsch), d. wirren (ineinander drängen, mengen), wurst (gedrängte, gestopfte; vgl. lat. farcimen). Yrsa ist der name einer schwedischen riesin (iotnen-tochter); hier ist es der name der tochter und incestuösen gemahlin des Helgi sohn des Halfdan; Yrsa's sohn ist der halbiotnische seekönig Mysingr (Mäusling) der den Frôði bekriegen wird. — 2) statt nið halfdana ist zu lesen niði halldana (die abkommen des felsbewohners); niði (f. niðia, acc. plur.); hall-dani bezeichnet, wie bergbui, bergdani, das iotnengeschlecht; hier sind die abkommen des felsbewohners, Fenia und Menia, welche Mysingr an Froði rächen wird. — 3) als sohn des Helgi und der Yrsa, die zugleich die tochter und die gemalin des Helgi war, ist Mysingr zugleich sohn und bruder seiner mutter. — 4) vitum baðar þat (wir beide, als framvîsar meyiar, wissen dies) dass Mysingr uns an Frôði rächen wird. — 5) statt heitinn verða (er wird genannt werden) ist zu lesen heitan verða (er wird gefahr und bedrohung für Froði werden); denn Mysingr war der sohn und bruder der Yrsa (hennar), und konnte es nicht erst, in der zukunft, werden.

Str. 21. 1) statt skap-trè ist zu lesen skapt-trè (schaft-stangen); die schaftstangen sind die beiden am obern schweren mühlstein (höfgi hallr) befestigten hebel, um diesen stein auf dem untern unbeweglichen stein herumzudrehen.

Str. 22. 1) malit hofum sem munum hætta (wir haben entschossen gemahlen, so wie wir nun entschlossen sind aufzuhören). — 2) fullstaðit (vollständig gestanden) bis ans ende oder genugsam gestanden. — 3) flioð (f. fleygð flücke, ausflugsfähige) bezeichnet ein mädchen das, wie ein junger vogel, aus dem nest fliegen, oder in die ehe auswärts gegeben werden kann.

C. Uebersetzung und Sacherklärung.

I. Niflungenhort-Cyclus.

Vorbemerkungen.

1. Der Niflungenhort ist ein mythus der eigentlich zur Göttersage gehört. Da aber mehrere Heldensagen sich an diesen mythus angelehnt haben, und er viele derselben, wie ein rother faden, durchzieht, so muss der Niflungen-cyclus, als der erste, hier angesetzt werden.

2. Niflung bedeutet Abkomme des Nifl (das neblige) und bezeichnet den Meergott, weil das meer aus dem Urnebel (Nifl) entstanden ist. Der sohn des Nifl ist Miskorblindi (Nebelblinde), der sich in drei meergottheiten spezialisirte, in Œgir (Wôgig) sohn des Miskorblindi, in Oinn (Wogend) sohn des Œgir, und in Andvari (Gegensprudel) sohn des Oinn. Ausser diesen vier kennt die Mythologie keinen anderen Niflungen (abkommen des Nifl). Unmöglich ist es nicht dass der mythus der Meergötter auch in der göttersage der maritimen Germanen bestanden habe; die biennenländischen Deutschen aber kennen nicht einmal den namen Nebeling; denn der norddeutsche name Nebelung (für süddeutsches Nebeling) entspricht nicht dem nordischen Niflungr, sondern dem nordischen Hniflungr, (junger knabe, altd. knäppelin, von hnabo knabe). Die deutschen Cleriker des 11. Jahrhundert hatten durch die nordischen

sagen etwas von den iotnischen Niflungen gehört; sie stellten sich die Niflungen als riesige reisige vor, welche Siegfried als kämpfer und knappen gebrauchte; sie gingen so weit den Siegfrid selbst und dann auch die Giukungen als Niflungen zu bezeichnen, so dass aus diesem wirwarr der titel Nibelungenlied und Nibelungen nôt entstand, welcher ungeschickt gewählt ist, da die Giukunger, deren not und tod das gedicht erzählt, irrthümlich Nibelungen genannt worden sind, und der tod der eigentlichen Nibelungen oder der riesigen reisigen der Giukunger denn doch nicht in der sage als eine tragik dargestellt werden sollte.

3. Der mythus vom Niflungenschatz ist dadurch entstanden dass ursprünglich der Gott der goldenen sonne als das symbol aller production und alles reichthums galt. Da die goldene Sonne täglich ins meer zur nächtlichen ruhe hinabstieg, so wurde der Ocean als der sitz alles reichthums betrachtet; das gold als symbol alles reichthums hiess daher, bei den Nordländern, selbst noch in der skaldensprache, feuer (der glanz) des Œgir. Das meer wurde zum ursitz jedes wünschenswerthen besitzes, wie es erhellt 1. aus dem indischen mythus des Amritam, und der wiedergeschaffenen welt, welche aus dem meer, wie aus einem soma-mörser oder aus dem butterfass, herausgebuttert wurde; 2. aus dem griechischen mythus der weisheit, die wie ein schatz in dem abgrund (buthos brunn) des meers sitzt; 3. aus dem slavischen mythus des Kvasir (sprudel) der, ursprünglich meergott, auch gott der weisheit war; 4. aus den nordischen mythen über Odreyrir und Saga, die ursprünglich in der schatzkammer des meeres versteckt waren. Niflungenschatz war ursprünglich gleichbedeutend mit Œgis-feuer (gold, göttlicher reichthum) und dieses bezeichnet das meer als die lagerstätte des reichthums. Später erst wurde das meergold auch zum flussgold, zum theil weil gewisse flüsse als goldführend gedacht wurden (vgl. Rheingold). Im patriarchischen Zeitalter, wo die Götter-mythen

sich bildeten, und wo man noch keine grossen reichthümer besass, war der Sonnengott allein noch Gott des reichthums, und das gold als symbol des besitzes betrachtet. Im Heldenzeitalter gehörte reichthum schon zum heldenthum (s. s. 15), und man erdachte einen speziellen Gott des sehr erwünschten reichthums. So bildete sich bei den Indern der Gott Kuveras (Wie glänzend!) der in glänzendem palast glücklich wohnte, bei den Griechen und Römern, die spezialgötter Plutos (Reichthum) und Dis (Reich), bei den Slavo.-Goten der gott Vrindus (Niordur). Als aber, in und nach dem Heldenzeitalter, die gefahren des reichthums sich im übermuth, in der gewaltthätigkeit der mächtigen und reichen, fühlbar machten, so mischte der mythus auch unglück unter das glück der reichthums-götter. Kuvera war nun zwar reich, aber dabei blind, lahm und hässlich; Pluto und Dis vermischten sich mit den unterweltsgöttern Pluto und Dis; unter dem einfluss jüdisch-christlicher ansicht wurde der reichthum (chald. matmon hort) zum höllischen gott Mammon; Niordur ward zum gott des geizes in seiner Fegiarnsburg (burg des Besitz-gierigen). Auch der Niflungenhort wurde ein unheilvoller besitz, weil der Meergott Andvari, aus habsucht, den Gustr betrog, und dieser ihn, und den ihm abgeschwindelten schatz, verfluchte. Der Niflungenhort wurde nun gleichbedeutend mit Andvaris genussbesitz (Andvara nautr). Da aber später der besitz (fê), welcher früher hauptsächlich im viehreichthum bestand, allgemeiner durch das gold als werthschaft oder genuss (mitteld. der nutz, norr. nautr) symbolisirt wurde, und man die werthschaft in silberspiralen oder goldringen (baugar) bezahlte, so bekam, der ausdruck Andvaris besitzthum bestimmter den sinn von Andvaris ring, und wurde als solcher zum symbol des mit fluch beladenen reichthums.

4. In folge des fluchs des iotnen Gustr wurde der meergott Andvari in einen gefrässigen hechten (ursprünglich haifisch) verzaubert, und sein dem Gustr gestohlner schatz brachte ihm verderben. Ein nordischer mythus er-

zählt wie Loki, auf einer fahrt mit Odin und Hœnir ins Iotnenland, als jagdbeute für's abendessen, einen fischotter tödete, welcher der verzauberte sohn des Iotnen Hreidmar und der bruder des Fafnir und Regin war. Die götter müssten diesen mord dem Hreidmar und seinen söhnen sühnen. Loki, der mörder, wusste nun dass der hecht Andvari einen grossen schatz, den Niflungenhort, besitze; um denselben, zur busszahlung, zu gewinnen, fing er, mit dem netz der Rân (meergöttin), den reichen hechten, und begehrte von dem gefangenen, als lösegeld, die auslieferung des Niflungenhorts. Das folgende gedicht Andvaris ringlied stellt nun die unterhandlungen dar, zwischen Loki dem Feuer-iotnen, und Andvari dem gefangenen Meergott.

---

1. Andvari's Ring-lied. (Andvaranauts lioð).

Loki sprach:

1. „Was für ein fisch ist das, der schweift in der fluth,
„und der straf zu entgehen nicht vermag?
„auslöse dein haupt von der Hel!
„schaff du mir Hlina's glanzschmuck!"

1. Loki, obgleich er den meergott Andvari, und dessen betrug wohl kannte, frägt den gefangenen, spöttisch, was für ein fisch er sei, der, sich seiner schuld bewusst, doch nicht verstanden habe, sich der strafe seiner schuld zu entziehen. Als lösegeld für sein leben (das er doch dem Andvari nicht zu schenken gedenkt) fordert Loki vom gefangenen seinen schatz oder sein gold (glanzschmuck der Hlin (s. s. 35). Dieser skaldische ausdruck beweist dass dieses gedicht (oder fragment eines längeren liedes) in dieser fassung, nicht älter als das achte jahrhundert sein kann.

Andvari sprach:

2. „Gegenfluth ich heiss, Oceanisch heisset mein vater;

„manchen wassersturz hab ich befahren;
„eine heillose Norn, vor alters bewirkte uns
„dass ich waten sollte im see.“

2. Der Meergott Andvari (gegenwirbel, gegenstrudel) nennt seinen vater den meergott Oinn (Wogend, Oceanisch). — Die heillose Norn ist das böse schicksal welches den Andvari, in folge des von Gustr ausgesprochenen fluches, traf, und wodurch er verdammt war als gefrässiger hecht (haifisch) im Andvari-wassersturz (Andvarafors) zu watschlen.

Loki sprach:

3. „Sage das, Gegenfluth! (wenn du behalten willst
„in der leut' wohnort dein leben)
„welchen lohn die mannen-söhne bekommen,
„wenn sie die zusagen verdrehen.

3. Der boshafte Loki brachte den Andvari dahin, dass er sich selbst sein todesurtheil fällte; er frägt ihn welche strafe die lügner und betrüger in der hölle erleiden müssen. — Die erwähnung der höllenstrafen in Niflhel zeigt die späte entstehung der mythensage und somit dieses gedichtes an.

Andvari sprach:

4. „Harten lohn bekommen diese mannen-söhne,
„da im Wat-brauser sie waten;
„der unwahren worte, die einer dem andern lügt,
„gehen die äste gar weit hin.“

4. Der unbedachtsame Andvari sagt frei heraus, dass lügner und betrüger zur Hel fahren, und dort zur strafe in brausenden wogen waten; denn, sagt er, so wie ein mächtiger baum weit seine äste ausstreckt, so hat auch die lüge sich weiterstreckende traurige folgen für den lügner. Loki rechtfertigt somit, durch den ausspruch des Andvari, die gewaltthat (raub als strafe) die er an ihm begeht, und das verderben das er ihm zugedacht hat.

---

2. Andvari's fluchspruch. (Andvara mein-orð.)

Vorbemerkung.

Als Andvari sich seines fluchbeladenen Niflungenhortes beraubt sieht, rächt er sich dadurch, dass auch er einen fluch auf dessen besitz ladet. Es ruht also auf dem Niflungenschatz ein doppelter fluch, der von Gustr (Bläser) und der von Andvari ausgesprochene. Hinsichtlich der kürze des folgenden gedichts entsteht die frage ob solche ganz kurze gedichte vollständig uns erhalten sind, oder ob wir in ihnen blosse fragmente von längern gedichten zu sehen haben. Es liegt in der natur der lyrischen gelegenheitsdichtungen dass sie, im ausdruck von gefühlen, sich kurz fassen, zumal da sie, als gelegenheitsgedichte, die umstände, die sie veranlassten, als den zuhörern bekannt voraussetzen dürfen. Deswegen sind die lyrischen gelegenheitsgedichte der Chinesen, und namentlich die vielen derartige gedichte der alten Araber (vgl. Hamâsa), manchmal, wie das folgende gedicht, nur einzelne strophen. Aber bei erzählungen der Götter- und Heldensagen wie hier, welche ihrer natur nach keine lyrischen gelegenheitsgedichte sind, ist die angabe gewisser details und umstände unerlässlich. Wenn also bei solchen gedichten wir nur eine oder zwei strophen finden, so liegt mit recht der gedanke nahe, dass wir in ihnen blos fragmente haben. Immerhin ist es schwer und manchmal unmöglich bestimmt zu entscheiden, ob sie als vollständig erhaltene, oder ob sie als fragmente anzusehen sind.

Andvari sprach:

„Das gold hier, das Bläser besass
„soll bewirken, den tod zweier brüder
„und verwandten-fehde acht Edelingen!
„niemand wird meinen reichthum geniessen.“

1. Diese einzige, von einem längern gedicht übrige, strophe sagt aus, dass der früher von Gustr besessene und nun auch dem Andvari geraubte Niflungenschatz verflucht sein soll, und dass er zuerst zweien brüdern, nähmlich dem Fafnir und Regin den tod bewirken, und später familienzwist und verderben acht Edelingen bringen wird. Diese acht Edelinge die durch gewalt oder erbschaft in den besitz eines theils des Nibelungenschatzes kommen und dadurch unglücklich werden, sind Sigurdur, Gudrun seine Frau, Gunnar und Högni seine schwäger, Brunhild seine schwägerin, Sævar und Solar die söhne Högnis, und Atli, der durch seine frau Gudrun einen theil des schatzes als mitgift erhielt. Diese ausführliche angabe beweisst dass, zur zeit als diese strophe gedichtet wurde (wahrscheinlich im 7. jahrhundert), die Heldensage schon so ausgebildet war, dass man den fluch des Niflungen horts als ursache betrachtete nicht allein des todes des mythischen Fafnir und Regin, sondern auch des familienzwistes und des untergangs der Giukungen und des Atli.

---

3. Hreidmar's spottrede. (Hreiðmars mâl.)

Vorbemerkung.

Mit dem dem Meergott Andvari abgenommenen Niflungenschatz, hier Andvaris ring genannt, musste Loki dem Meeriotnen Hreidmar für dessen ermordeten sohn Otur die sühnbusse zahlen. In jenen zeiten musste man für menschenbusse (vergelt) das körpergewicht des gemordeten mit werthschaften aufwägen; für thierbusse musste man den aufgerichteten balg des thieres völlig mit werthschaften vollstopfen (hlada), oder ausfüllen (hlada upp). Bei ackerbauern, deren werthschaft in getraide bestand, musste man, zur busse, das am schwanz aufgehängte thier, von der schnauze an bis hinauf zur schwanzspitze, mit aufeinander gelegten ährenbündeln oder schauben ganz verdecken (hylia), oder, da man den feldertrag nicht wie früher in ährenbündeln sondern gedroschen aufbewahrte, mit aufgeschüttetem rothgoldenem spelz, in einem getraidekegel von der schnauze bis zur schwanzspitze, ganz verhüllen (vgl. Grimm Rechtsalterth. s. 667—677). Da die Iotnen eher nach geld (gold, ringe) als nach getraide verlangten, so begehrte Hreidmar von den Ansen, dass sie den leichnahm des Otter mit gold sollten aufwägen, das heisst dessen aufgestellten balg, von der schnauze bis zum schwanze mit gold ganz ausfüllen. Loki that dies so, dass zuletzt ein übrig gebliebener ring vom Niflungenschatz, den Odin zurückbehalten wollte, noch oben auf die schnauze gelegt werden musste, um den balg ganz auszufüllen. — Aus verwechselung der verschiedenen bussformen, glaubte der verfasser der prosaeinleitung ins gedicht, dass die Ansen aufgefordert worden seien den balg des Otur mit gold auszufüllen, und, überdiess, den gefüllten balg äusserlich ganz zu überdecken. Er bedenkt nicht, 1. dass solche anforderung übermässig, und gegen den damaligen gebrauch gewesen wäre, 2. dass man den balg äusserlich nur dann hätte verhüllen können, wenn man ihn in ein getraidemaas eingesetzt hätte, 3. dass die damalige werthschaft an geld, nämlich die goldspirale oder ringe, nicht wie getraidekörner in einem kegel konnten aufgeschüttet, oder wie ährenbosen konnten aufgeschichtet werden, 4. dass der ausdruck ring nicht einen eigentlichen ring (womit man ja das grannenhaar nicht hätte verbergen können) sondern eine goldwerthschaft bezeichnet, welche man in den balg bis zum obersten schnauzenhaar hineinstopfen musste. Nichts desto weniger ist diese irrige vorstellung, die wahrscheinlich von Sämund und von Snorri ausging, auch vom Verfasser der romanhaften Volsungasaga wiederholt worden. — Das folgende gedicht das wie das vorige ein fragment eines längeren gedichtes von demselben verfasser zu sein scheint, beginnt im augenblick wo Loki die busse vollständig abbezahlt hat.

Loki sprach:

1. „Nun hast du das gold, hast auch busse
„starke, für meinen kopf;
„dadurch wird deinem sohn kein glück geschaffen;
„es wird euch beiden der tod.“

1. Loki weiss dass die, mit dem verfluchten Niflungenhort bezahlte, sühne, dem Hreidmar und seinem erben Fafnir verderben bringen wird. Er verkündigt es daher, nicht aus wohlwollender warnung, sondern aus unwille und schadenfreude.

Hreidmar sprach:

2. „Gaben du gabst, nicht liebesgaben gabst du,
„gabst nicht aus gütigem sinn;
„eures lebens müsstet ihr verlustig werden
„wenn gefahr ich mir darin erblickte.“

2. Hreidmar sieht in der profezeiung des Loki blos den unwillen darüber dass er musste so gewaltige sühne bezahlen; deswegen spottete er des Loki, indem er sagt, dass wenn er, Hreidmar, irgend ein unglück befürchten würde, er es die Ansen dafür mit ihrem leben würde büssen lassen.

Loki sprach:

3. „Aber schlimmer ist (das glaub' ich zu wissen)
„der verwandten streit wegen der schwester;
„noch sind, denk' ich, ungeboren jene fürsten,
„denen dies gold zum hader bestimmt ist.“

3. Loki empfindet schadenfreude darüber, dass der von Hreidmar gewonnene Niflungenhort auch später in den besitz des Sigurdur und der Giukungen kommen, und diesen, wegen der rache iher schwester Gudrun, verderben bringen wird.

Hreidmar sprach:

4. „Das rothe gold denk ich werd ich besitzen
„so lang als ich lebe;
„deine drohworte nicht einen dreck ich fürchte!
„und nun packt euch von hinnen!

---

4. Hreidmars racheruf. (Hreiðmars hefndar hvöt.)

Vorbemerkung.

Die profezeiung Lokis geht an Hreidmar in erfüllung. Seine söhne Fafnir und Regin, um sich in den besitz des Niflungenhortes zu setzen, verschwören sich gegen ihn, und der ältere Fafnir ersticht seinen vater. Hreidmar hat keine anderen söhne mehr, um seinen tod an seinem mörder zu rächen; er ruft daher seine töchter zur rache auf, weil bei mangel der söhne, auch die töchter verpflichtet sind, die familien-rache zu übernehmen. Die ältere tochter Lyngheide antwortete ihm aber, nach dem grundsatz der moral jener zeit, dass eine schwester den vater nicht an ihrem bruder rächen kann, weil, nach dem tode des vaters, der bruder die stütze der schwester, und, wie es der name bruder (sansc. bhratar träger, unterstützer) aussagt, der natürliche vertheidiger und versorger der schwester wird.

Hreidmar sprach:

„Lyngheide u. Lofnheide! wisset dass mein leben dahinfährt;
„vieles ist was eure pflicht erheischt."

Lyngheide sprach:

„Eine schwester wird selten, obgleich sie den vater vermisst,
„an ihres bruders unthat sich rächen."

---

5. Hreidmar ertheilt rath zur rache.
(Hreiðmar ræðr hefndi.)

Vorbemerkung.

Bei allen völkern, die sich noch in den sitten des patriarchischen zeitalters fortbewegen, ist die familien-rache eine unumgängliche pflicht. Daher sorgt der Iotne Hreidmar, ehe er stirbt, durch rath dafür, dass sein tod gerächt werde. Da seine älteste tochter sich weigert den tod des vaters an ihrem bruder Fafnir zu rächen, so fordert er sie auf sich zu verheirathen mit einem könige, und wenn sie keinen sohn als rächer des grossvater erhalten könne, doch eine wolfgesinnte, muthige, und blutgierige tochter zu gebären. Wenn diese enkelin die rache nicht vollbringen kann, so möge deren sohn doch endlich den urgrossvater noch rächen, an den nachkommen des mörders. — Die erwähnung des seekönigs, den Lyngheide heirathen soll, beweist, dass das gedicht, aus dem diese strophe noch übriggeblieben, erst im zeitalter der Vikinger und Seekönige verfasst worden, als auch schon die Iotnen, als Epigonen der alten patriarchischen Iotnen, bereits schon, als mit menschen ehebündnisse eingehend, gedacht wurden.

Hreidmar sprach:

„Gebär' du wenigstens, tochter! eine wolfgesinnte jungfrau,
„wenn, von einem seekönig, du keinen sohn erhältst:
„schaff der jungfrau einen mann mit der rachepflicht kraft;
„dann wird der sohn dieser deinen verlust rächen."

6. Lyngheide rätht zum vergleich.
(Lyngheiðr ræðr iafnaði.)

Vorbemerkung.

Der grund warum Lynheide ihrem jüngern bruder Regin (der, mit dem ältern Fafnir, das durch den mord des vaters gewonnene erbe, zu theilen begehrt) zum vergleich räth, ist nicht die pflicht der versöhnlichkeit und bruderliebe, sondern ein klugheitsrath, da Lyngheide den Fafnir für mächtiger und für ihren schutz geeigneter hält, als den jüngern Regin. Das gedicht deutet schon auf den plan, mit dem Regin umgeht seinen bruder Fafnir zu tödten. Das schicksal hat aber den Sigurdur ausersehen, um beide brüder Fafnir und Regin, wegen des fluchbeladenen Niflungenhorts, zu verderben, wie es unten im Sigurdur-cyclus erzählt werden wird.

Lyngheide sprach:
„Deinen bruder sollst du freundlich ansprechen,
„und bessern sinnes, um's erbe:
„nicht passend ist's dass mit dem schwerdt du magst
„den Fafni ansprechen um's gold."

II. Helgi's Hiorvard'ssohns-Cyclus.

Vorbemerkung.

Der name Helgi, abgekürzt für Sigurhelgi (dem siege geheiligt), ist ursprünglich ein hochehrender übernamen, der in der sage dreien helden gegeben worden ist. Dieser übernamen hat den eigentlichen namen der helden verdrängt, und bewirkt dass, so wie die helden denselben namen zu tragen gewürdigt worden sind, sie auch, in ihren heldenthaten, verähnlicht wurden, so dass man sie als wiedergeborne desselben helden ansah. Der name Helgi gehört eigentlich nur dem immersiegenden Odin; bei menschen, die ihn trugen, hatte er etwas überhebendes und übermüthiges, deshalb die eifersucht Odins erregendes. Dies ist der grund warum, in den Helgiliedern, die helden, nicht, wie in den meisten andern gedichten, besiegt und sterbend dargestellt werden, in folge des fluches des Niflungenhorts, sondern in folge der eifersucht und begehrlichkeit Odins, der, einstheils, den übermuth der helden durch ihren tod demüthigen will, andererseits, wünscht diese jungen, ihm ähnlichen helden, bei sich in Valhalle, unter seinen Einzigen-hermannen, zu haben.

2. Der erste Helgi ist der sohn des königs Hiorvard. Dieser könig war kein kriegsheld; dafür aber ein grosser liebhaber schöner ausgezeichneter frauen. Die sage will ausdrücken dass Helgi seinen heldensinn, weniger seinem vater, als seiner mutter verdankt; deswegen beschäftigt sich diese sage, mehr als andere heldensagen, mit seiner mutter Sigurlind (Siegesschwerdt), der valkyrischen schönen tochter des friedlichen königs Svafnir, in Svavaland. Das erste gedicht erzählt wie Sigurlind, die gemahlin Hiorvards und die mutter Helgis geworden ist. König Hiorvard hatte bereits schon drei schöne frauen, die Alfhild, von der er den sohn Hedin, die Særeidur, von der er den Humlungr, und die Sinriod, von der er den sohn Hymling hatte. Als er erfuhr, dass Sigurlind noch schöner und ausgezeichneter als seine frauen sei, schickte er den Atli, den sohn seines iarls Idmund, um für ihn diese jungfrau zur ehe zu begehren; Atli kam aber mit abschlägiger antwort zurück, wahrscheinlich weil, einerseits, könig Svafnir fürchtete, dass seine tochter Sigurlind bei Hiorvard, der schon drei weiber hatte, eine untergeordnete frauenstelle einnehmen würde, andererseits, weil der iarl des Svafnir mit namen Franmarr

der pflegevater der Sigurlind war, und, um das vermögen seines königs nicht durch mitgift zu schmälern, aus seiner pflegetochter eine ehelose Valkyrie zu machen hoffte. Auf diese erste erfolglose fahrt des Atli bezieht sich die noch übrige strophe einer rhapsodie, welche ich Atlis botschaftsbericht betitelt habe.

---

1. Atli's botschaftsbericht. (Atla örendi).

Atli sprach:

„Arbeit wir hatten doch kein ergebniss;
„es ermüdete unsre rappen im Gewaltsgebirg;
„hierauf mussten wir durch see-moore waten;
„da ward uns verweigert des Svafnis tochter
„die ringgeschmückte, die wir haben wollten."

1. Wenn, wie es wahrscheinlich, Hiorvard könig in einem theile Norvegens war, und Svavaland wo Svafnir könig war damals in Schweden lag, so ist unter dem Gewaltsgebirg, durch das der botschafter Atli reiten musste, das Sævogebirg zu verstehen.

---

2. Franmars unterhandlungen. (Franmars heiti.)

Vorbemerkung.

Nach der erfolglosen botschafter-fahrt des Alti, änderte Franmar, der ehrgeizig und habsüchtig war, seine absicht mit seiner pflegetochter Sigurlind; er hoffte, durch die ehe dieser mit Hiorvard, von diesem könig grosse ehre und vermögen zu erlangen. Deswegen verwandelte er sich, da er ein zauberer war, in einen adler, flog ins land des Hiorvard in einen wald, wo Atli jagend sich mit andern heermannen über die schönen frauen ihres königs unterhielt. Von einem baum herunter redete der adler den Atli an, und schloss mit diesem, der die vogelsprache verstand, einen kauf ab; diese verhandlung ist der gegenstand der folgenden zweiten rhapsodie.

Franmar, als adler, sprach:

1. „Du gesehn hast Sigurlinde, die tochter des Svafni,
„in Lustheim; sie die schönste der jungfrauen ist;
„wenn gleich auch Hiorvards frauen für schön
„von den mannen gehalten worden, in Glanzheim.“

1. Atli hatte bei seiner brautwerbungs-fahrt die Sigurlind in ihrem frauengehöft, Lustheim genannt, gesehen. Der adler der den Atli mit den heermannen, die schönheit der frauen ihres königs in ihrem frauenzwinger Glanzheim genannt, hatte rühmen hören, stellte sich als ob er den Atli, auf die grössere schönheit der Sigurlind, aufmerksam zu machen hätte.

Atli sprach:

2. „Gedenkst du mit Atli, dem Idmunds sohn,
„weisgesinnter vogel! weiteres zu besprechen?“

Der Adler sprach:

„Ich gedenk's, wenn, Gebieter-sohn! mir opfern du willst,
„und ich, was ich will, aus des königs hof wählen darf.“

Atli sprach:

„Wähl' dir aus, nur nicht Hiorvard, noch dessen söhne,
„noch jene schönen frauen des Volksherren,
„auch nicht frauen die der Gebieter-sohn hat;
„schliessen wir billig ab, was freunde-brauch ist.“

Der Adler sprach:

„Einen tempel ich mir wähl', manche opferstätte,
„goldhornige kühe, aus des Gestrengen gehöft,
„so bald Sigurlind ihm im arm wird liegen,
„und, ungezwungen, sie dem Eber nachfolgt.

2. Atli, der die vogelsprache des Adlers verstund, und ihn von Sigurlind sprechen hörte, liess sich mit dem

Adler, der ihm ein höheres wesen zu sein schien, ins gespräch ein, in der hoffnung, seinem könig, durch neue unterhandlung, die Sigurlind doch noch zur frau verschaffen zu können. Um das aussehen eines höheren wesens zu bewahren, verspricht der Adler die heirath Hiorvards mit Sigurlind zu bewirken, wenn man ihm, gleich dem gotte Freyr, tempel, opferstätte, und goldhornige kühe weihe. Atli sagt dieses, unter gewissen bedingungen, zu, und Hiorvard erhält vom Adler demnach die zusage zur ehe mit Sigurlind. Hier bricht das gedicht ab. Die art, wie könig Hiorvard in den besitz der Sigurlind kam, wird aber, in der prosasage, folgendermassen erzählt: Hiorvard zog, um die braut abzuholen, mit seinem gefolge ins Svavenland. Daselbst sahen sie, vom gebirg herab, unten landbrand und staubwolken. Ein könig nämlich, Hrôdmar genannt, hatte wie Hiorvard um die Sigurlind geworben, und war abgewiesen worden; er überzog das land mit kriegsrossen und feuer, und erschlug den könig Svafnir. Hiorvard stieg herunter in die ebene. Jenseits eines flusses sah Atli eine wohnung worauf ein eingeschlafener Adler als wächter sass, welchen er mit dem wurfspiess todt schoss. Dieser Adler war Franmar, der, in der wohnung seine pflegetochter Sigurlind und seine eigene tochter Alof, vor dem feindesheer durch zauber geschützt hatte. Die frauenzimmer sahen in Hiorvard und Atli ihre retter, und folgten ihnen in ihr land; Sigurlind heirathete den Hiorvard, und Alof den Atli. Hiorvard und Sigurlind erhielten einen sohn, dessen eigentlichen namen die sage nicht mehr kennt, und den sie nur mit dem allein ihr wichtigen heroischen beinamen Helgi (Sieg-geweiht) vorführt.

3. Helgi wird durch die Valkyrie Svava zu heldenthaten angereitzt. (Svavu hvöt.)

Vorbemerkung.

Helgi war, wie sein vater, anfangs friedlich, aber, wie seine mutter, entschlossen und muthig. Der sage nach war er schweigsam, wie der schweigsame Vidar der sohn des Odin und der riesin Gridur (s. Fascinat de Gulfi p. 279), wodurch ausgesagt wird, dass er schweigend auf grosse thaten sann (lat. magna volvens). Da er aber lange schwieg ohne zu handeln, so schwieg auch sein lob über ihn. Er wurde zu thaten angespornt erst als die Valkyrie Svava ihn mit dem bedeutungsvollen beinamen Helgi anredete, und er, von nun an, diesem namen ehre zu machen suchte. Jeder, vom vater anerkannte, sohn erhielt bald nach seiner geburt einen namen; auch Helgi erhielt einen solchen; da aber dieser personen-namen durch den beinamen Helgi verdunkelt wurde, und deswegen die sage ihn aufgab, so glaubten Sæmund und Snorri, irriger weise, dass das kind Helgi nach der geburt keinen namen erhalten, und dass erst Svava dem jüngling einen namen, Helgi, gegeben habe. Die sage zeigt aber blos an, dass der jüngling, durch die anrede der Svava mit dem beinamen Sieggeweiht, nun zu heldenthaten angespornt worden ist.

Svava sprach:

1. „Spät wirst du, Helgi!, schätze besitzen
„und sonnengebiete, du blühender kampfesstamm!,
„wenn du, obgleich der âr früh hat gekrächzt, immer dich [zurückhältst,
„wiewohl du, Schützer! starken muth beweissest.

1. Das heldenthum der könige, nach den begriffen des heldenzeitalters, bestand darin durch muth und sieg sich bewegliches gut (gold, schätze) und unbewegliches, das

heisst von der sonne beschienene ländereien (sonnengebiete), zu erobern. — Das krächzen der adler bedeutet gewitter, sturm, und krieges kampf. Bei der geburt des Helgi krächzte früh am morgen ein adler, und verkündete somit dass das kind früh würde den kampfsturm begehen.

Helgi sprach:

2. „Was lässt du erfolgen auf den namen Helgi,
„den, glanzstirnige jungfrau!, du zu geben dich anlässt?
„sei' auf gutes bedacht nach all' deinen ansprachen!;
„ich nehm sie nur an, wenn ich genehmes erhalte."

2. Das namen-geben ist eine weihe; bei jeder weihe erfolgte als bestätigung ein geschenk für die götter und für den ihnen geweihten menschen. Helgi hat mit dem gegebenen namen ein recht auf geschenke als angebinde. Da er weiss dass der name Sieggeweiht ihm, vom schicksal, sieg zusichert, so erwartet er auch ein vom schicksal zum steten sieg bestimmtes schwerdt.

Svava sprach:

3. „Im Sieghehrsholm weiss ich dass schwerdter liegen
„um weniges weniger als fünfmal zehn;
„von allen diesen ist eines das beste,
„der kampfschilde schaden, und beschlagen mit gold."

3. Die vielwissende Valkyrie Svava weiss dass, im grabhügel des helden Sighar, auf der Sigharinsel, sieben mal sieben schwerdter vergraben oder versteckt liegen, welche alle dem sieg geweiht sind; sie drückt die heilige zahl sieben mal sieben aus durch fünfzig weniger eins; sie verspricht und bezeichnet dem Helgi das beste unter diesen 49 schwerdtern.

4. „Drohen liegt am heft, schärfe an der kling,
„schrecken an der spitz, dem zu nutz der's erlangt:
„ein blutfarbner wurm längs den schneiden liegt;
„zum rundknauf streckt die natter den schweif."

4. Svava beschreibt dem Helgi das ihm versprochene

siegesschwerdt; am heft ist ein runenzeichen, das dem feinde gefahrdrohung bewirkt, an der kling, eine rune, die schärfe verursacht, an der spitze eine rune die schrecken bewirkt; die gestalt einer blutrothen schlange ist längs den beiden schneiden eingegraben, so dass der schweif der natter bis hinauf zum rundknauf sich streckt.

---

4. Helgi's kampfwunsch. (Helgi vîga fuss.)

Helgi sprach:

1. „Hiorvard! du bist kein sorgsamer könig;
„obgleich als truppführer berühmt du bist;
„verheerung lässt du fressen die gehöfte der mannen,
„die nie doch gegen dich unrecht gethan.“

2. „So wird Hrôdmar die reichthümer nehmen,
„die unsere vorfahren besessen haben;
„dieser Volksherr ist nicht für sein leben behutsam;
„er gedenkt, wenn wir todt, unser aller erb zu verwalten.“

1. und 2. Nachdem Helgi, durch seinen siegvorbedeutenden namen, und durch das empfangene siegesschwerdt, zu heldenthaten angespornt worden ist, begehrt er von seinem vater, dass dieser ihn ausrüste zum kampf mit dem könig Hrodmar, der die gehöfte seiner mannen verheert hat, und sich anschickt das reich ganz zu erobern. Hrodmar ist derselbe kriegerische, von Odin beschützte könig, welcher um die Sigurlind zur ehe angehalten hatte aber abgewiesen worden war: er verheerte deswegen das land des Svafnir und tödete diesen könig von Svavaland; er schädigte auch das land des königs Hiorvard, der glücklicher als er die Sigurlind, die mutter Helgis, zur frau genommen hatte. Helgi hatte also an Hrôdmar den tod seines grossvaters Svafnir und die feindlichen verwüstungen im vaterland zu rächen; er zog gegen

ihn, und, begünstigt durch die Valkyrie Svava, tödete er diesen könig. Durch den tod des Hrôdmar schwor er sich die rache von dessen söhnen herauf, und zog sich die ungunst Odins zu, der den kriegerischen Hrôdmar liebte. Helgi unternahm nun einen Vikingszug gegen die söhne des Hrodmar. Auf dem weg zu ihnen regte Odin einen seesturm gegen ihn auf, dem Helgi aber, mit hilfe der Svava, entging. Odin hetzte auch gegen Helgi den Hati auf, als der junge held im Hatafiörd vor anker lag. Der kampf Helgi's mit Hati und dessen tochter Hrîmgerdur ist der gegenstand des folgenden gedichts.

---

5. Helgi's kampf im Hatafiorð. (Helgi î Hata fiorði.)

Vorbemerkung.

Nach dem Helgi dem von Odin erregten seesturm entgangen war, und auch den von Odin aufgehetzten Iotnen Hati getödet hatte, legte er vor anker im Hatafiord. Er hatte auf der fahrt bei sich den ältern Atli, denselben der früher als botschafter um Sigurlind geworben hatte. Hrimgerdur die tochter des iotnen Hati, um ihren vater zu rächen, nahm sich vor den Helgi mit seiner schiffsmannschaft zu verderben. Dieser unheilsplan der Hrimgerdur ist der gegenstand des folgenden gedichts.

Hrim-Gerdur sprach:

1. „Wer sind die männer in Hati's-langbucht?;
„mit schilden sind die schiffe gezeltet;
„ihr kühn euch anlässt; fürchtet, denk' ich, euch wenig;
„lasst mich kennen den namen des königs."

1. Nach art der Vikinger (Buchtler) stieg Helgi am abend aufs ufer, um daselbst die nacht unter zelt zuzubringen; er überliess die hut des schiffs seinem ältern

schiffswart Atli. Gegen diesen und besonders gegen Helgi fasste Hrimgerdur (welche die gefährlichen riffe und strudel am eingang der Hatibucht symbolisirt) den plan sie, durch liebesverlockungen, in ihre gewalt zu bringen, um sie dann zu verderben. Um mit Atli anzubinden, frägt sie ihn (was sie recht gut schon wusste) wer der anführer des schiffes, und wer der schiffswart sei.

Atli sprach:

2. „Helgi er heisst, und du nimmer vermagst
„dem Grimmen schaden zu wirken:
„eisenburgen stehen um des Edelings flotte;
„uns könnt ihr, scheusale!, nicht anfahren."

Hrimgerdur sprach:

3. „Wie heissest du dich gewaltiger Recke du?
„wie nennen dich die Edlen?
„dir vertraut der Führer, weil er dich wohnen lässt
„im schönen steven des bootes."

Atli sprach:

4. „Aetzel ich heiss; ich werd ätzend dir sein;
„am gramsten den heksen ich bin;
„bewohnt hab' ich oft des bootes feucht-steven,
„und Nachtschwärmerinnen gemordet."

4. Atli um zu beweisen, dass er die gefährliche Hrimgerdur kenne und sich gegen sie zu schützen wisse, antwortet dass er, der sich A e t z e l nennt, sie zu ä t z e n (beissen, verwunden) versteht, so wie er die iotnischen Nachtschwärmerinnen und heksen, die ihn zur liebe verlocken wollten, getödet hat.

5. „Wie heissest du leichengierige Riesin?
„nenn mir, Hekse! deinen vater!;
„lieber solltest du neun rasten tief unten hier liegen!
„dass der Weltbaum dir wüchse, auf dem schoos."

5. Der weltbaum, die Esche Yggdrasills, hatte eine seiner wurzeln in Niflhel, die neun rasten (tagreisen) tief unter der erde liegt; Atli wünscht deswegen, dass Hrimgerdur im untersten Niflhel liegen möge.

Hrim-Gerdur sprach:

6. „Reif-Gerdur ich heiss', mein vater heisst Hasser;
„ihn als mächtigsten Iotnen ich kenne;
„er manche bräute aus der wohnung entführte,
„bis Helgi ihn todt hieb.“

Atli sprach:

7. „Du hindertest, versteckte! die schiffe des Kämpfers,
„und verlagest der langbucht mündung;
„wolltest der Rân sogar liefern des Seefahrers recken,
„wenn in die quer nicht gekommen ein riegel.“

7. Unter dem riegel (verhinderung) der die Hrimgerdur verhinderte die seeleute des Helgi der meergöttin Rân zu opfern, versteht Atli die Valkyrie Svava, welche dem Helgi beim seesturm beistand.

Hrim-Gerdur sprach:

8. „Hierin irrst du Atli!; träumend, behaupt ich, du bist,
„wie senkend wimpern auf wimpern;
„es war meine mutter die des königs schiffe verlag;
„ich ertränkte im haff Hiorvards söhne.“

8. Hrimgerdur antwortet, dass Atli, wie im schlaf verduselt, und mit geschlossenen augen (die obern augenwimpern auf die untern legend) nicht mehr bei sich sei, und sich irre, wenn er glaube die Svava hätte alle seeleute des Helgi gerettet, da sie, Hrimgerdur, ja im haff die söhne Hiorvards oder die halbbrüder des Helgi, den Humlung und Hymling, ertränkt hat.

9. „Wiehern würdest du Atli!, wenn vergelzt du nicht wärest,
„da Hrimgerdur schwenket den schweif;

„zum hufen, dünkt mir, treibt dich Atli! dein herz,
„wiewohl du führst reden, wie starke."

9. Da Atli sich gerühmt die heksen, die ihn zur liebe verlocken wollten, getödet zu haben, so antwortet Hrimgerdur, dass er ihrer (der Hrimgerdur) liebe nur darum widerstehe, weil er impotent sei; so sprechend will sie ihn bewegen ihr, ehrenhalber, das gegentheil zu beweisen; sie nennt sich eine gewillige brünstige stute, die den schweif hebt; er habe aber keinen muth (sein herz hufe zurück) sich mit ihr einzulassen.

Atli sprach:

10. „Stark werd ich dir dünken, wenn es erproben du kannst,
„und ich steige vom meer auf's land;
„wenn's nach wunsch mir geht wirst ganz du zerschlagen;
„den schweif wirst du, Hrimgerdur! senken."

10. Atli gedenkt die Hrimgerdur zu verderben, wenn er sie bis zum tageslicht, das ihr, als einem nachtwesen, den tod bringt, hinhalten könne; er verspricht daher ihr zu willen zu sein, wenn er würde die nachtwach am morgen beendigt haben: sie bezeichnet ihm ein rendezvous in Varinsbucht, wo sie ihn zu verderben gedenkt.

Hrimgerdur sprach:

11. „Geh' doch Atli! auf's land wenn der kraft du vertraust,
„und treffen wir uns in Varins langbucht!
„rippen-verrenkung, Rekke! wirst du eher bekommen,
„wenn in die krallen du mir kommst."

Atli sprach:

12. „Nicht gedenk ich zu gehen eh die mannen wach sind
„die um den Führer wach halten;
„gewärtig ich bin dass ein scheusal auftauche
„unter dem schiff hier."

Hrimgerdur sprach:

13. „Erwache du, Helgi! und büss' es der Hrimgerdur,

„dass den Hasser du erschlagen!
„sie nur eine nacht möge schlafen beim helden;
„dann hätt' sie der kränkungen busse."

13. Hrimgerdur, gegen das ufer gekehrt, erweckt nun durch rufen den Helgi, um auch diesen zu verderben; er möge, sagte sie, um sie, wegen des mordes ihres vaters Hati, zu entschädigen, mit ihr der liebe pflegen.

Helgi sprach:

14. „Weil widrig den menschen du bist, besitze dich Zottelbär
„der ries der auf Stamminsel wohnt!
„jener schnüffelnde iotne, der Felswohner schlimmster,
„der ein passender mann für dich ist."

14. Helgi antwortet, dass Iotnentöchter den menschen verhasst sind; sie möge sich einen liebhaber bei ihres gleichen suchen; der Iotne Zottelbär, der in der nahliegenden Stamminsel wohnt, sei für sie der passende eheherr.

Hrimgerdur sprach:

15. „Jene du lieber mögst, Helgi! die die langbuchten durch-
„vorige nacht, bei den mannen; [spürte,
„sie allein es bewirkte, dass nicht ich's vermocht,
„des Gebieters mannen zu morden."

15. Spottend antwortet Hrimgerdur, dass Helgi sich mit ihr nicht in liebe einlassen wolle, weil er schon durch die Valkyrie Svava verblendet und gefesselt worden sei, die ihn, vorige nacht, besucht habe.

Atli sprach:

16. „Hör du nun, Hrimgerdur, wenn ich dir büsse die schäden
„sag' mir, dem schiffswart, genau dieses:
„das wesen, das des Edlings schiff schützte, war's allein
„oder fuhren mehrere zusammt?"

16. Atli, da der morgen herannaht, gedenkt nun die Hrimgerdur in stein verwandeln zu lassen, so wie Thor

den Allweise, auf diese art, losgeworden ist (s. Allweises Sprüche). Um sie bis zum tageslicht hinzuhalten, legt er ihr gleichgültige fragen vor, die sie ihm (der ihr liebhaber sei), gefällig beantworten wolle; zuerst, ob Svava allein oder mit andern Valkyrien vorige nacht erschienen sei.

Hrimgerdur sprach:

17. „Drei mal drei jungfrauen waren's; doch eine voran ritt
„eine glanz-maid unterm helm;
„die rappen schnaubten, von ihren mähnen abfiel
„thau in tiefe thäler."

Atli sprach:

18. „Schau nun ostwärts, Hrimgerdur! ob dich geschlagen [hat
„Helgi mit Unterwelts-stäben;
„zu wasser ist gewahrt nun der flotte des Edlings,
„und den mannen des Seglers desgleichen."

18. Da das anbrechende licht die Iotnen-tochter in stein verwandelt; so sagt Atli, dass Helgi sie nun mit unterweltsstäben getroffen, das heisst ein magisches mittel angewandt habe, wodurch man jemand in die unterwelt befördern kann; Helgi und seine seemannen seien, fügt er hinzu, nun vor ihren nachstellungen geborgen.

19. „Es tagt nun, Hrimgerdur!, und verweilet hat dich
„Atli, zu deines lebens verlust;
„als spöttische buchtmark du hier dich zeigst,
„wo nun du stehest im steinbild."

19. Der mythus von der versteinerung Hrimgerdurs ist auf folgende weise entstanden. An der mündung der Hatibucht stand ein riesenweibsähnlicher fels, den man als buchtmark (hafnar mark), zur vermeidung der daselbst gefahrdrohenden klippen und strudel, ansah. Weil der fels oben mit reif bedeckt war, nannte man das riesenbild die Reifgerdur, und es bildet sich daselbst die lokalsage, dass die riesin, die tochter des Hati, um den

tod ihres vaters an Helgi zu rächen, diesen helden verderben wollte, aber von ihm in stein verwandelt worden sei. Offenbar ist hier also eine mythische lokalsage an die Helgisage angelehnt worden. Das dialogisirte gedicht hier kann nicht wohl höher als ins 7. jahrhundert hinaufreichen; es ist nicht im mythenzeitalter sondern im heldenzeitalter abgefasst worden.

---

6. Helgi's besprechung mit seinem halbbruder Hedin. (Helgi ok Hedinn.)

Vorbemerkung.

Die söhne Hrôdmars, um ihren vater zu rächen, hatten den Helgi zum kampf nach Frechenstein beschieden. Helgi lag vor anker in der nähe des anberaumten kampfplatzes, als sein halbbruder Hedin, von Norwegen aus, zu ihm kam, um sich ihm auf gnade und ungnade zu ergeben, wegen eines gegen ihn, unfreiwillig und unbewusst, begangenen unrechts. Dieser besuch des Hedin bei Helgi ist der gegenstand des gedichts.

Helgi sprach:

1. „Dein kommen, Hedin! sei begrüsst! was kannst du er- [zählen
„von neuen kämpfen, aus Norwegen?
„wie bist du, kampfstiller! aus der heimat gestossen?
„wie bist du, allein, uns zu besuchen gekommen?"

Hedin sprach:

2. „Ein viel-grösser irrsal hat mich verfolgt;
„ich hab mir erkoren jene könig-geborne,
„die verlobte dein, beim vollbecher des Ruhm-Gotts.

2. Odin war gegen die Valkyrie Svava aufgebracht weil sie dem Helgi, der mit ihr versprochen war, im kampf gegen seinen günstling Hrodmar beigestanden. Um der Svava leid anzuthun, veranlasste Odin ein iotnisches

zauberweib den Hedin so zu bethören, dass er zur julzeit beim fest des Freyr, des Gottes der Sonne (Bragr, Glanz), trunken, das trankgelübde mit dem Bragrbecher that, er wolle die Svava, um jeden preis, zur frau haben. Als Hedin zur besinnung kam und erfuhr, dass Svava die verlobte seines halbbruders Helgi sei, empfand er grosses leid über sein trankgelübde, und er kam zu Helgi um ihm sein leid zu klagen, und sein unrecht zu sühnen.

Helgi sprach:

3. „Nicht gräm du dich!, es können wahr werden,
„Hedin!, unserer beider trankgelübde;
„zum eiland hat mich der Kämpfer beschieden;
„dorthin, in drei nächten, muss ich kommen;
„dran zweifel mir ist, dass zurück ich kehre;
„da kann's, wenn's so geschehen soll, gut sich wenden."

3. Helgi wusste, dass ihn Odin, wegen seiner heldenthaten, theils beneide, theils ihn bei sich zu haben wünschte; er hatte das vorgefühl, dass er den kampf gegen die von Odin begünstigten Hrodmars-söhne nicht überleben werde. Er wusste ferner, dass Hedin, durch das von Odin aufgestiftete zauberweib verführt, unschuldigerweise, das julgelübde gethan hatte; dass der gott den weniger berühmten Hedin ihm und der Svava zum nachfolger in der Valkyrienehe bestimmt, und somit seinen tod beschlossen habe. Deswegen verzieh Helgi edelmüthig seinem halbbruder und tröstete ihn.

Hedin sprach:

4. „Du sagtest, Helgi!, dass Hedin seie
„der wohlthat noch werth und grosser gaben von dir;
„doch das schwerdt an mir zu röthen dir ziemlicher ist,
„als deinen gegnern vergebung zu schenken."

Helgi sprach:

5. „Es ritt, als es gar dunkel war, auf dem wolfe

„ein zauberweib, das ihr geleit dem Hedin anbot:
„es wusste wohl, dass sollte erschlagen werden,
„der Sigurlinde-sohn, auf Siegheer's felde.

---

7. Helgi's letzte reden. (Helga nâ-orð.)

---

1. Helgi den Sighar zu reiten aussandte,
um die einzige tochter Eylimi's zu holen.

Helgi sprach:

„Bitte sie schleunigst bereit zu sein,
„wenn sie noch den Volksherrn am leben will finden."

1. Helgi, nach Odins und des schicksals spruch, dem tode bestimmt, wurde von Alfr dem ältesten der Hrodmars-söhne tödlich bei Frechenstein verwundet. Er schickte, vom schlachtfeld aus, wo Hedin bei ihm blieb, seinen schildträger Sigar zu Svava der tochter Eylimis, um mit dieser geliebten noch vor seineem tode zu sprechen.

Sigar (bei Svava angekommen) sprach:

2. „Helgi mich hieher gesendet hat
„mit dir, Svava!, selbsten zu reden;
„dir wünschet er, sagte der Schützer, zu begegnen,
„noch eh' den athem der Hochgeborne verlieret."

Svava sprach:

3. „Was geschah dem Hiorvards-sohne, dem Helgi!?
„mir wird kümmerniss grausam bereitet!
„wer mit wunden belöckt, mit schwerdt ihn versehrt
„dem königsmann will ich unheil bewirken!

Sigar sprach:

4. „Dort fiel, diesen morgen, beim Frechen-stein,
„der Gebieter der der beste war unter der sonne;
„Alf wird gänzlich den sieg geniessen;
„obgleich Gerechtigkeit diesmal nicht waltet."

4. Der abgesandte Sigar sagt unverholen aus, dass Odin, in dem er den helden Helgi durch Alf besiegen liess, dadurch nicht die moralische gerechtigkeit habe walten lassen.

Helgi (sterbend) sprach;

5. „Gegrüsst seist du Svava!; mögst meinen plan du theilen!
„da dieser besuch auf erden der letzte sein wird;
„es thun dem Gebieter die wunden verbluten;
„das schwerdt hat mir am nächsten das herz getroffen."

6. „Darum bitt' ich dich, Svava! (nicht weine, geliebte!)
„wenn du meinen worten folgen willst,
„dass du dem Hedin das ehbett bereitest,
„und du dem jungen kämpen mit liebe dich näherst."

Svava (zu Hedin) sprach:

7. „Ich habe in Lustheim gelobet damals
„als Helgi brautringe mir ausgewählt hatte,
„ich würde nie, nach dieses Volksherrn tod,
„einen ungleich-berühmten im arm umfassen."

7. Svava entschuldigt sich bei Hedin, dem wunsch des verschiedenen Helgi nicht nachkommen zu können, damit, dass sie an das heilige gelübde erinnert, welches sie, bei ihrer verlobung mit Helgi, abgelegt hat, nach dem tod dieses grössten der helden keinen andern mann lieben zu wollen.

Hedin sprach:

8. „Küss' du mich Svava!; nicht komm ich zurück,
„Rogaheim zu sehen und die Sonnenfelsen,
„bevor ich gerächt hab' Hiorvards sohn,
„der der beste gebieter unter der sonne war.

8. Hedin lässt sich, nach damaliger sitte, von Svava den abschiedskuss geben, und gelobt nicht in seine besitzungen Rogaheim und Sonnenfelsen in Norvegen zurückzukehren, ohne seinen bruder Helgi an seinen feinden gerächt zu haben.

III. **Helgi's Sigmundssohns-Cyclus.**

Vorbemerkung.

Von den drei Helgi der heldensage ist der sohn Sigmunds der berühmteste, der womit sich die sage am ausführlichsten befasste, so dass, wenn er auch nicht älter als Helgi Hatistödter sein mag, er doch der typus zu sein scheint, dessen geschichte und thaten, in der sage der andern Helgi, mehrfach nachgeahmt, und reproduzirt worden ist. Während Helgi Hiorvards sohn, ein Norveger, der norvegischen sage angehört, ist Helgi Sigmundssohn ein Süddäne, und gehört der dänischen sage an.

---

1. Des Helgi Sigmundssohns Sagelied.
(Helga kviða Hundingsbana).

1. Für menschen frühmorgen war's als boten ansungen;
von himmelsbergen fielen heilvolle gewässer;
da hatte den Helgi den grosssinnigen
Borghilde geboren zu Brauen-hain.

1. Bei grossen helden erwähnt die sage schon ihre ausserordentliche geburt. Bei Helgi Hiorvards sohn wird sogar die verehlichung seiner mutter erzählt, aber nicht seine geburt; bei Helgi Sigmunds sohn verweilt die sage besonders ausführlich bei seiner geburt. Um anzuzeigen, dass mit diesem Helgi eine neue zeit beginnt, wird erzählt, dass er am frühen morgen geboren wurde; er ist gleichsam eine aufgehende sonne. Im Orient, besonders an den höfen indischer könige, waren nachtwächter, welche auch den glücklichen morgen (sansc. kaliam) als boten ankündigten oder ansungen. Nach der nordischen mythe hatte jede der neun welten ihren

wächter, morgenboten, und wecker. Diese wächter und boten, in gestalt von riesen-hähnen oder riesen-adler, verkündeten den wesen ihrer welt durch frühgesang (vgl. argali frühsinger, hahn) den glücklichen morgen. Hier sind adler (arar) die morgenboten (arar), weil die sage anzeigen will, dass die geburt des Helgi der welt kampf und sieg bringen wird, welche durch den schlachtadler symbolisirt ist (s. s. 180). Weil der adler den kampfsturm darstellt, so wird hier gesagt, dass Helgi während eines gewitters (symbol des kampfsturms) geboren wurde, wobei heilvoller, befruchtender regenguss (symbol des reichthums und glücks) aus den wolken fiel. Da die wolken am horizont wie aufgethürmte berge aussehen, so nannte man die wolken auch himmelsberge; weswegen der indische mythus sogar aussagt, dass die berge (wolken) anfangs beweglich oder beflügelt waren.

Helgi ward geboren in der dänischen burg Brauenhain, so genannt weil sie den feinden drohend, wie zornige augenbrauen, und mit einem wald umgeben war. Seine mutter Borghilde war eine dänin, sein vater Sigmund aber ein in Dänemark herrschender franke aus dem Volsungen geschlecht. Die Franken wohnten ursprünglich neben Slaven, an der Oder, kamen von da nach Süddänemark, und später an den Unterrhein (s. de l'origine et de la signification du nom de Franc).

2. Daheim war's nacht, als Nornen kamen,
die dem Edeling seinen lebenslauf schufen;
sie geboten, dass der Volksherr der rühmlichste werde,
und er für den besten der gebieter gelte.

2. Es war noch nacht in der burg Brauenhain, als die Nornen, welche Helgis geburt voraussahen, dahin kamen, um, mit dem frühmorgen wo Helgi geboren wurde, dem jungen Edeling sein schicksal zu bestimmen.

3. Mit kraft sie wunden der schicksale fäden,
da wo der burgweg in Brauenhain war;

sie breiteten goldene bande weit aus,
und machten, unterm mittleren Mondsitz, sie fest.

3. Das schicksal als ein loos, wird, nach dem begriff des alterthums, ausgetheilt, oder wie ein loos zugemessen. So wie der grundbesitz durch ausmessung nach längenmaassen oder faden vertheilt wird, so vertheilen die Nornen, symbolisch, wie die römischen agrimensores das schicksal nach schicksalsfäden, die wie seile gewunden oder gesponnen werden. Goldne bande, die sich mehr oder weniger verlängerten, bedeuteten symbolisch mehr oder weniger reiches und mächtiges loos. Die schicksals ausmessung geschah, wie die römische vogelkür (augurium) und vogelkürische ausschau (auspicium), unter freiem himmel, auf kreuzwegen (skyth. vegsama), oder längern burg- und heerstrassen. Deswegen begaben sich die Nornen auf den burgweg von Brauenhain, dem einzigen gebahnten weg im walde, um dem Helgi die goldfaden des schicksals kräftig auszudehnen.

4. Sie verbargen die enden gegen ost und west,
wo mitten der könig sein land besass;
des Nörvi schwester gegen die nordgegend zog
einen einzigen strick, der, sie gebot's, stets anhalte;
dies allein gab verdruss dem Wölfinger sohn,
und der jungen frau, die so viel wonne geboren.

4. Die enden der schicksalsfaden befestigten die guten Nornen auf erden im osten und westen, da wo unter der mitte des mondsaals (himmels) das land des königs Sigmund mitten inne lag. Aber eine dem Helgi feindliche Norn, die schwester des Nachtgottes Nörvi, richtete einen einzigen anhaltsfaden gegen die Nordgegend. Diesem nach wird Helgi, im osten und westen seines vaterlandes Dänemark, sieghaft seine herrschaft ausdehnen, aber einzig im Norden (Norvegen) anhalt und untergang finden. Diese letzte ungünstige schicksals-bestimmung betrübte, in ihrer freude, den vater Sigmund

den Wölfingen, und die dänische mutter Borghilde, die einen so wonniglichen Sohn geboren. Sigmund heisst hier der Wolfinge, weil er der slavischen familie der Vilçinè angehörte, welche von einem heros (Wilk, Wolf, Ulfr) abstammte, und weil Ylfing die norränische übersetzung von Vilçin ist.

5. Zum raben ein rab sprach (er auf hohem baum sass,
der atzung entwöhnt): „ich weiss etwas;
„in der brünne schon steht des Sigmunds sohn,
„nun der tag angebrochen erst einen tag und nacht alt;
„wie kriegesmannen, Er schon die augen herumwirft;
„Er ein wolfesfreund ist; froh werden wir beide."

5. Kindische eltern pflegen noch heute ihre knaben die sie zum militär oder zur geistlichkeit bestimmen, in den waffenrock und kutte einzukleiden; Helgis eltern steckten das einen tag alte kind in eine brünne, zur vorbedeutung seines künftigen heldenberufs. Ein rabe der das kind, am morgen des zweiten tags nach seiner geburt, so zum kampf gerüstet durchs fenster erblickte, freute sich, als schlachtvogel, dieser günstigen anzeige von baldigen kämpfen.

6. Schon dünkt Er dem volk ein betugter zu sein;
unter mannen man spricht: „gute zeit ist gekommen"
der Weisel ging selbst hin, um vom wegrand
dem jungen Grimmen einen edelspross zu holen.

6. Im Norden war die weissulme (almr, lat. ulmus) als holzart und als kraftwuchs beliebt; deswegen verglich man gerne kinder und junge recken (hnifluugar) mit rüsterbäumchen, und wünschte bei ihrer geburt, sie möchten einst solchen rüstern an dauerhaftigkeit gleich werden. Zur symbolisch-magischen bestätigung dieses wunsches, verpflanzte man daher, bei der geburt der knaben, ein rüsterbäumchen (laukr), aus dem wald in die wohnung der eltern. Sigmund geht, in eigner person hin

um sich aus dem waldsaum des burgwegs ein rüsterbäumchen zu holen, und es in den burghof zu verpflanzen.

7. Mit dem namen Helgi, und mit ringwerthschaft, gab er
Sonnenfels, Schneefels, und Sieghehrs-ebenen,
Ringstad, Hochzaunen, und Himmelswangen,
und zierliche blutschlang, dem bruder Sinfiötli's.

7. Sigmund gibt seinem sohn den vorbedeutungsvollen namen Helgi. Dieser name ist also hier der eigentliche vom vater gegebene persönliche namen, und nicht, wie bei Helgi Hiorvardssohn, ein blosser übername den ihm die Valkyrie Svava zur ermuthigung und aufmunterung gegeben hat. Als angebinde oder geschenk bei der namengebung schenkt Sigmund dem Helgi (der ein stiefbruder des Sinfiotli war) erstens ringwerthschaften, zweitens sechs bauervillen, und drittens eine zierliche blutschlange (schwerdt).

8. Zu wachsen begann, an der freunde brust,
das herrliche Bäumchen, in wonne-glanz:
Er vertheilte und schenkte gold der gefolgschaft,
nicht sparte den schatz der mildthätige Schirmer.

8. Da im alterthum die helden als mächtige, reiche könige, ihren reichthum selten durch persönliche arbeit sondern meistens durch raub, gewalt, und erbschaft erlangten, so forderte das unbewusste rechtsgefühl des volkes, dass die heldenkönige freigebig seien. Noch im spätern ritterthum galten muth und freigebigkeit für die zwei höchsten tugenden des ritters. Wer indische, arabische, nordische, und provinziale lyrik genauer kennt, der weiss, dass nicht allein die dienenden mannen, sondern auch selbst die dichter, die freigebigkeit der grossen loben, und für sich manchmal bettelhaft in anspruch nehmen, auch bei mangelnder freibgebigkeit, den filzigen grossen mit spitznamen und beissender satire oft derb zusetzen.

9. Nicht lang liess der Weisel auf schlachtkampf ihn
seitdem der Volksherr fünfzehn winter alt war; [warten,
auch durch ihn liess er tödten den harten Hundssohn.
der land und leut' lange zeit hatte beherrscht.

9. Die Göttersage lässt die alten übermenschlichen Iotnen mit Göttern, aber nie mit menschen kämpfen; erst in der heldensage treten menschliche helden gegen Iotnen auf, welche diese sage aber bereits zu Epigonen der Iotnen gemacht, und somit den menschen genähert hat. So wie Helgi Hiorvards sohn den Iotnen Hati tödet, und deswegen den ehrenden beinamen Hatistödter erhielt, so tödete der fünfzehnjährige Helgi Sigmundssohn den Iotnen Hunding (sohn des Hund) den Enkel des Geir-Mimir, und erhielt davon den beinamen Hundingstödter. Die heldensage stellt den Hunding dar als einen iotnischen könig der land und leute Sigmunds schädigte, so wie der iotnische könig Hrôdmar land und leute des königs Hiorvard bedrängte.

10. Drauf sprachen den sohn des Sigmund an
des Hundings söhne, um gut und geld,
weil an dem Eber zu rächen sie hatten,
besitzes raub grossen, und des vaters tod.

10. Der kampf Helgis des Hundingtödters gegen die söhne des Hunding, die ihren vater zu rächen hatten, ist parallel dem kampf Helgis des Hatistödters gegen die Söhne des Hrodmar, und scheint ursprünglich damit identisch zu sein, da in beiden sagen der älteste der söhne den namen Alf trägt.

11. Der Gebietersohn nicht liess die bussen gewähren,
noch das Odem-geld den söhnen geben:
„Gewärtig sei, sagt Er, das grosse gewitter
„der eisernen geeren, und des Odins zornes."

11. Helgi verweigerte den Hundingssöhnen das Odemgeld (busse für das dem Hunding geraubte leben) und

unternimmt gegen sie krieg (das grosse wetter der geeren und des Odins Zornes).

12. Die kämpfer ausfuhren zur schwerdter-begegnung,
die sie bei Lagefels festgesetzt hatten;
zwischen feinden zerschlitzt' sich der Frodis friede;
des Wetterers greyen fuhren leichengierig zum holm.

12. Der arstein (Adlerfels) bei Lagafels, unter den sich Helgi nach besiegung der Hundingssöhne, setzt, ist parallel dem Wolfstein (Frekastein), bei dem Helgi Hiorvards sohn, von Hrodmars söhnen besiegt, seine heldenseele aushaucht.

13. Sich unter den Arstein der Trupp-Weisel setzte,
als besieget er hatte den Alf und den Eyolf,
den Hiorvard, und den Harvard, des Hundings söhne,
und das ganze geschlecht Geirmimis vernichtet.

14. Von Lagefels her ein glanz brach hervor,
und aus dem glanz, als leuchtblitze, zogen,
behelmet drei maide, gen Himmelswangen;
benetzet mit blut ihre brünnen waren,
und strahlen auf ihren geerspitzen standen.

14. So wie die Valkyrie Svava bei Helgi Hiorvards sohn (nach dessen besiegung durch die Hrodmars söhne) erscheint, so erscheint die Valkyrie Sigrun nach dem sieg Helgis des Hundingstödters, bei diesem von ihr geliebten helden.

15. Aus der Wolfshöhl' heraus befragte alsbald
die Weisen aus süden der tugendsam' held,
ob heimwärts, mit den kämpfern, sie möchten,
vom bogen-gesause, wegfahren, diese nacht.

16. Doch herab vom ross, die tochter des Högni,
(als schildgeklirr vergangen), zum Laufdränger sagte:

„wir haben, denk ich, ein ander geschäft
„als mit dem Ringbrecher festbier zu trinken.“

17. „Mein vater hat wohl seine maid verheissen
„dem grimmen sohne des Granmar;
„ich aber hab', Helgi! den Höddbrodd begrüsset
„wiewohl unbescholtnen könig, als sohn eines Iotnen.“

18. „Dieser Volksherr, in wenigen nächten, nun kommt,
„zur bestimmten wahlstatt, wenn du ihn nicht abweisest,
„oder dem Freigeber du die braut nicht wegnimmst.“

Helgi sprach:

„Den tödter des Isung fürchte du nicht;
„vorerst, ich müsste denn tod sein, folgt feinde-gedröhn“

15—18. Helgi ladet die Valkyrie Sigrun und ihre gefährtinnen ein, das Siegesbier mit ihm zu trinken, wozu die mannen ihre freudige zustimmung mit schildergeklirr geben; Sigrun sagt aber sie sei nicht zum festbier hieher gekommen, sondern um von Helgi beistand zu erbitten gegen ihren freier Hoddbrodd Granmars sohn, dem ihr vater Högni sie, bei einer königsversammlung (zur freien brautwahl, sansc. svayamvara), gegen ihren willen zugesagt hat, da sie den Hoddbrodd aus iotnischem geschlecht, wiewohl er, als Isungstödter, muthig sei, nicht lieben mag. Hoddbrod werde in kurzem mit heeresmacht sie zur ehe zwingen, wenn ihr Helgi nicht gegen ihn beistehe. Helgi sagt der Sigrun hülfe zu, und sammelt eine flotte, um den Hoddbrodd und seine brüder (die Granmars söhne) in ihrem eignen lande zu bekriegen. Die seeexpedition Helgis gegen die iotnischen Granmars söhne, ist parallel der seeexpedition Helgis des Hatistödters gegen die iotnischen söhne Hrodmars.

19. Von da aus der Allwalter boten aussandte,
über land und meer, hilfstruppen zu laden,
und überreichlichen goldesglanz
den mannen und ihren söhnen zu bieten.

19. Die seeexpedition Helgis wird hier aussergewöhnlich, in nautischen ausdrücken, genau beschrieben. Der dänische dichter war offenbar selbst ein kundiger seemann.

Helgi sprach:

20. „Ladet sie schnelle zu schiff zu gehen,
„und, von Brandey aus, gerüstet zu sein!“
Dort wartete der Führer, bis dahin kamen
zu hunderten biedere von Hedinsey aus.

20. Der sammelplatz der schiffe der hilfsvölker war in Brandey, wohin zu hunderten viel schiffsvolk kam um dem Helgi zu folgen.

21. Dorther, mit farbe an der stefnspitze bemalt,
ausliefen goldschmucke boote in die see:
den Hiorleif Helgi darüber befragte:
„hast du die untadelichen hauptmänner gezählet?“
Der junge könig aber zum andern sprach:

22. „Von der Kranichbank aus, zu zählen schwer ist
„die langhäuptigen schiff' die, mit seemannschaft,
„ausgefahren sind im Pfeilesund:
„wohl sind's zwölfhundert zuverläss'ge leute;
„doch, in Hochzäunen, findet sich noch mal so viel
„kriegsvolk des königs; für den kampf gute hoffnung ist!

22. Helgi stand mit seinem Schiffswart **Hiorleif** auf einem holm **Kranichbank** genannt, von wo aus sie, obgleich in grosser entfernung, Brandey sehen konnten; man schätzte die dort sich sammelnden schiffsleute auf vier und zwanzig hundert.

23. Als der Steurer die stevenzelte abbrach,
erweckt' er dadurch der könige truppen,
da den tag die wakkern aufdämmern sahen;
auch die schifferleut' an den mast aufbanden
die segeltücher in der Wolfs-langbucht.

23. Nach dem Helgi das oberkommando der flotte übernommen hatte, liess er am frühen morgen die stevenzelte der volksführer abbrechen, und die schifferleute in die see stechen.

24. Ruderlärm erfolgte und waffengeklirr,
schild prallte an schild, als die Buchtler ruderten:
brausend ging, mit den Edlingen an bord,
die flotte des Ruhmsohns, vom land weiter ab:
zu hören war's so, wenn zusammenstiessen
der Kühle schwestern und die langen kiele,
als ob berg und brandung bersten würden.

24. So wie Odin, der die Hrodmars söhne beschützte, einen sturm gegen Helgi Hiorvards sohn erregte, so erregt hier der Gott, zu gunsten der Granmars söhne, einen seesturm gegen Helgi den Hundingstödter. — Die see geht hoch und stürmisch, so dass die wogen (die schwestern der Kühlen, der tochter des Meergotts) die schiffe zu zerschmettern drohten.

25. Das hochsegel gebot Helgi höher zu ziehen,
damit den wellenzufluss das meer versage;
denn grausamerweise des Œgis tochter
die steuer-tau-rosse zu stürzen gedachte.

25. Damit die nachdrängenden wogen das hintertheil der schiffe weniger schlagen könnten, liess Helgi das hochsegel (fr. hunier) höher ziehen, wodurch die schiffe sich gegen vorn neigten.

26. Aber Sigrun schützte, von der höh' herab,
kampfkühn, die leute und ihre fahrzeuge;
der Rân aus der hand entwand kräftig sich,
beim Absturzwald, des königs brandungs-thier.

26. So wie die Valkyrie Svava die schiffe Helgi's des Hatistödters, in dem von Odin erregten sturm, schützte, so rettet hier die Valkyrie Sigrun die vom sturm gepeitschte flotte des Helgi des Hundingstödters.

27. Gegen abend Er in Ruhwogen lag;
die schönen flötze konnten sich schaukeln;
die Herren aber von Svarinshügel,
mit unmuthsfurcht, das schiffheer beschauten.

27. Gegen abend lag die flotte Helgis vor anker in der bucht Ruhwogen genannt, in der nähe des landes der Granmarssöhne, der herren von Svarinshügel oder der residenz des Hoddbrodd, des ältesten der brüder.

28. Sie abrennen liessen, mit anstrengung,
Schnellwind und Schwingwind, nach Sonnenheim,
durch thauigte thäler und dunkle klammen;
als die jünglinge ritten, erbebte die luft.

28. Gudmundr, der jüngere der Granmarssöhne der strandwart war, als er die flotte Helgis nahen sah, ritt mit einem andern bruder auf den schnellrossen, Schnellwind und Schwingwind genannt, nach Sonnenheim, um dem ältern bruder Hoddbrodd die ankunft Helgis zu verkünden.

29. Von der wallhöhe aus, man sie sehen konnte;
man dem könig eine feindliche ankunft ansagte:
draussen Hodbrodd sich stellte, mit dem helm bedeckt;
er erkannte den ross-ritt seiner brüder.

29. Hoddbrodd, als man aus der ferne boten heranreiten sah, bewaffnete sich zum kampf; er erkannte bald seine brüder, und fragte die Edeljungen was vorgefallen sei.

Hoddbrodd sprach:

30. „Warum ist traueraussehn an den Edeljungen?

Gudmund sprach;

„Zum ufer wenden sich her schnelle kiele,
„des mastkorbs- und der langrae-hirsche,
„zahlreiche schilde, geschabte ruder,
„begabte seeleute, die rüstigen Wölfinger.

31. „Fünfzehn haufen steigen auf ins land,

„und draussen in der reed sind noch siebentausend;
„hier, vor Gnipalund, im hafen liegen
„dunkelblaue, goldgeschmückte fluth-thiere;
„die grössere menge derselben ist dort:
„nun wird nicht Helgi das kampfding verschieben."

31. Gudmund schätzt die gelandete mannschaft des Helgi auf fünfzehn haufen, das schiffsvolk in der reed auf siebentausend.

Hoddbrodd sprach:

32. „Rennen sollen treibrosse zu den hauptsammelstätten,
„Spurwolf, zum Ding in Svarinsheide,
„Gebiss und Kappzaum, nach Gränzwalden!
„zurück lasst bleiben keinen mann,
„von denen die wundbrände zu ziehen vermögen."

32. Hoddbrodd liess durch boten alle seine verbündeten und mannen, die wundbrände (schwerdter) zu ziehen vermögen, zum kampf gegen den Volsungen Helgi aufbieten. Hier wird zum ersten mal Helgi, nicht ohne einen tadel, mit dem slavischen fremdnamen Volsunger genannt. Sein vater Sigmund stammte aus der slavischen familie der Wölfinger (welches die norränische übersetzung des slavischen Vilkine, abkömmlinge des Vilk, Wolfs, war) und aus dem slavischen stamm der Volsunger (Volçinè) welche sich vom gott Voloç (Wellen-haar, Flammen-kopf, Sonne) herleiteten. Voloç war ein beiname des Provo (Freyr) und bezeichnete diesen Sonnen-Gott als den beschützer der heerden. Als Volsungr wird Helgi auch Yngvis stamm-spross genannt, da Yngvin identisch ist mit Freyr (Voloç). Die mit slavischen elementen sehr zersetzten Franken (Volsunger) kamen an den Rhein, wie der dem Ulusses (Voloç) geweihte altar in Asciburg (s. Tacit. Germ. c. 3.) anzudeuten scheint (s. Les Gètes p. 200).

33. „Bietet auf den Högni, und die söhne Hrings,

„den Atli, und Yngvi, Alf den alten;
„sie gierig sind den kampf zu begehen;
„lasst widerstand uns den Volsungen leisten!

34. Nach kurzer frist war's, dass zusammentrafen
die eisengrauen schärfen bei Frechenstein;
der Hundingstödter Helgi war, stets allenthalben,
der vorderste im trupp, wo wackere sich schlugen,
der hitzigste im schlachtlärm, der trägste im rückzug.

34. Frechenstein der kampfplatz des Helgi des Hundingstödters, ist hier parallel dem Frechenstein, dem kampfplatz wo Helgi Hiorvards sohn den tod fand. Hier erscheint die Valkyrie Sigrun, und trägt sich dem helden Helgi zur ehe an, da er, durch den sieg über Hoddbrodd. sie von diesem ihr leidigen freier befreit hat.

35. So harten muthkern der Schirmer besass
dass Hoddbrodd vor Helgi sinken musste.
Der fürstensohn sass bei Frechenstein rühmlich;
dahin kamen, himmel ab, die kampfverständigen,
die, als der geer-lärm wuchs, demGrimmen beigestanden.

36. Die pfeilwundenkennende Sigrun da sprach,
(als der lärm abnahm), von Hugins schiff herab:
„Selig seiest du,, Weisel!, deinen werth du geniesse!
„und freu' dich des lebens, du Yngvi's stamm-spross!
„dieweil du gefället den zur flucht stets trägen,
„den Eber, der des Isungs tod bewirkt hat."

37. „Dir, Gebietersohn! auch wohl ansteht beides,
„goldringe und diese hier reiche maid!
„selig sollst du, königssohn! beides geniessen,
„des Högnis tochter, und ringwerthschaften,
„den sieg und die lande, nun der kampf ist beendet!"

2. Des knaben Helgi auskundschaftung bei Hunding. (Helga niosnar för.)

Vorbemerkung.

Dieses fragment-gedicht stellt eine kühne that des fünfzehnjährigen Helgi dar. Hunding der das land und die leute des Sigmund plagte, wollte den sohn des Sigmund Helgi in seine gewalt bekommen. Um ihm zu trotzen und ihn zu narren, liess sich Helgi in die kleidung (brünne) stecken des Hamal, des sohnes des Hagall, der der gränzwächter des Sigmund und der pflegevater Helgis war. So verkleidet begab sich Helgi zu Hunding, der ihn für den Hamal hielt. Nach dem er alles auskundschattet hatte, verliess Helgi das gehöft des Hunding. Beim weggehen traf er draussen den hirten des Hunding, und gab diesem spottend den auftrag er möge dem Hæming, dem obersten der wachmänner des Hunding, sagen, dass es der Helgi gewesen den Hunding für den Hamal genommen.

Helgi fügte seinen worten verhönungen gegen Hunding bei, wodurch er ihn als einen niedrigen sklaven bezeichnete.

Helgi (zum hirten) sprach:

1. „Sag du dem Hæming, dass es wohl ist Helgi
„(der von den mannen in die brünne versteckte)
„welchen ihr drinnen bei euch gehabt,
„wo könig Hunding ihn für den Hamal hielt."

2. „Du, Hunding! du solltest jedermann
„fusswasche schaffen, und feuer anzünden,
„die hunde anbinden, die pferde besorgen,
„den schweinen brüh geben, ehe du schlafen gehst!

---

3. Helgi als mühlmagd verkleidet. (Helgi î mal-ambottar klæði.)

Vorbemerkung.

Dies gedicht das vielleicht, mit dem vorigen, ein fragment eines längeren gedichtes ausmacht, bezieht sich darauf, dass Hunding, nach dem er durch seinen wachtmeister (hirdmann) Hæming erfahren hatte, dass der junge Helgi ihn genarrt und verhöhnt habe, beschloss denselben mit gewalt bei seinem pflegevater Hagall ausheben zu lassen. Vor kurzem war bei Hunding ein unbekannter gast, ein einäugiger, den die hirdmänner wegen seiner verschmitztheit den schlimmen einäugigen nannten. Es war dies Odin, der, auf einer abentheuerreise, bei Hunding unbekannt eingekehrt war. Diesen schlimmen einäugigen beauftragte Hunding, ihm den Helgi zuzuführen. Als Hagall diesen plan erfuhr, verkleidete er den pflegesohn in eine mahlmagd, und liess ihn am mahltrog mahlen. Als der schlimme einäugige die mahlmagd sah, wusste er gar wohl wer diese sei; da er aber dem Helgi kein böses spiel machen wollte, so machte er blos anspielungen auf ihn, wodurch er kund gab, dass er wohl wisse wer die magd sei, aber den Helgi nicht verrathen wolle.

Der schlimme Einäugige sprach:

1. „An des Hagals magd sind die augen scharf;
„die bei mühlsteinen steht, stammt nicht von bauern;
„auch die steine platzen, und der mahltrog hervorstürzt.

2. „Hier hat den kämpfer hartes loos betroffen,
„da er, der Weisel, muss fein-weitzen mahlen;
„einer solchen hand wär' doch viel passender
„der schwerdthandgriff, als die mühlen-kurwel."

Hagall sprach:

3. „Kein wunder es ist, dass die mahlkist' erdröhnt

„wenn eine königsmaid die mühlkurwel dreht;
„hoch über den wolken sie früher schweifte,
„und wie Buchtler sie in den kampf sich wagte."

4. „Helgi sie drauf zur gefangenen machte;
„sie ist die schwester jenes Sigar und Högni;
„drum hat so scharfe augen das Wölfinger-mensch."

3. Hagall um den verrath zu verhüten entgegnete, auf die spitzreden Odins, dass die mahlmagd eine schwester der Wölfinger-könige Sigar und Högni sei, dass sie Helgi im kampfe gefangen genommen und seinem pflegevater geschenkt habe, der sie hier als mahlmagd brauche. Da der einäugige dem kühnen Helgi nicht übles wollte, so liess er es bei der erklärung des Hagall bewenden, und zog unverrichteter sache ab. Bald darauf tödete Helgi den Hunding in einem kampf, und erhielt davon den ehrenbeinamen Hundingstödter. Um den tod ihres vaters zu rächen, forderten die söhne Hundings den Helgi zum kampf in der nähe ihres landes.

---

4. Sigrune's erster besuch bei Helgi. (Helga ok Sigrunar fundr.)

Sigrune sprach:

1. „Wer seid ihr, die das boot am strand schaukeln lässt?
„wo habt ihr, heersöhne! eure heimat?
„was wartet ihr ab, in Brunis gewässern?
„wohin wollt ihr diesen kriegszug vornehmen?

Helgi sprach:

2. „Das schiff lässt Hamal schaukeln am strand;
„in Hlesey haben wir unsre heimath;
„wir in Brunis gewässern guten fahrwind abwarten;
„nach osten wollen den kriegszug wir vornehmen."

1. 2. Helgi fuhr zur see, als kämpfender buchtler

(vikingr), gegen das land der söhne Hundings. Unterwegs hielt er am strand, bei Brunis gewässern; hier erschien ihm aus der luft die Valkyrie Sigrun Högnis tochter, welche den jungen helden liebgewonnen hatte, und, um mit ihm ein gespräch anzubinden, ihn fragte wo er hinsegeln wolle. Helgi antwortete der ihm unbekannten Valkyrie, in allgemeinen ausdrücken, dass er nach osten segeln wolle.

Sigrun sprach:

3. „Wo zuletzt hast du, Schirmer! den kampf geweckt?
„und meiner kriegsschwestern raben gefüttert?
„wie ist deine brünn' so mit blut bespritzt?
„wie ziemt's dir, Behelmter! rohes fleisch zu speisen?

Helgi sprach:

4. „Der Wölfinger abkomme that, allerneust, dies
„am westlichen meer, (wenn's zu wissen dich lüstet)
„dass zu Bragishainen ich bären erlegte,
„und der aare geschlecht durch spiesse sättigte;
„gesagt ist nun, jungfrau! woher kämpfe entstanden;
„drum ward, beim meer, wenig gebratnes verspeist.

3. 4. Sigrun, um dem Helgi zu beweisen, dass sie ihm schon länger nachstreife, ihn beobachte, und wohl kenne, frägt ihn wo er zuletzt gekämpft habe, und wie es komme, dass er, ein behelmter königssohn, so ärmlich wie ein buchtler, lebe, und vor kurzem strandhieb getrieben, das heisst geraubtes schlachtvieh am strande geschlachtet und wie die buchtler rohes fleisch gegessen habe. Helgi antwortet wiederum, in allgemeinen ausdrücken, dass er, der Wölfing, in Bragishainen vor kurzem bären erlegt habe, (nämlich den bärenhaften Hunding und seine mannen), dass auf der seefahrt er nicht zeit fand fleisch zu kochen, und deshalb, wie ein viking, rohes verzehrt habe.

Sigrun sprach:

5. „Bezeichnet hast du den kampf, worin, vor Helgi,
„Hunding der könig musste sinken zu boden;
„um verwandte zu rächen der angriff euch einte,
„und blut des schwerdtes schärfen bespritzte.

Helgi sprach:

6. „Wie weisst du, dass sie, die hier sind,
„klugsinn'ge jungfrau!, ihre verwandten rächten?
„hass-schneidig sind ja manch' kriegersöhne,
„und aufsätzig unsern angehörigen."

5. 6. Um dem Helgi zu beweisen, dass sie ihm im letzten kampf unbekannt beigestanden habe, sagt sie, dass der bär, welchen er erlegte, der könig Hunding gewesen, und dass der angriff und der kampf darum geschehen weil er, Helgi, an diesem könig seine verwandten rächte. Helgi, über das wissen der unbekannten Valkyrie, erstaunt frägt sie woher sie wisse, dass er den Hunding erschlagen, und dass er und seine mannen die mit ihm sind dadurch eine familienrache verübt haben, da es ja öfter vorkomme dass helden sich schlagen, ohne gerade aus rache dazu veranlasst zu sein.

Sigrun sprach:

7. „Volksspitze-Weisel!, nicht fern von dir war ich,
„bereit manches königs leben zu beenden;
„doch geschickt muss ich nennen den Sigmundssohn
„der geheim ausdrückte die kriegeskämpfe."

8. „Ich sah dich damals, vorn bei langschiffen,
„als du beim blutrothen steven weiltest,
„und nasskalte wellen gegen sie drangen;
„nun will sich der königssohn vor mir verläugnen,
„doch Högnis tochter den Helgi schon kennt.

7. 8. Sigrun antwortete auf die frage Helgis wiederholt ganz bestimmt, dass sie ihm im kampf gegen Hunding

beigestanden habe, und wohl wisse, was die allgemeinen ausdrücke bedeuten, deren sich Helgi, geschickt aus vorsicht, auf ihre fragen hin bedient hat; Helgi wolle sich wahrscheinlich, ungalant, vor ihr verläugnen; sie kenne aber und liebe den Helgi, dessen schiff sie schon damals, als Odin gegen ihn einen seesturm erregte, glücklich gerettet hat. Helgi versteht nun, dass Sigrun, so sprechend, ihm eine förmliche liebeserklärung gemacht hat.

Obige rhapsodie gehört offenbar nicht dem heldenzeitalter an, sondern ist erst später in der Vikingerzeit gedichtet.

---

5. Sinfiotli's und Gudmunds schmähreden.
(Sinfiötla heipt-mâl.)

Vorbemerkung.

Den theil der sage welcher erzählte, dass Helgis flotte, des abends in den Ruhgewässern, bei dem lande der Granmars söhne anlangte, und dass Gudmund, der strandwart Hoddbrodds, diesen könig durch boten von der ankunft der flotte Helgis benachrichtigen liess, diesen theil der sage haben zwei spätere dichter dazu benutzt, um, in diesen rahmen, zwei von ihnen rein erdichtete rhapsodien einzusetzen, worin sie Sinfiotli den schiffführer Helgi's, und Gudmund den strandwart Hoddbrodds, streitend einführen, um sich gegenseitig schmähreden zu sagen. Die sage hat nichts derartiges berichtet, aus dem einfachen grund, weil Gudmund eiligeres zu thun hatte, als sich mit Sinfiotli in einen wortstreit (senna, heiptyrdi) einzulassen. Die beiden, von den dichtern, dem inhalt und der form nach, rein und ungeschickt erfundenen rhapsodien, gehören in die zeit wo solche wortstreite beliebt waren; somit gehören sie der Vikingerzeit an, und sind wahrscheinlich erst im achten jahrhundert verfasst.

Gudmund sprach:

1. „Wer ist der Schildführer der die schiffe steuert,
„die goldne gundfahn' am steven flakkern lässt?
„nicht friede weht, dünkt mich, an des fahrzeugs spitze;
„das kampfsignal um die Buchtler flattert."

1. Der dichter stellt sich unpassend vor, Gudmund wisse nicht wer die angekommene feindliche flotte befehlige, und zieht deshalb erkundigung ein bei Sinfiotli dem schiffführer des Helgi.

Sinfiotli sprach:

2. „Hier möge Hoddbrodd den Helgi prüfen,
„den fluchtträgen, inmitten der flotte!
„dieser hat bereits schon deines geschlechtes adel,
„das Thursunger erbe, unter sich gebracht."

Gudmund sprach:

3. „Statt dessen sollen, zuvor, zu Frechenstein,
„die schwerdter zusammen die sache entscheiden!
„gelegenheit hat hier Hoddbrodd dafür rache zu nehmen,
„dass lange zeit wir den kürzern gezogen."

2. 3. Der dichter befolgt nicht die angabe der sage der zufolge Hiorleif, nicht Sinfiotli, bei dieser see-expedition, der schiffführer des Helgi war. Die person des Sinfiotli, des stiefbruders des Helgis, ist ihm für seinen zweck bequemer, weil Sinfiotli, ein ächter Volsunger, das rohe ungestüm und die schmähsucht dieser race besass. Es ist bekannt, dass im indischen epos, im Homer, und noch in der spätern deutschen Rittersage die helden, ehe sie den kampf beginnen, sich durch gegenseitige schmähungen gleichsam in den kampfzorn hineinjagen. Sinfiotli beleidigt hier gleich zu anfang den Gudmund durch seine antwort, in dem er sagt, Helgi komme mit feindschaft hieher, und habe bereits durch sein blosses erscheinen das erbe des Hoddbrodd, der von Thursen abstammt, so gut wie unter sich gebracht. Hierauf ant-

wortet Gudmund richtig, dass die schlacht die zu Frechenstein geschlagen werden soll, erst entscheiden soll, ob, auch diesmal, Hoddbrodd mit Helgi den kürzern ziehen wird.

Sinfiotli sprach:

4. „Dir, Gudmund!, wär es besser geisen zu hüten,
„und in steilen bergklüften herumzuklettern,
„den haselstock in der hand zu führen;
„dir lieber ist dieses als des schwerdtes entscheidung."

Helgi sprach:

5. „Viel schicklicher, Sinfiotli! wäre dir
„den kampf zu begehen und aare zu erfreuen,
„als, in unnützen worten, herum zu streiten,
„wiewohl kämpfer auch in schimpfreden streiten."

6. „Nicht für gutes geschlecht halt' ich, Granmars söhne:
„doch kriegern geziemts billiges zu reden:
„Jene haben, auf der Moinsheide, bewiesen,
„dass muth die schwerdter zu ziehen sie haben,
„und vorzüglich kühne kämpfer sind."

4. 5. 6. Sinfiotli fährt in seiner grobheit fort und schilt spottend den Gudmund einen elenden feigen geisehirten. Helgi der diese worte seines halbbruders gehört, macht ihm die richtige bemerkung dass, wiewohl kämpfer manchmal in schimpfreden streiten, es hier doch schicklicher wäre den kampf zu begehen, als mit unnützen worten sich zu schlagen. Er fügt hinzu, dass obgleich die Granmars söhne, als Thursunger (abkommen von lotnen) nicht vom edelsten geschlecht sind, sie doch im kampf auf der heide der dänischen insel Môin bewiesen haben, dass sie muth besitzen; und dies müsse ein krieger billigerweise anerkennen.

6. Wortstreit Sinfiotli's und Gudmunds.
(Sinfiotla heiptmal onnur.)

1. Der Edeling Sinfiotli zog auf, ans rah,
den rothen, am rand vergoldeten, schild;
er war da sundwart; er verstund es zu sprechen,
und in worten mit Edelingen zu streiten.

2. Den wohlgebornen befrug Gudmund darnach:
„Wer ist der Landlenker der den seezug steuert,
„und der führet ins land die gefährlichen leut?“

Sinfiotli sprach:

3. „Dies verkünd' du, am abend, wenn schwein du gefüttert
„und gelockt eure doggen zur sudelsuppe,
„dass von osten Wölfinger gekommen sind,
„des kampfes gierig, von Gneipalund her.“

4. „Hier wird Hoddbrodd den Helgi treffen,
„den zur flucht trägen Grimmen, in der flotte mitte,
„ihn, der die aare öfters gesättigt,
„während du beim mühlstein mägde küsstest.

Gudmund sprach:

5. „Dir wenig gedenkt, Volksherr!, von frühern schlachten,
„wenn du uns Edlingen unrichtiges vorwirfst;
„du der doch verspeist hast wolfsleckerbissen,
„und bist deines bruders mörder geworden,
„hast oft mit kalter schnauz wunden ausgesaugt,
„und, allverhasst, bist im gebüsch gekrochen.“

5. Dieses gedicht, welches eigentlich nur eine weitere ausführung des inhalts der vorigen rhapsodie ist, enthält offenbar meistens erdichtete thatsachen, aber beruht auch bisweilen auf volkstraditionen. In der tradition galt Sinfiotli, der sohn der geschwister Sigmund und

Gudny, für einen währwolf. Als wolf verspeiste er, wie Gudmund hier ihm vorwirft, wolfsleckerbissen, die leichen gefallener, kroch im gebüsch herum, und saugte die wunden der todten aus. Der spätere roman Völsunga saga, wahrscheinlich veranlasst durch die worte Gudmunds, erzählt dass Sinfiötli seine halbbrüder die söhne seiner mutter Signy getödet habe.

Sinfiotli sprach:

6. „Du warst eine zauberin auf der Schlangeninsel;
„hast, trugkundig weib!, lügen gehäuft;
„du sagtest, dass keinen mann du wolltest
„ausser den mann in der brünne, den Sinfiötli."

6. Es mag eher eine reine fiction sein als auf einer jetzt unbekannten volkstradition beruhen, wenn Sinfiötli dem Gudmund vorwirft, dieser wäre auf der Schlangeninsel ein zauberweib gewesen, das in ihn Sinfiötli, sterblich verliebt gewesen, und dass er mit ihr neun wölfe gezeugt habe.

7. „Auf Seevorberg haben wir beide gezeugt
„neun wölfe, deren vater ich allein war;
„du, scheusal! warst jene schaden-Valkyrie
„die beissend-unbänd'ge, in Allvaters haus;
„alle Einzigen Heermannen sich schlagen wollten,
„für deine feindschaften, trugkundig weib!"

7. Sinfiötli behauptet Gudmund sei jene berüchtigte Zauberin gewesen, welche sich als Valkyrie in Valhalle eingeschlichen, und daselbst die Einzigen Heermannen Odins so in liebesbrunst für sie verzaubert habe, dass sie alle sich wüthend um sie geschlagen hätten.

Gudmund sprach:

8. „Nicht der vater warst du der kräftigen wölfe,
„du maulthier!, so alt, dass mir nach dir nicht verlangt,

„dieweil ja vor Gneipalund dich entmannten,
„die Thursen-maide, auf Thorsvorberg,

8. Gudmund straft den Sinfiötli dadurch lügen, dass er behauptet er wäre, da er sich in liebeshandel mit zauberischen Thursenmädchen eingelassen, von diesen auf Thorsberg impotent gemacht werden, so dass er nicht mehr im stande war mit ihm Gudmund neun wölfe zu zeugen.

9. „Du warst Sigêr's vermeinter sohn, lagst zuhaus unterm ge-
„und draussen in wäldern, gewohnt an wolfsgeheul; [bälk
„dir kamen zu handen alle verbrechen,
„seit du deinen brüdern die brust aufgerissen,
„du berühmt dich machtest durch frevelwerke."

9. Ohne auf den letzten vorwurf Sinfiötlis gegen ihn einzugehen, wirft ihm Gudmund seinen incestuosen ursprung vor. Der sage zu folge galt Sinfiötli wohl für den sohn des königs Siggeir von Gautland, war aber der sohn des Sigmund und dessen schwester Signy. Er wirft ihm ferner vor, dass er im hause Siggeirs faul unterm gebälk zu liegen pflegte, und wenn er sich zu thaten anschickte, nichts als frevelthaten und mordthaten vollbrachte.

Sinfiötli sprach:

10. „Zu Brauenfeld warst du des Grauwolfs friedel,
„warst mit schlange gezäumt, zu schnelllauf bestimmt;
„ich hab' dich, manche streck', müde geritten,
„unterm saltel hungrig, immerfort bergab.

10. Sinfiötli behauptet dass, als er zu Brauenfeld ein währwolf war, Gudmund seine geliebte gewesen, die er mit einer schlange gezäumt, und als reitthier benützt habe.

Gudmund sprach:

11. „Du stets für sittenlosen burschen galtest,
„als du des Golni's geisen melktest;

„ein andermal warst du der Heulerin tochter,
„die zottelfellige; — soll ich noch weiteres aufzählen?“

11. Gudmund wirft dem Sinfiötli vor, dass er bei dem Iotnen Golnir die geisen gehütet, und ein andermal eine zerlumpte zottelfellige wolfstochter gewesen sei. Gudmund fügt hinzu, dass er ihm, wenn er dazu lust habe, noch viel anders vorhalten könne.

Sinfiötli sprach:

12. „Vorher will ich lieber, beim Frechenstein,
„die raben mit deiner leiche aas füttern,
„als, wie du, eure doggen zum sudel locken,
„und die galzen bedienen! — mit dir streit' die Grimme!“

12. Die Grimmen sind die iotnischen bösen nachtgeister.

Helgi sprach:

13. „Euch wär's, Sinfiötli! viel ziemlicher
„den kampf zu üben, und adler zu erfreuen,
„als hier euch zu schimpfen, mit unnützen worten;
„wiewohl schildbrecher gern auch kämpfen in schelten.“

14. „Nicht guter art dünken mir Granmars söhne;
„doch ziemet billig zu sprechen den see-helden:
„auf der Moinsheide haben jene gezeigt,
„dass schwerdter zu ziehen den muth sie haben.

---

7. Sigrunes zweiter besuch bei Helgi, auf dem schlachtfeld. (Helga ok Sigrunar fundr annarr.)

Sigrun (bei sich) sprach:

1. „Sigrun von Sefafioll wird nun nicht dir,
„könig Hoddbrodd!, in die umarmung sinken;
„dahin ist sein leben; mehrmals tritt, zur leiche
„der Granmars söhne, das grauthier der Gridur.“

1. Die schlacht zu Frechenstein zwischen Helgi und Hoddbrodd hatte morgens statt gehabt; Helgi war sieger. Die Valkyrie Sigrun Högnis tochter, um derentwillen die schlacht sich zutrug, war schicklicherweise nicht dabei, weil sie dem Hoddbrodd von ihrem vater rechtlich als braut zugesagt worden war. Gegen abend erschien sie aber auf dem schlachtfeld, wo sie zuerst die leiche Hoddbrodds fand, und sich dazu glück wünschte der umarmung dieses freiers, durch seinen tod, entgangen zu sein. Sie suchte und fand alsbald ihren geliebten Helgi, der ihr liebe und ferneren schutz zusagte.

2. Sigrun den frohen Seehelden aufsuchte;
sie dran ging des Helgi hand zu ergreifen;
sie, behelmt, den könig begrüsste und küsste;
da entstund beim Schirmer neigung zum weibe.

3. Sie kund gab, dass mit ganzem herzen sie geliebt
den Sigmunds sohn, schon eh' sie ihn sah;
„dem Hoddbrodd angetraut ward ich, vor dem heer,
„doch wollt' ich einen andern kampfeber haben.

4. „Nun aber fürcht' ich, Volksherr! der verwandten zorn;
„meines vaters lieblingsplan hab ich durchbrochen;
„Högnis maid nicht wollte ihrem herz widersprechen;
„sie wollte, sagt' sie sich, Helgis huld besitzen.

Helgi sprach:

5. „Beachte du nicht mehr den fluch des Högni,
„noch die üble gesinnung deiner verwandten!
„du blutjunge maid! sollst bei mir leben;
„mächt'ge sippe du hast; doch fürcht' ich sie nicht:
„auch bist du, Ganzkluge! nicht allseits beglückt;
„woran, ich sag' es, auch Nornen schuld sind.

6. „Denn zu Frechenstein sind, diesen morgen, gefallen
„Bragi und Högni, deren tödter ich ward,

„und zu Störfels ist könig Starkad gesunken,
„und, bei den Laubergen, des Schreckenaugs söhne;
„als den grimmmuthigsten fand ich jenen Hoddbrodd,
„dessen rumpf sich noch schlug als fort war der kopf.

7. „So liegen an der erde die allermeisten
„von deinen verwandten, zu leichen geworden:
„vom kampf dir kein gewinn ist; dir war es bestimmt,
„dass für edle mannschaft du der streitgrund würdest."

---

8. Helgi von Dag Högni's sohn erstochen. (Dagr Helga bani.)

Dag sprach:

1. „Ich zögre, dir, Schwester! die trauer zu künden,
„weil, gezwungen, ich der schwester thränen verursacht;
„beim Fesselhain sank diesen morgen getödet
„der Gebieter der, auf erden, der beste gewesen,
„und der den kampfrecken auf dem nacken gestanden."

1. In der schlacht von Frechenstein war der vater und alle brüder der Sigrun, ausser dem Dag, gefallen. Odin der endlich den helden Helgi bei sich haben wollte, gab es dem Dag ein, seinen vater Högni und seine brüder an Helgi zu rächen, und lieh ihm zum rache-mord seinen stets tödlichen speer Gugnir (heulend, schwirrend). Nach vollbrachtem mord zeigt Dag selbst die that der schwester reuevoll an. Die trauerkunde des Dag hat etwas herzzerreissendes: was konnte der arme mörder Dag dafür, dass, durch den glauben seiner zeit an die moralische nothwendigkeit der familienrache verführt, und durch den willen Odins gedrängt, er seinen schwager Helgi getödet hat?

Sigrun sprach:

2. „Dich sollen zerreisen alle die eide,
„die du dem Helgi geschworen hast,
„hier bei diesem leuchtenden Blitzes-gewölk
„und bei dem feuchtkühlen Wogengestein!

2. Verwünschungen wie segnungen beruhen auf dem glauben, dass der innige wunsch, durch das ihn aussprechende wort, müsse magisch in erfüllung gehen. Bei himmlischen, irdischen, oder höllischen mächten schwören oder fluchen, heisst diese mächte auffordern ihren beistand zu leisten dem schwörenden, wenn er die wahrheit sagt, oder ihn zu bestrafen, wenn er lügt. Da das superstitiose alterthum auch leblose gegenstände, wenn sie geheiligt waren, für heilig hielt, so schwur man auch bei solchen leblosen gegenständen. Sigrun sagt hier, dass Dag dem Helgi geschworen habe beim himmel und bei der erde, oder wie sie sich ausdrückt, bei dem sichtbaren gewölk aus dem der leuchtende blitz bisweilen erglänzt, und bei den Nidafelsen, welche den rand der erde bilden, und von den kühlen wogen des Oceans bespült werden.

3. „Nicht mehr gleite das schiff, das unter dir gleitet,
„wenn auch wunsches-fahrwind hinter es sich legt!
„nicht mehr renne das schwarzross, das unter dir rennet,
„auch wenn du, vor feinden, dich zu wahren hast!"

4. „Das schwerdt das du ziehst, nicht beiss' es,
„ausser wenn es dir selbst zum kopf schwirret!
„Helgis tod dann erst gerächt an dir werde,
„wenn in wäldern draussen als vertriebner du liegst,
„von vermögen und jedes genusses entblösst,
„und keine speiss' du hast als wenn auf aas du springst!"

Dag sprach:

5. „Irr sprichst du, Schwester! und bist von sinnen,
„wenn böses geschick deinem bruder du anwünschst;

„das ganze unglück hat allein Odin gestiftet,
„als zwischen verwandte er rachrunen brachte.“

6. „Dein bruder bietet dir rothe goldringe,
„ganz Vandilshausen und die Kampfthäler;
„du goldschmucke frau! und deine söhne!
„nehmt als buss für den harm das halbe heimland.“

Sigrun sprach:

7. „Nicht mehr sitz ich so glücklich auf Sefafioll,
„mich, morgens und abends, des lebens zu freuen!
„nicht mehr scheint der tag auf des Löblichen mannen,
„nicht mehr wegrennt unter dem Führer das kampfross,
„dem goldgebiss folgsam, — nicht mehr begrüss ich den [Herrn!

7. Sigrun sagt, dass sie, trotz aller bussen die Dag ihr und ihren kindern zahlen wolle, sich doch nimmer mehr des lebens freuen könne; seit dem tod ihres gatten Helgi könne sie, die burgfrau in Sefafiöll, nicht mehr wie ehmals, des morgens ihren gemahl und seine mannen aus der burg entlassen, und ihren geliebten helden abends wieder im heim freudvoll empfangen.

8. „Helgi hatte der art in schrecken gesetzt
„all seine feinde und deren verwandte,
„gleichwie, wahnsinnig, vor dem wolf wegrennen,
„vom gebirg die von schreck erfüllten geisen.

9. „Helgi, der art, über allen kampfhelden stand
„wie hochgestalte esch' über dorngestrüpp;
„oder wie, von thau benetzt, der junghirsch
„über allen thieren höher sich trägt,
„und bis zum himmel seine hörner aufleuchten!

9. Der dichter hat offenbar solche vor einem wolf im gebirg fliehende wildgeisen, und öfters den im wald stattlich umherschreitenden junghirsch, mit seinen vom morgenthau im sonnenlichte glitzernden geweih, gesehen,

und deswegen so bündig und treffend geschildert; er muss in dem etwas gebirgigen Süddänemark gelebt haben.

Sigrune's todtenklage erinnert an die von den corsischen frauen improvisirten ausrufungen (voceri) und leichenklagen.

---

9. Helgi's letzte zusammenkunft mit Sigrun. (Helga för til Valhallar.)

Vorbemerkung.

Das gedicht erzählt die zusammenkunft Helgis mit Sigrun, nach seinem tode. Helgi war in einem grabhügel in der nähe der burg Sefafiöll beigesetzt worden. Man glaubte, dass alle im grabhügel bestatteten, auf geheime weise, zur Hel fahren, dass aber Odin die helden, die er bei sich aufnehmen wolle, aus der Hel zu sich abholen lasse. Der Gott befahl zweien Valkyrien den Helgi nach Valhalle zu bringen. Bei lebzeiten hatte Helgi seiner geliebten Sigrun versprochen, sie, wenn er gestorben wäre, noch einmal zu besuchen. Am abende seiner bestattung erwartete daher Sigrun die ankunft Helgi's, und dieser geisterhafte held machte sich von Hel auf, um, unter begleitung der zwei mysteriösen Valkyrien, nach Valhalle auf schattenrossen zu reiten, und zuvor noch Sigrun in Sefafiöll zum letztenmal zu besuchen. Da die nacht hereingebrochen war, wo der adler schon zum schlafen sich auf die zweige gesetzt, und alle welt sich dem schlummer (traumversammlung) ergeben hatte, verzweifelte Sigrun daran, dass Sigmunds sohn noch kommen würde, und sie ging an das burgthor um nach der gegend des grabhügels auszuschauen.

Sigrun (hinaus in den hof tretend) sprach:

1. „Nun wär' schon gekommen, wenn zukommen er dächte,
„selbst aus Odins sälen, des Sigmunds sohn:

„auf des Grimmen hieher kommen, schwindet die hoffnung,
„da, auf den eschzweigen, die adler schon sitzen,
„und zur träumeversammlung alle welt hinzieht.

Dienerin:

2. „So unbesonnen sei nicht, dass allein du führest
„der Schildführer schwester!, zur gespenster-behausung;
„in den nächten werden, hehre frau! sie alle viel stärker,
„die feindlichen todten, als bei leuchtendem tag."

2. Nicht nur die furchtsamen frauen, sondern auch die männer im Norden hatten eine scheu sich in die nacht hinaus zu wagen, weil man glaubte zur nachtzeit hätten die bösen nachtwesen grössere gewalt. Nur die dienerin wagte sich weiter hinaus, und erblickte den geisterhaften Helgi, der, mit seiner begleitung, schnell wie die todten thun, heranritt. Sie erfährt von ihm, dass er im Grabhügel einkehren werde, und wünsche dort seine Sigrun zu treffen.

(sie tritt hinaus vor den hof.)

Die dienerin (zu herreitenden Schatten) sprach:

3. „Sind's täuschungen blos, was zu sehen ich glaube?
„ist's Grössen-dämmerung, dass todte leute so reiten,
„wie ihr eure rosse mit stacheln antreibt?
„oder ist der kampfmannschaft heimfahrt gestattet?

Helgi (als geist) sprach:

4. „Nicht täuschungen sind's blos, was zu sehen du glaubst,
„noch Weltuntergang, wiewohl, wie du siehest,
„wir so unsere rosse mit stacheln antreiben;
„vielmehr ist der kampfmannschaft heimfahrt gestattet."

Die Dienerin (zu Sigrun) sprach:

5. „Sigrun aus Sefafiöll! gehe hinaus
„wenn dich den Volksschützer zu treffen verlangt!
„auf ist der grabhügel; gekommen ist Helgi;
„die kampfwunden bluten; der wackre erwartet dich,
„damit die wundtropfen du schwichtigen mögest.

Sigrun (zu Helgi im grab) sprach:

6. „Nun unsrer begegnung bin ich so froh,
„wie wenn aasgierig des Odins habichte
„des wahlfalls warme beute wittern,
„und des tages anbruch, thau-triefend, erschauen."

7. „Zuerst will den entseelten König ich küssen,
„eh' du die blutge brünne abwirfst;
„deine haare sind, Helgi! mit nass durchdrungen;
„der Weisel ist ganz im blutthau*gebadet;
„dem Schwager des Högni sind die hände kaltschweissig;
„wie kann ich, Gebieter! dafür besserung schaffen?"

Helgi sprach:

8. „Sigrun von Sefafiöll! Einer ist schuld,
„dass Helgi im schmerzesthau ist eingeschlagen;
„weine aus dich, goldschmucke! in grimmen thränen,
„eh' schlafen du gehst, sonnenglänzige wittwe!
„jede thrän auf des Grimmen blutge brust fällt,
„nasskühl, durchdringend, kummerbeschwert.

8. Auf die frage Sigrunens, welche besserung sie ihm für seinen tod schaffen könne, antwortete Helgi, dass Odin allein seinen tod herbeigeführt und, durch denselben, ihn zu besserm loos führen werde. Er bittet sie ihren schmerz auszuweinen, obgleich jede thräne von ihr in ihm grosses mitleid und schweren kummer bewirke.

Sigrun sprach:

9. „Helgi! hier hab ich die ruhstätt bereitet
„dem Wolfinger-sohn! eine sehr kummerlose;
„ich will hier, Volksherr! am busen dir schlafen,
„wie ich's, wenn er lebte, dem Lobsamen thäte.

Helgi sprach:

10. „Da wäre, ich sag' es, nichts unerhört mehr
„in Sefafiöll, für jetzt und für später,

„wenn in des entseelten arm du schliefest
„im grabeshügel, du blonde Högnis-tochter!
„während, lebend, du bist die könig-geborne!

11. „Wohl sollen wir trinken köstliche tränke,
„obgleich lebenslust und land wir verloren:
„kein mensch soll mir ein trauerlied singen!
„wenn auch in der brust er mir wunden erblickt.

12. „Es treten nun die im grab versteckten frauen,
„meine Schwestern zu mir dem verblichenen könig;
„mir es zeit ist die gerötheten wege zu reiten,
„das fahle ross durch den luftsteig zu treiben;
„im westen der Wind-deck'brück ich muss sein,
„bevor der Haussänger das Siegervolk wecket."

10—12. Auf den vorschlag der Sigrun bei ihm das lager, das sie ihm bereitet, zu theilen, erklärt Helgi, dass er dies als etwas unerhörtes nicht zugeben könne, dass er blos mit ihr den abschiedstrunk trinken wolle, und dass er dabei hoffe, dass niemand seinen tod beklagen werde, da ihm in Valhalle einzutreten beschieden sei. Dann weist er auf die, bis dahin im grabhügel verborgen gebliebenen, Valkyrien, die, als kampfschwestern, ihn nach Valhalle führen sollen, wohin er, als verstorbener, nur in der nacht fahren kann, und sich demnach beeilen muss dorthin zu gelangen, ehe der hahn Goldkamm die Einzigen Heermannen aufwecken wird.

IV. Sigurdurs des Fafnistödters-Cyclus.

Vorbemerkung.

Der Sagencyclus des dritten Helgi, genannt der Haddingerheld (Haddingiaskati), ist verloren gegangen. An die unter sich verwandten und von einander abhängigen Helgisagen, reiht sich zum theil der Sigurdurs-cyclus an, da zwischen diesem cyclus und den Helgisagen manchfache parallelismen und conformitäten bestehen, so dass man sagen kann Sigurdur ist einigermaassen ein wiedergeborner Helgi, und wenn es keine Helgisagen gegeben hätte, die Sigurdurssage, in ihrer jetzigen form, nicht entstanden wäre. Diese parallelen ähnlichkeiten zwischen den Helgisagen und den Sigurdurssagen werden unten, bei den einzelnen liedern dieses cyclus, angegeben werden; hier genügt es vorerst auf die hauptsächlichsten derselben hinzuweisen. 1) der name Sigurdur (zum Sieg bestimmt) hat ähnliche bedeutung wie Helgi (dem Sieg geheiligt); 2) Sigurdur hat, wie Helgi der Hundingstödter, zum vater den Sigmund, zum halbbruder den Sinfiotli; 3) Sigurdur, wie Helgi, wird bisweilen der Volsunger und der Wölfinger genannt; 4) Sigurdur in seiner jugend wird, wie Helgi, als ein Vikinger (Buchtler) und abentheurer dargestellt; 5) Sigurdur wird von der Valkyrie Sigurdrifa geschützt, wie Helgi der Hundingstödter von der Valkyrie Sigrun, und Helgi der Hatistödter von der Valkyrie Svava; 6) Sigurdur tödtet den iotnischen Fafnir, wie Helgi der Hundingstödter den iotnischen Hunding, und Helgi der Hatistödter, den iotnischen Hati; 7) Sigurdur wird ermordet, wie Helgi der Hundingstödter, von dem bruder seiner frau. Sigurdur, der ursprünglich dänische held, gehört offenbar wie die sämmtlichen Helgis ursprünglich der nordischen sage an; sein heldenthum lehnt sich auch an die ausschliesslich nordische mythe des Niflungenhorts an; sein tod ist ursprünglich die folge des fluchs der auf dem Niflungenhort ruht. Durch die Niflungenmythe trennt sich aber die Sigurdurs-sage von der Helgi-sage ab, welche letztere das schicksal der helden in kein verhältniss zum Niflungenhort setzt, sondern es vielmehr von der gunst Odins abhängig macht. Die Sigurdur-sage muss auch darum von der Helgisage abgetrennt werden, weil die ursprünglich nordische Sigurdursage sich, durch Sigurdurs verheirathung, mit der deutschen sage, und durch dieselbe, mit den hunischen Atlisage verbunden hat, und, so verbunden mit fremden angeeigneten elementen, wieder in den Norden zurückgekehrt ist, wo sie auch ihre vollständige ausbildung erhalten hat.

---

1. Gripi's Voraussichten. (Gripis spâ).

Vorbemerkung.

Dieses schön verfasste gedicht ist offenbar eines der jüngsten lieder des Sigurdur-cyclus. Es ist abgefasst worden als die meisten rhapsodien schon bereits bestunden, und hat zum zweck den lebenslauf des helden ganz übersichtlich zusammenzufassen. Der dichter hat den lebenslauf in form einer profezeiung, die dem Sigurdur von seinem onkel Gripir ertheilt wird, dargelegt, und diese form ist ein beweis, dass sie dem dichter und nicht der sage angehört; denn hätte Sigurdur, von anfang bis zu seinem tod, sein geschick zum voraus gekannt, so hätte ihn die sage nie wie einen held frei handelnd darstellen können.

Sigurdur sprach:

1. „Wer bewohnet diese burgwohnung hier?
„wie nennen die mannen diesen volkskönig?“

Geitir sprach:

„Der mannen steurer, er heisst Gripir;
„der versorgt dieses festland und die mannen.“

1. Gripir, der bruder des königs Eylimi und der Hiordîs der mutter des Sigurdur, ist ein dänischer stammkönig. In der sage werden die onkel mütterlicher seits gern als rathgeber ihrer neffen dargestellt (s. Des Hehren sprüche s. 159). Als competenter rathgeber in der sage konnte der dichter den Gripir auch zum vorherwissenden profeten stempeln. Der junge Sigurdur kommt zur burg seines onkels mit dem bestimmten zwecke von ihm rath für seinen lebenslauf und vorhersagung seines geschickes zu erhalten. Er spricht zuerst mit dem diener Geitir, um bei Gripir vorgelassen zu werden.

Sigurdur sprach:

2. „Ist der kluge könig daheim im land?
„der Gestrenge möge kommen zu sprechen mit mir!
„der unkundige mann, hier, bedarf der besprechung;
„ich wünsche baldigst den Gripir zu treffen.

Geitir sprach:

3. „Der erfreute könig wird befragen den Geitir,
„wer der mann, der den Gripir um beredung anspricht.“

Sigurdur sprach:

„Sigurdur ich heiss, bin dem Sigmund geboren;
„und Hiordîs ist dieses Schirmers mutter.

4. Da Geitir gieng dem Gripir zu sagen:
„Hier draussen ist gekommen ein fremder mann;
„er, dem ansehen nach, ein vornehmer ist;
„bei dir, Volksherr! will er zulass erlangen.“

5. Der Helden-drost ging aus dem gemach,
und wohl den gekommnen Schirmer begrüsste:
„Sei empfangen, Sigurdur! im schönen saale drin!
„und du, Geitir! besorg was Grani betrifft.“

6. „Es begonnen zu sprechen und manches zu plaudern
„die rathklugen recken, als beisammen sie waren.“

Sigurdur sprach:

„Mutterbruder! wenn's gefällig, sage du mir
„wie der lebenslauf sich dem Sigurdur wird wenden.“

Gripir sprach:

7. „Werden wirst du der grösste mann unter der sonne!
„und der höchstgeborne über jeglichem kämpfer,
„mit gold freigebig, und karg zum rückzug,
„im anblick vorzüglich, und, im sprechen, weise.“

7. Zur zeit des dichters stellte die sage den Sigurdur über alle helden, als einen wiedergebornen potenzirten Helgi.

Sigurdur sprach:

8. „Freundlicher könig!, genauer als ich fragen kann, sag'
„dem Sigurdur (wenn, Weiser! du zu sehen es glaubst),
„was zur förderung mir zuerst wird geschehen,
„wenn gegangen ich bin aus deinem gehöft.“

Gripir sprach:

9. „Erst wirst du, Volksherr! deinen vater rächen,
„und Eylimi's harm ganz büssen lassen;
„des Hundings rauhe söhne du wirst
„die kühnen, fällen; wirst sieg erlangen.“

9. Sigurdur soll seinen vater Sigmund an Hunding, und seinen onkel Eylimi an den Hundingssöhnen rächen, gerade wie Helgi der Hundingstödter seinen vater Sigmund an Hunding und an den Hundingssöhnen rächte; beweis der indentität Sigurdurs und des Helgi des Hundingstödter. Sigurdur, wie Helgi, ist ein dänischer held, der die Hundingssöhne im Norwegischen Sævogebirg tödtet.

Sigurdur sprach:

10. „Sag', könig! mein hoher verwandter, mir

„bestimmter noch, (da beide wir ernstlich sprechen),
„siehst von Sigurdur du kühne thaten voraus,
„die, als höchste, zu des himmels enden sich heben?“

Gripir sprach:

11. „Den giftglatten Wurm wirst allein du bekämpfen,
„der gefrässig auf der Kampf-heide liegt;
„bewirken wirst du beiden den tod,
„dem Regin und Fafnir; in wahrheit spricht Gripir.

11. So wie Helgi der Hatistödter den iotnischen Hati, und Helgi der Hundingstödter den iotnischen Hunding tödet, so tödet auch Sigurdur die iotnischen Fafnir und Regin. Da bei mythischen sagen von bestimmter geographie nicht die rede sein kann, so ist es ungeschickt zu behaupten Sigurdur habe den Fafnir in einer heide von Vestfalen getödet.

Sigurdur sprach:

12. „Grosser reichthum mir wird, wenn so ich ausführe
„den kampf mit den starken, wie gewiss du es sagst:
„im geist suche nach, und sage mir weiter
„was ferner noch wird meines lebenslaufs sein!“

Gripir sprach:

13. „Des Fafnis wohnsitz wirst du auffinden
„und aufnehmen dort den glänzenden reichthum,
„um auf Granis schultern dieses gold zu laden;
„so, kampfrühmlicher Grimmer! zu Giuki du reitest.“

13. Hier wird gesagt, dass Sigurdur den Niflungenhort gewinnen wird, aber nicht, dass dieser hort dem helden zum verderben gereichen wird. Der dichter steht auf dem gesichtspunkt der damaligen spätern Sigurdurlieder, die den fluch des Niflungenhorts recht wohl kennen, aber dennoch ihn nicht besonders hervorheben.

Sigurdur sprach:

14. „Nun mögst du, in ernstlicher rede, dem Schirmer,

„hochsinniger Kämpe!, noch mehreres sagen:
„gast bin ich Giuki's, und ich geh von dannen —
„was wird meines lebenslaufs dann noch werden?“

14. Von der 1. bis zur 18. strophe behandelt das gedicht nur die sage die ursprünglich ganz nordisch ist; von jetzt an befolgt es auch die sage die sich mit der deutschen fränkisch-burgundischen Giukunger-sage verbunden hat, ohne jedoch die so verlängerte deutsche sage weiter als bis zum tode Sigurds ferner zu verfolgen; beweis, dass der dichter im allgemeinen sich blos an die nordische sage halten will.

Gripir sprach:

15. „Auf der Felsburg schläft eines Volksherren tochter,
„in der brünne glanzvoll, nach Helgis tode:
„du wirst das scharfe schwerdt einhauen,
„ihr, die brünne mit dem Fafnistödter, aufschlitzen.“

15. Der dichter erwähnt, dass Sigurdur vom schicksal bestimmt ist, die schlafende Valkyrie Sigurdrifa zu wecken, und zu befreien. Dies ist ächt nordische sage, und parallel mit der sage von Helgi und der Valkyrie Sigrun; beide Valkyrien fielen in die ungnade Odins, weil sie die von ihm begünstigten helden verschmähten. Nach der nordischen sage von Sigurdrifa, welche die deutsche sage nicht kennt, ist aber diese Valkyrie durchaus nicht die geliebte, sondern blos die weise rathgeberin des Sigurdur, die ihn in allerlei nützlichen runen-lehren unterrichtet.

Sigurdur sprach:

16. „Zersprengt ist die brünn, die maid zu sprechen anhebt—
„wenn das weib nun aus dem schlaf erwacht,
„was wird eigentlich die Kluge zu Sigurdur sprechen,
„das dem Volksherr hier zur förderung würde?

Gripir sprach:

17. „Befähigst wird sie die runen dich lehren

„die alle geschlechter sich aneignen möchten,
„und angeben dir, nach menschlichem ausspruch,
„zur heilung heilmittel; mögst nie du sie brauchen!“

Sigurdur sprach:

18. „Zu end' wär nun diess, erfasst ist die lehre,
„und bereit bin ich fort von dannen zu reiten —
„im geist suche nach und sage mir weiter,
„was ferner noch wird meines lebenslaufs sein.“

Gripir sprach:

19. „Zu Heimis behausung gelangen du wirst,
„und froher gast bei dem Volkskönig sein. —
„Zu end ist nun, Sigurdur! was ich wusste voraus;
„nicht mehr als so, mög' man den Gripir ausfragen.“

19. Die sage der hunischen Brunhilde, welche der Norden nur durch die deutsche sage kennt, wird hier nicht mit der sage der nordischen Sigurdrifa vermischt, wie diess in der deutschen sage öfters, und bisweilen sogar, in folge der deutschen sage, auch in einem späteren Edda-gedicht geschehen ist. Die deutsche sage hat die Brünhilde, aus nachahmung der nordischen Sigurdrifa, welche sie nicht aufnahm, mit dieser vermischt, in dem sie die Brunhilde, gleich der Sigurdrifa, darstellt, als eine art Valkyrie die hinter einer waberlohe sich aufhält, durch welche Sigurdur zu ihr dringt.

Sigurdur sprach:

20. „Betrübniss nun bringt mir das wort das du sprichst,
„weil, Volksherr! du doch noch weit'res voraus siehst:
„du weisst dem Sigurdur gar grosse bedrängnisse;
„drum zu sagen dies, Gripir! nicht willig du bist.“

Gripir sprach:

21. „Mir vorlag im lebenslauf deiner jugend
„das glänzendste, im gesicht, zu verfolgen,

„als rathgeber gelt ich eher, mit recht,
„als vorwisser, viel wen'ger; was ich wusste ist aus!"

Sigurdur sprach:

22. „Hier oben auf der erd' keinen menschen ich kenn'
„der mehr als du, Gripir! und weiter voraussieht;
„nicht darfst du's verhehlen, wenn's leidig auch wär,
„oder schädlich sich mächte für mein wohlsein."

Gripir sprach:

23. „Dein lebenslauf ist nicht zu lastern bestimmt;
„das mögst du, herrlicher Edling! dir merken:
„drum so lang die welt lebt, wird oben an stehen
„dir Speersturms-erreger! dein rühmlicher name.

Sigurdur sprach:

24. „Das schlimmste mich dünkt, dass scheiden nun soll
„Sigurdur von dir, Volksherr!, bei so thanen dingen;
„den verlauf, der ganz dir vorliegt, zeig' an
„mir weiter, Mutterbruder! wenn's dir gefällig."

Gripir sprach:

25. „Nun soll's dem Sigurdur genau gesagt werden,
„da du, Truppführer! mich dazu nöthigst;
„wissen sollst du gewiss, dass keineswegs ausbleibt
„die tag- und nachtzeit, wo dein tod ist bestimmt."

Sigurdur sprach:

26. „Nicht des mächt'gen Königs zornspruch will ich,
„vielmehr Gripi's freundlichen rath empfahen;
„wie widrig es auch sei, will gewiss ich nun wissen
„was dem Sigurdur zu handen du offenbar siehst."

Gripir sprach:

27. „Bei Heimir ist eine jungfrau von angesicht schön,
„Brünnen-Hilde nennen die vornehmen sie;
„eine tochter des Budli, doch der treffliche könig
„Heimir das hartsinnige mädchen aufzieht.

27. Die nordische sage die den Sigurdur nur als unverheiratheten (sveinn) kennt, und ihn jung, in folge des fluches des Niflungenhorts, sterben lässt, wäre hier zu ende, wenn sie sich nicht mit der deutschen sage verbunden hätte, vermittelst der ehe des Sigurdurs mit der fränkischen Gudrun. Da die deutsche sage den fluch des Niflungenhorts zuerst nicht kannte, so stellt sie den tod Sigurdurs dar, als durch Brunhilde herbeigeführt. Unser nordischer dichter weiss aus der deutschen sage, dass Brunhild, die pflegetochter des Heimis, als die ursache des tragischen todes Sigurdurs dargestellt wird; Gripir will aber diesen tragischen tod dem neffen nicht profezeien, und verfolgt die weitere geschichte nur auf das dringende begehren Sigurdurs hin.

Sigurdur sprach:

28. „Was berührt mich's dabei, dass die jungfrau ist
„von angesicht schön, und erzogen bei Heimir?
„diess mögst du, Gripir! genau aussagen,
„weil alle urlagen voraus du siehst.

Gripir sprach:

29. „Die meisten andern freuden sie dir verleidet
„diese zögling des Heimis, von angesicht schön;
„keinen schlaf du mehr schläfst, nicht mehr sachen be-[sprichst,
„nicht mehr auf leute merkst, so lang die maid du nicht [siehst."

29. Unser nordischer dichter stellt, die deutsche sage befolgend, die Brunhilde als die verlobte geliebte Sigurdurs dar, welche beide sich gegenseitige treue geschworen.

Sigurdur sprach:

30. „Welch heilmittel ist da dem Sigurdur bestimmt?
„sag', Gripir! du das, wenn's zu sehen du glaubst;

„wird's gelingen mir zur eh' zu erkaufen die jungfrau,
„diese des Volksherrn so schöne tochter?"

Gripir sprach:

31. „Beide werdet ihr allerhand schwüre thun,
„völlig feste, doch werdet ihr wenig sie halten;
„so bald, eine nacht, du Giukis gast gewesen,
„gedenkst du der klugen zögling des Heimir nicht mehr."

Sigurdur sprach:

32. „Was verursacht dieses? eröffn' es mir, Gripir!
„siehst herzlosigkeit du im wesen des Grimmen?
„dass die zusag ich breche gegen dies mädchen,
„das von ganzem herzen zu lieben ich dachte!"

Gripir sprach:

33. „Du geräthst, Kämpensohn! in fremde schlingen;
„der Grimhild plane du ausführen wirst;
„sie wird dir anbieten die blondhaar'ge jungfrau,
„ihre tochter; am Grimmen sie zaubertrug übt."

33. Sigurdur kommt, nach deutscher sage, zu den Giukungen, wo ihm die mutter Grimhild ihre tochter Gudrun zur frau anbietet, ihm durch zauber die Brunhilde aus dem sinn schlägt, und ihm sogar aufträgt durch die Waberlohe zu reiten, um, an der stelle des Gunnar, für diesen die Brunhilde zu freien. Sigurdur versteht sich zu diesem elenden trügerischen akt; er reitet, unter der gestalt des Gunnar, durch die Waberlohe zu Brunhild, und da diese die ehe demjenigen jungen helden versprochen hat, welcher kühn genug wäre zu ihr durch die Waberlohe zu dringen, so bequemt sie sich zur ehe mit dem als Gunnar erschienenen Sigurdur. Dieser, eingedenk des dem Gunnar gegebenen versprechens, berührt nicht die Brunhilde. Dieser letzte zug der enthaltsamkeit Sigurdurs, war offenbar der ursprüngliche, auch in der deutschen sage; er ist aber im deutschen mittelalter in die widerliche szene im Nibelungenlied verkehrt worden, worin,

als wäre sie von einem lüsternen pfaffen oder groben lanzenknecht ersonnen, Sigurd (Siegfried) dargestellt wird, als habe er, an der stelle des Gunnar (Günther), die Brunhild im ehebett gebändigt.

Sigurdur sprach:

34. „Werd mit Gebrüder-Gunnar ich bruderschaft schliessen,
„und mich dazu verstehen Gudrun zu heirathen?
„ich wär dann wohl ein glücklich-beweibter heerführer,
„wenn nur nicht schuld-trübsal mich ängstigen würde.“

Gripir sprach:

35. „Grimhild wird dich völlig durch zauber bethören,
„dich treiben, dass die Brynhilde du begehrst
„zur eh' dem Gunnar, dem Drost der berittnen;
„übereilt, der königsmutter du zusagst die fahrt.“

Sigurdur sprach:

36. „Dass frevel vorhanden, werd ich das einsehen?
„wird gänzlich irr gehen Sigurdurs verstand?
„wenn ich soll die herrliche jungfran begehren,
„die sehr ich geliebt, zur eh', einem andern.“

Gripir sprach:

37. „Zusammt werdet ihr eide euch schwören,
„Gunnar und Högni und du, Strenger!, als dritter;
„drum werdet unterwegs die gestalt ihr austauschen
„Gunnar und du; nicht sagt Gripir unwahres!

Sigurdur sprach:

38. „Was bezweckt diess? warum sollen austauschen wir,
„wenn unterwegs wir sind, gestalt und haltung;
„muss da nicht ein zweiter trugakt erfolgen,
„ein in allem schlimmer? sag' es noch Gripir!“

Gripir sprach:

39. „Die gestalt Gunnars hast du und sein wesen,
„doch bleibt dir dein sprechen und heldensinn,

„dir verloben wirst du die hochgesinnte
„zöglingin des Heimir; sie dabei hat keinen argwohn.“

Sigurdur sprach:

40. „Ich schlimmstes dabei fürcht', dass schlecht genannt [wird
„von männern Sigurdur, bei so thanen dingen;
„nicht möchte ich durch betrug verletzen,
„des Ebers jungfrau die als trefflichste ich kenn'.“

Gripir sprach:

41. „Du wirst, Heerspitzführer! dich so betten
„jungfräulich bei der jungfrau, als wäre sie deine mutter;
„drum wird auch, so lang die welt lebt, erhaben,
„Volkssammler!, stets dein namen sein.“

Sigurdur sprach:

42. „Ein edles weib wird Gunnar heirathen
„die (du sagst es Gripir) vor männern jungfräulich,
„obgleich des Degens braut bei mir drei nächte
„feuersinnig geschlafen! — ähnlich beispiel gibt's nicht.“

Gripir sprach:

43. „Getrunken zusammt werden beide brautläufe
„des Sigurdurs und Gunnars, in den sälen Giukis;
„heimgekommen habt ihr wieder die gestalt ausgetauscht;
„damit erhält jeder seine neigung wieder.“

Sigurdur sprach:

44. „Wie wird hernach zur freude sich wenden
„für den ehherrn diese eh'? sag' mir das, Gripir!
„wird, bereitet zur wonne, sie dem Gunnarr,
„und auch mir selbsten, hierauf werden.“

Gripir sprach:

45. „Der schwür' gedenkst du, doch weist du zu schweigen;
„du gute gesinnung der Gudrun verschaffst;
„aber schlecht verehlicht dünkt sich Brunhilde;
klug entdeckt sie den trug; er ihr rache eingibt.“

45. Obgleich Sigurdur die Brunhild dem Gunnar als reine jungfrau zugeführt, so hat er doch sie unwürdig betrogen. Sie erfährt später den trug, und sinnt deswegen auf rache gegen die betrüger, gegen Sigurdur und gegen Gunnar ihren gemahl.

Sigurdur sprach:

46. „Was wird zur sühne die junge frau nehmen,
„da wir beide trug an dem weibe verübt?
„von mir hat die Kluge geschworne zusagen,
„die sich nicht erfüllt; auch hat sie frohes wenig.“

Gripir sprach:

47. „Sie wird dem Gunnar gerade sagen,
„dass du die schwüre ihm nicht gehalten,
„obwohl, mit vollem sinn, der herrliche könig,
„Giuki's erbe, dir, Strenger!, traute.“

Sigurdur sprach:

48. „Was wird da geschehen? eröffne mir dies, Gripir!
„werd durch solche aussage ich überführt?
„oder wird lügen die löbliche frau gegen mich,
„und gegen sich selber? sag' du das, Gripir!

Gripir sprach:

49. „Die mächt'ge frau wird gegen dich, aus zorn
„und grossem schmerz, nicht gar gut verfahren:
„wenn auch der Würd'gen du nie schaden verursacht,
„so habt ihr doch des königs weib durch trug verletzt.“

Sigurdur sprach:

50. „Werden wohl ihrer aufreitzung Gunnar der wackre,
„und Gudhorm, und Högni hierauf folgen?
„werden Giuki's söhne an mir, dem verwandten,
„die schwerdtschärfen röthen? sag' diess noch Gripir.“

Gripir sprach:

51. „Da ist es der Gudrun zornig ums herz,

„wenn sich, zu deinem mord, ihre brüder berathen;
„von jetzt an vergeht jede freude zu nichts
„dem verständigen weib; zornfeuer es beherrscht.“

51. Durch das zornfeuer, welches die Gudrun zur rache treibt, zeigt der dichter an, dass Sigurdur gemordet werden soll, und dass er die **deutsche** sage von dem **Giukungen mord** (ungeschickterweise **Nibelungen nôt** genannt) wohl kannte, aber, als nicht zur nordischen Sigundurssage gehörig, hier zu erzählen unterlässt.

52. „Damit, Heerspitzführer!, musst du dich trösten,
„auf deinem leben, Strenger!, ruht diese gabe:
„keiner wird zu grab gehen, den man werthvoller,
„unter dem himmelszelt, hielte als dich, Sigurdur!“

Sigurdur sprach:

53. „Freudig scheiden wir! nicht bezwingt man das schicksal;
„ganz gethan hast du, Gripir! wozu ich dich bat:
„gern glücklicher hättest du mir verkündet
„den lebenslauf, wenn vermöcht du es hättest.

---

2. Sigurdur beschliesst seinen Vater und Onkel zu rächen.

(Sigurdur hyggr at hefna föður ok Eylima).

Vorbemerkung.

Sigurdurs vater Sigmund war, nach der nordischen sage, durch Lyngvi sohn des Hunding gefällt worden. Seine mutter Hiördis die tochter Eylimis, nach dem sie ihren gatten Sigmund verloren, zog zu ihrem vater; als aber auch Eylimi durch die Hundingssöhne getödet war, und Hiordis gefangen fortgeführt wurde und nachher starb, kam der junge Sigurdur an den hof und in die wache (hird) des dänisch-fränkischen königs Hialprekr. In der hird war auch ein iotnischer schmiedemeister Regin, der bruder des iotnen Fafnir der sich den Niflungenhort durch den mord seines vaters Hrodmar angeeignet hatte. Der boshafte Regin, der den hort seines bruders besitzen wollte, aber sich nicht an Fafnir wagte, reitzte den jungen Sigurdur an, den Fafnir zu tödten, und mit ihm (Regin) den hort zu theilen. Sigurdur antwortete ihm, dass er vor allem zuerst seinen vater Sigmund und seinen onkel Eylimi, an den Hundingssöhnen rächen wolle. Bedenkt man, dass, nach der nordischen sage, die Hundingssöhne schon von Helgi dem Hundingstödter getödet worden sind (s. s. 208), so liegt hier wieder ein neuer beweis vor, dass die Sigurdur-sage der Helgi-sage, hier und da, nachgebildet worden, oder dass Sigurdur ein wiederbelebter Helgi ist.

Sigurdur sprach:

„Laut lachen würden die Hundingssöhne,
„die auch den Eylimi zu altern verhindert,
„wenn mir Edlem es eher gefiele zu verlangen
„goldrothe ring, als die rach' meines vaters.“

---

3. Odin erregt dem Sigurdur sturm.
(Sigurði Hnikarr veðr görir).

Vorbemerkung.

Der elternlose junge Sigurdur, der obgleich ein königssohn doch kein königreich besass, und in den alten gedichten niemals könig genannt wird, hatte, wie alle helden, durch sich, keine macht ohne den beistand anderer, um sich an den Hundingssöhnen zu rächen. Er erbat sich und erhielt von seinem herrn dem könig Hialprek, ein bemanntes schiff, um von Ost-Dänemark nach West-Norvegen, ins land der Hundinger zu schiffen. Unterwegs auf der see überfiel ihn ein sturm, den Odin, um den jungen helden zu prüfen, erregt hatte. Dieser sturm ist parallel dem seesturm den

Odin gegen Helgi dem Hundingstödter erhoben hat, als dieser gegen das land der iotnischen Granmarssöhne schiffte (s. s. 201). Diesen sturm hat ein späterer dichter des 10. oder 11. jahrhunderts als rahmen benützt, um darin folgende fast ganz erdichtete rhapsodie einzufassen.

Hnikar sprach:

1. „Wer sind sie die da reiten auf segelhengsten,
„über hohe wellen und brausendes meer?
„schweissbedeckt sind die segelrosse;
„nicht werden die seepferd' dem wind wiederstehen!"

1. Hnikar (alter wieherer) ist beinahme des Odin, des gottes des wieherenden windes. Die bezeichnungen der schiffe als segelhengste, segelrosse, seepferde, meereshölzern, rollenrosse, beweisen, dass der dichter der zeit der Skaldenpoesie angehört, wo solche bezeichnungen allgemein gebräuchlich waren.

Regin sprach:

2. „Wir sind hier, mit Sigurdur, auf meeres-hölzern;
„bis zum untergang fast treibt uns der wind;
„höher als brandspriet geht steil die woge;
„die rollen-ross stürzen; — wer ist hier der frager!"

2. Dem von einer klippenhöhe herabrufenden Hnikar antwortet Regin, welchen Sigurdur zum schiffswart, auf den Vikingszug gegen die Hundingssöhne, mitgenommen hatte.

Hnikar sprach:

3. „Man hiess mich Hnikar als noch Hugin ich ätzte,
„und ich mich, junger Volsunger!, mit kampf befasste;
„nun magst du den Alten vom berg mich nennen,
„Zugreifer, Gutmehrer; — überfahrt möcht' ich haben!
(Der Alte stieg ins schiff; alsbald legte sich der sturm).

3. Da Hnikar sagt er wäre früher, als er noch der schlachtengott war, Hnikar, Zugreifer, Gutmehrer genannt worden, so beweist dieses, dass der dichter

ein christ war, der den Odinismus als etwas vergangenes betrachtet, also etwa unter könig Knud von Dänemark 1030 gelebt hat. Als Hnikar, der überfahrt begehrt hatte, in das schiff aufgenommen worden war, legte sich der sturm, und Helgi erkannte in Hnikar den gott Odin.

---

4 Hnikars Sprüche. (Hnikkars mâl).

Die nordische sage hat vielleicht irgendwo ausgesagt, dass Odin dem Sigurdur guten rath und geheime lehre ertheilt habe; ein späterer skalde hat diese aussage benützt, um die ertheilung dieser lehren ausführlicher darzulegen; er lässt den Sigurdur bei Odin sich befragen über die besten glückszeichen (lat. omina) beim kämpfen.

Sigurdur sprach:

1. „Sag' mir das, Hnikar! da beides du weisst,
„die glückszeichen für götter und menschen,
„welches sind, wenn man kämpfen soll, die besten
„glückszeichen, beim schwingen der schwerdter?"

Hnikar sprach:

2. „Mehrfach, wenn die menschen sie kännten, sind gute
„glückszeichen, beim schwingen der schwerdter;
„günstig dünkt mir zu sein das geleit des schwarzen
„raben, für den schwerdter-begegner."

2. Es ist eine günstige vorbedeutung für einen kämpfer, wenn ihn von oben ein rabe begleitet, weil der rabe voraussehend, dem leichenfrass des überwundenen feindes nachgeht.

3. „Ein zweites ist (so hinausgetreten du bist,
„und gerüstet auf der strass),
„wenn, im gang, anhalten du siehst
„zwei ruhmgierige wackere."

3. Es ist eine günstige vorbedeutung wenn kühne kämpfer, nach unruhigem gang (â tai), zum stehen kommen, sich gegen einander stellen, weil dies anzeigt, dass der kampf beginnt und der kämpfer nicht flieht oder die ferse zukehrt.

4. „Ein drittes ist, wenn du hörst heulen
„wölfe unter eschen-zweigen;
„siegesglück über die helmträger wird dir verliehen,
„wenn du sie voranziehen siehst."

4. Hunde- und wolfgeheul bedeutet den tod eines menschen; wenn die heulenden wölfe vor dir voranziehen, so bedeutet dies, dass du, als sieger, von dem überwundenen feinde wegziehen wirst.

5. „Nicht kämpfen soll der mannen einer abwärts gekehrt
„der spät scheinenden Mani's schwester;
„die hell sehen können, behaupten den sieg,
„unter den tapfern des schwerdter-spiels."

5. Es ist böse vorbedeutung wenn man, gegen die sinkende sonne gekehrt, kämpft; weil beim kämpfen 1) man nicht geblendet sein darf, und 2) die untergehende sonne den untergang des kämpfers vorbedeutet.

6. „Gekämmt und gewaschen jeder kämpfer soll sein,
„und des morgens gespeist;
„denn nicht abzusehen ist, wo er abends hinkommt;
„schlimm ist's aus helligkeit zu sinken."

6. In den kampf muss man nicht nüchtern und verstruppt ziehen, weil man nicht weiss 1) ob man nicht abens besiegt nach Valhall geladen wird, wo man mit anstand erscheinen muss, und weil man 2) aus helligkeit (leerheit des magens) zum kämpfen unfähig werden kann.

5. Sigurdurs besuch bei Regin. (Sigurðr kömr til husa Regins.)

Nach dem Sigurdur, in begleitung des Regin, von der niederlage der Hundinger zurückgekehrt war, nahm ihn dieser bruder des Fafni mit sich nach haus, in der absicht, den jungen recken nun zur ermordung des Fafni anzuregen und zuzurüsten. Er baute, bei sich, seine hoffnung auf Sigurdur, aus folgenden drei gründen. Er sagte sich, dass Sigurdur ihn früher abgewiesen (s. s. 239) weil er zuerst sich an den Hundingen rächen wollte; nun habe er aber dem Hunding Lyngvi, dem mörder seines vaters Sigmund, den blutigen adler auf den rücken geschlitzt. Den blutigen adler reissen heisst, einem gefallenen todten feinde, mit der schwerdtspitze, zwei blutstreifen kreuzweise auf den rücken ritzen. Da diese zwei kreuzstreifen den zwei kreuzstrichen des runen-buchstabens ar (adler) gleichen, so sagte man, einem ein ar (oder einen adler) einreissen. Woher Suhm (Fabelz. II, 362) seine ansicht über die schlächter-anatomie des aar-reissens genommen, weiss ich nicht. Durch das verwunden des rückens wurde der überwundene, als ein feiger auf der flucht verwundeter, gezeichnet; denn sterbende helden hatten nur wunden auf der brust. Durch dies feigheitszeichen wurden die kämpfer der Hel geweiht, und trugen gleichsam ihre hausmarke; ein so gezeichneter kämpfer konnte nicht zu Odin fahren.

Regin (bei sich) sprach:

1. „Nun, mit beissendem schwerdt, ist der blutige aar
„dem tödter des Sigmund, auf den rücken geritzt;
„so vorzüglich wie Sigurdur kein sterblicher war,
„der die erde geröthet und den Hugin erfreut.“

2. „Der Edeling Sigmunds ist gekommen hieher

„zu unserer wohnung, der rasch entschlossne recke;
„muth hat er mehr als ein bejahrterer mann,
„und von dem kühnen wolf darf gewinn ich hoffen,“

2. Als zweiten grund der hoffnung sieht Regin den muth Sigurdurs an, der es wagen wird den furchtbaren Fafnir anzugreifen.

3. „Den gestrengen kampfderben werd ich erziehen,
„da der Yngvis-Edeling nun zu uns gekommen:
„der reichste heerzog unter der sonne er wird;
„mit krieggeschicksfaden er alle lande umspannt.“

3. Der dritte grund des Regin ist, dass er hofft den jungen Volsunger (Yngvis-Edeling) für seinen plan zu erziehen, und ihn dafür zu gewinnen, durch die aussicht auf einen theil des Niflungenhorts.

---

6. Des sterbenden Fafnis letzte worte.
(Fafnis feigs nâ orð.)

Fafnir sprach:

1. „Junger! ach junger! welchen kühnen bist du geboren?
„welcher wackern bist du der sohn?
„der du den blanken mäher an Fafnir geröthet,
„so dass das schwerdt am herzen mir steht?

1. Als Fafnir durch das schwerdt des jungen, ihm unbekannten Sigurdur tödlich verwundet war, seufzte er; und erstaunt über die kühnheit des jünglings, die ihm vererbt sein müsse, frägt er ihn, wer seine kühnen eltern seien.

Sigurdur sprach:

2. „Luchsartig ich heiss, und ich herumgeschweift bin
„ein mutterloser sohn;
„nicht, wie andere wackerer-söhne, einen vater ich hatt';
„ich fahre vereinsamt.“

2. Sigurdur ist sich bewusst einen hinterlistigen meuchelmord begangen zu haben; denn, auf den rath Regins hin, hatte er sich, auf der fährte des drachen Fafnir worauf dieser zum trinkwasser zu fahren pflegte, eine grube gegraben, sich darin versteckt, und den drachen, als er über die grube gleitete, von unten durchstochen. Er wusste, dass mörder von den gemordeten, noch vor deren tod, verflucht werden, und dass der fluch, welcher beim sterben ausgesprochen (nâ-ord), in erfüllung gehet. Deswegen scheute er sich, seinen namen zu nennen, weil den n a m e n eines verfluchen, wie man glaubte, eben so wirksam sei als die p e r s o n selbst zu verfluchen. Sigurdur gab sich daher, aus feigheit, einen erdichteten namen. Da aber der nordische held, wenn er lügt, die lüge immer so einrichtet, dass sie, in gewissem sinn, eine wahrheit ist, so gibt sich Sigurdur den fingirten namen L u c h s-a r t i g, der in sofern richtig ist, als Sigurdur, nach art eines hinterlistigen luchses den Fafnir angefallen hat. Sigurdur sagt ferner, er sei ein fahrender vereinsamter recke, ohne eigentliches väterliches heim, was ebenfalls wahr war; er sagt, er sei ein m u t t e r l o s e r sohn, statt zu sagen seine mutter sei gestorben; er habe auch keinen vater, statt zu sagen, er habe keinen vater mehr, sein vater sei todt.

Fafnir sprach:

3. „Wenn keinen vater du gehabt, wie and. wackerer-söhne,
„durch welches wunder du erzeugt wärst; [bedenk
„du lügst, dass unberühmt sei dein geschlecht,
„und du selber desgleichen.“

3. Fafnir fasst die reden Sigurdurs wörtlich auf, erkennt daraus, dass dieser lügt, und er merkt, dass derselbe sein edles geschlecht verbirgt aus furcht verflucht zu werden: Fafnir hält dem Sigurdur seine lüge vor.

Sigurdur sprach:

4. „Wohl sagt' ich, dass unberühmt sei mein geschlecht

„und ich selber desgleichen —
„nun!, Sigurdur heiss' ich, Sigmund mein vater hiess
„ich bin's der, mit waffen, dich besiegt hat."

4. Sigurdur schämt sich seiner feigheit, sagt desshalb offen die wahrheit, und bejaht, dass er nicht feige, sondern muthig mit den waffen den Fafnir bekämpft habe.

Fafnir sprach:

5. „Wer reitzte dich an? warum liesst du dich aufreizen,
„um mein leben zu entfernen?
„glanzäugiger Junger! einen herben vater du hattest;
„kinder treten ja in den schuh des vaters!"

5. Fafnir frägt argwöhnisch, ob nicht Regin den Sigurdur zum mord aufgestachelt, oder ob ihn blos sein muth dazu bewogen, da, wie er gesagt, er einen muthigen vater hatte, und gewöhnlich söhne in die schuhe (fussstapfen, geistesdisposition) des vaters treten.

Sigurdur sprach:

6. „Mein muth mich anreizte, es vollführten's meine hände,
„und auch mein scharfes schwerdt;
„nicht kann, wer an alter wächst, kühn sein,
„wenn, als kind schon, er feig ist."

6. Sigurdur antwortet, dass wer nicht schon in der jugend, wie er, muthig ist, nicht im vorgerückteren alter ein held werden könne.

Fafnir sprach:

7. „Wenn, ich weiss es, an der heimischen brust erwachsen du [wärst,
„hätt' man dich ehrbar kämpfen gesehen;
„aber nun bist in haft du, als heergefangner;
„die unfreien, sagt man, stets feig sind.

7. Fafnir sagt, dass wenn Sigurdur bei seinem heldenmüthigen vater hätte erzogen werden können, so hätte er, wie dieser, ehrbar kämpfen lernen; nun sei er aber ein heergefangener, da ihn die Hundinger als kind mit

seiner mutter gefangen genommen, und unfreie Wachmänner, wie er, kämpfen nicht immer heldenartig.

Sigurdur sprach:

8. „Damit tadelst du mich, Fafnir! als sei zu entfernt ich
„der liebe meines vaters;
„doch in haft ich nicht bin, obgleich ein heergefangner;
„dass als freier ich leb', erfahren du hast."

8. Fafnir hat durch seine niederlage erfahren, dass Sigurdur, obgleich früher ein heergefangener, doch, wie ein freier, zu kämpfen vermag.

Fafnir sprach:

9. „Den Schreckhelm, vor der leute söhnen, ich trug,
„als auf den schätzen ich lag;
„mich einzeln glaubt' ich stärker als alle zu sein;
„nicht traf ich viel jüngre, die stärker."

9. Fafnir glaubte, dass wenn, mit dem Schreckhelm auf dem haupt, er auf dem Niflungenhort liegen würde, selbst jüngere dadurch erschreckt, es nicht wagen würden, ihn anzugreifen.

Sigurdur sprach:

10. „Der Schreckenhelm jedoch da niemanden schützt,
„wo kämpfen man soll im zorn;
„ja grösser die schmach wird für die freien söhne,
„wenn solchen helm sie tragen."

10. Zum ernsten zorneskampf braucht man keinen Schreckhelm; ein solcher beweist vielmehr, dass man, für sich allein, nicht hinlänglichen muth und kraft in sich fühlt. Merkwürdig! diese philosophische bemerkung des Sigurdur ist die verurtheilung des heldenthums bei allen alten völkern im orient und occident; denn was waren die helden für sich allein, ohne die äussere hilfe und die magischen kräfte, welche sie sich beilegten!

Fafnir sprach:

11. „Gift blies ich auch aus, als ich lag auf dem erbe,

„dem reichen, meines vaters.

Sigurdur sprach:

„grosses gezisch du machtest, giftglänziger wurm!
„und gewannst damit festen muth:
„doch erfährt man, wenn man auf viel andere trifft,
„dass niemand allein ist der kühnste.“

11. Der inhalt dieser strophe scheint vom dichter aus „Des Hehren Sprüchen“ (s. s. 104) entlehnt, wenn nicht beide stellen auf einem sprichwort beruhen.

Fafnir sprach:

12. „Als blosse schmähung auf dich jedwedes meiner worte
„aber eins noch will ich dir wahrsagen: [du zählst,
„das gelbe gold, und der gluthrothe reichthum,
„die ringe, den tod dir bringen.“

12. Da der besitz des Niflungenhorts dem Fafnir den tod gebracht, so will er den Sigurdur vor diesem besitz warnen.

Sigurdur sprach:

13. „Reichthum besitzen will jeder tücht'ge,
„immerfort bis zu jenem letzten tag:
„denn jeder geborne muss einmal doch
„fahren von hier zur Hel.“

13. Es ist bekannt dass, im heldenzeitalter, man das heldenthum stets auch in die, durch reichthum, erzeugte macht setzte. Ein armer held wie Schanfari, konnte nur bei den Beduinen geehrt werden. Sigurdur räsonnirt wie die heutigen gründer; nur sind diese keine helden.

Fafnir sprach:

14. „Du wirst halten für spott den spruch der Nornen,
„auch für spott eines unklugen Iotnen;
„wenn im winde du fliegst ertrinkst du im wasser;
„todtgeweihten bringt alles verderben.“

14. Das sprichwort sagt, dem todtgeweihten bringt

alles verderben; du glaubst dem schicksal durch vorsicht entgehen zu können, aber wenn du das wasser fliehst, und in die luft dich erhebst, ertrinkst du doch in den fluthen; ächt philosophische bemerkung!

15. „Ich rath' dir nun, Sigurdur! nimm an diesen rath,
„und reite hierweg nach haus!
„das gelbe gold und der gluthrothe reichthum,
„die ringe den tod dir bringen.“

15. Den abermaligen rath des Fafnir schlägt Sigurdur aus; er will auch reich sein wie andere helden; dafür wird er auch das geschick der andern helden einärndten.

Sigurdur sprach:

16. „Für dich ist nun gesorgt; doch ich will reiten
„zum gold, das in Lyngvi liegt;
„du aber, Fafnir! liege in lebenszertrümmerung,
„bis dass Hel dich besitzet!

Fafnir sprach:

17. „Regin verrieth mich, dich wird er verrathen,
„uns beiden gereicht er zum tode;
„ich fühl's, dass Fafnir sein leben muss lassen!
„dein war nun die grössere macht!“

17. Fafnir warnt, zu guter letzt, den Sigurdur vor seinem verrätherischen bruder Regin.

---

7. Regins verrätherischer plan. (Regins flåræði.)

Regin sprach:

1. „Heil dir nun, Sigurdur! nun den sieg du erkämpft,
„und den Fafnir hast abgethan;
„von allen menschen, die die erde betreten,
„begrüss ich dich als den muthigst-gebornen.

1. Nach dem Sigurdur den Fafnir getödtet hat und zu Regin zurückgekehrt ist, entspinnt sich zwischen ihnen eine discussion worin Sigurdur gewisse principien ausspricht, die später, über kurz oder lang, dem heldenzeitalter den gar aus machen werden. Die rhapsodie ist offenbar nicht im heldenzeitalter sondern später gedichtet.

Sigurdur sprach:

2. „Nicht sicher man weiss, wenn zusammen treten alle,
„wer der muthigste ist geboren;
„oft der auch ist kühn, der das schwerdt nicht geröthet
„in eines andern brust."

Regin sprach:

3. „Doch vergnügt du nun bist, und froh deines sieges,
„da du den Grimm abwischest im gras;
„du hast meinen bruder wohl tödtlich verwundet,
„doch ich selbst that es zum theil."

3. Da Regin das magische schwerdt Grimmer geschmiedet, womit Sigurdur den Fafnir erlegte, schreibt er sich einen guten theil an dem sieg über Fafnir zu.

Sigurdur sprach:

4. „Vielmehr du mir anriethst, dass reiten ich sollte
„über thauige berge hieher;
„noch besäss' reichthum und leben der giftglatte-wurm,
„wenn scharfen muth du mir nicht abgesprochen."

Regin sprach;

5. „Lang hättest du ruhig auf der heid' liegen lassen
„jenen alten iotnen,
„wenn das schwerdt d a s i c h machte du nicht benützt,
„als ein dir bequemes scharfschwerdt."

Sigurdur sprach:

6. „Du fern weggingst, als ich an Fafnir geröthet
„diese meine scharfe schneide:

„ich anregte meine kraft gegen des Wurmes macht
„während du auf der heide lagst."

7. „Besser muth ist als schwerdt-schärfe sein mag,
„da wo im zorn man soll kämpfen;
„denn den kühnen seh' ich, muthvoll, erringen,
„auch mit stumpfem schwerdt, den sieg."

8. „Dem raschen ist's leichter als dem unraschen
„sich zu halten im kampfspiel:
„der muthige siegt eher als der niedergeschlagene,
„welch schwerdt ihm zur hand auch sei."

Regin sprach:

9. „Setz dich nun, Sigurdur!, während ich schlafen geh,
„und halt' Fafnis herz ans feuer!
„die herzbolle will ich dich essen lassen,
„nach dem ich das blut hab' getrunken."

9. Der iotnische Regin, um seinen muth und list zu mehren, trinkt von dem blute des Fafnis, und ersucht den Sigurdur das herz (herzbolle) des getödeten zu braten und zu essen; er hofft, dass Sigurdur in schlaf sinken würde, während welchem er ihn leicht tödten könne.

---

8. Der drei Elstern Reden. (Igðra mal.)

Erstes gedicht.

Die nordische sage lässt den Sigurdur vor Regin warnen, nicht nur durch Fafnir (s. s. 249) sondern auch durch drei vorherwissende Elstern. Diese warnung wird poetisch ausgeführt in den zwei folgenden rhapsodien. In diesem ersten gedicht ergreifen die drei Elstern jede dreimal das wort.

Die erste Elster sprach:

1. „Hier Sigurdur sitzet mit blut bespritzt;

„Fafnis herz er am feuer bratet;
„mich der Goldringverschwender dünkte klug
„wenn die lebensboll, die fettglatte, er ässe.“

Die zweite Elster sprach:

2. „Dort Regin lieget; bei sich er berathet,
„wie den Jungen der ihm traut er will trügen;
„er, aus neid, schlechte gründe zusammenstellt,
„als wolle er, der Unheils-schmidt, rächen den bruder!“

Die dritte Elster sprach:

3. „Klug dünkte Jener mir, wenn als gut er erkännte
„den wichtgen freundesrath von euch schwestern,
„wenn an sich er dächte, und seinen muth bewiese —
„Da den wolf ich erwart' wo sein ohr ich seh'.“

3. Das sprichwort sagt, der vorsichtige sieht den wolf da wo er auch nur seine ohrspitze im heidekraut sieht; deswegen soll auch Sigurdur vorsichtig gegen Regin ein.

Die erste Elster sprach:

4. „Der Kämpfer-spross so klug nicht ist,
„als ich den Heer-schützer mir denken möchte,
„wenn den andern bruder er entkommen lässt,
„nach dem er dem einen das alter verweigert.“

Die zweite Elster sprach:

4. „Die goldrothen ringe, Sigurdur! pack' auf;
„nicht königlich ist's, vor manchem zu zaudern.
„Ich weiss, dass eine jungfrau, die allerschönste
„mit dem gold du schmückst, wenn du's erlangen kannst.“

5. Die schicksalskundigen Elstern wissen nicht, dass Sigurdur durch den Niflungenhort ins verderben kommen wird, sonst würden sie ihm nicht den rath geben, den schatz des Fafnir sich ganz anzueignen. Die zweite Elster stellt ihm sogar in aussicht dass, durch seinen reichthum, er die hand seiner künftigen frau in Giukisland leichter erhalten wird. Der dichter befolgt

hierin die nordische sage, welche aber schon die deutsche sage der Gudrun in sich aufgenommen hat.

Die dritte Elster sprach:

6. „Gen Giukisland liegen grüne strassen;
„voran weist das schicksal den Völker-bereiser;
„dort hat eine tochter der theure könig gezeugt;
„die kannst du, Sigurdur! kaufen mit brautschatz."

Die erste Elster sprach:

7. „Auf hohem Hindinfels stehet ein saal;
„aussen ist er mit feuer ganz umschlagen;
„dieses haben geschaffen geschickte Recken,
„aus dem des Schreckenmeers leuchtenden glanz."

7. Die nordische sage kennt nicht die durch die deutsche sage später ihr zugeführte Hunische Brunhild, sie kennt nur die Valkyrie Sigurdrifa welche auf dem Hindinfels hinter der Waberlohe schläft. Diese waberlohe ist von kunstreichen Alfen aus gold geschaffen worden. Da die goldne reichthumspendende sonne sich abendlich im meer zur ruhe begibt, so bildete sich die mythische ansicht, dass das meer die niederlage des goldes sei (s. s. 164); daher der skaldische ausdruck Oceansglanz für gold.

Die zweite Elster sprach:

8. „Auf dem fels, ich weiss es, eine Truppkundige schläft;
„des lindholzes schaden spielt über sie hin;
„mit dorn stach sie Odin, nach dem die Leinschmucke
„wackre helden, die er wahren wollte, gefällt.

8. Truppkundige heissen die Valkyrien weil sie die truppen im kampfe anfeuerten. Lindholzes schaden ist skaldischer ausdruck für feuer. Der schlafdorn war ursprünglich ein abgedorrter magischer zweig, womit man, wie mit einem sprengwedel, durch schwingen den schlaf bewirkte (s. Weggewohnslied s. 141). Später war er ein magischer dorn, der, hinter das ohr gelegt, schlaf

erzeugte. Odin versenkte die Valkyrie Sigurdrifa in den schlaf, weil sie ihrem geliebten Agnar, gegen den von Odin beschützten Hialmgunnar beigestanden.

Die dritte Elster sprach:

9. „Sehen darfst du, Junger!, die behelmte maid,
„wie vom kampf weg sie auf windschauern ritt;
„nicht eher kann den schlaf Sigurdrifa's brechen
„ein schildführer-abkomm', nach der Nornen beschluss."

9. Die dritte Elster sagt, dass Sigurdur die Sigurdrifa so sehen wird, wie sie als Valkyrie aussah, als sie in den lüften (windschauern) ritt; Sigurdur sei, nach der Nornen ausspruch, der held (schildführer-nachkomme) der auserlesen sei, den schlaf der Sigurdrifa zu brechen.

---

9. Der Elstern Reden. (Igðra mâl).

Zweites gedicht.

Die erste Elster sprach:

1. „Sehr unklug Er ist, wenn er jenen verschont,
„den feind, der allerwelt schadet;
„noch liegt dort Regin, der den bruder verrathen;
„nicht darf vor ähnlichem Sigurdur sich scheuen."

1. Diese zweite rhapsodie, als die kürzer gefasste, scheint die ältere zu sein, welche durch die vorhergehende weiter ausgeführt worden ist.

Die zweite Elster sprach;

2. „Er lass den reifkalten Iotnen kopfkürzer werden,
„und ihn abstehen von den goldringen:
„dann wird er des reichthums, dem Fafnir vorsteht,
„verwalter sein ganz allein."

Die dritte Elster sprach:

3. „Er lass auch den alten schwätzer kopfkürzer werden,
„ihn fahren zur Hel von hinnen,

„dann kann er allein alles gold versorgen,
„das, in meng', unter Fafnir lag."

3. Alter schwätzer bezeichnet die altklugen geschwätzigen iotnen: hier bezeichnet der ausdruck den Iotnen Regin.

Sigurdur (für sich) sprach:

4. „Nicht wird für Regin das glück so reich, dass er möge
„den ruhm meines todes davontragen;
„drum sollen, in bälde, die beiden brüder
„zur Hel von hinnen fahren!"

---

10. Sigurdrifa's Reden. (Sigurdrifu mâl.)

Erstes gedicht.

Sigurdrifa sprach:

1. „Was zerschnitt die brünne? was brach mir den schlaf?
„wer liess von mir abfallen die tödlichen fluchbande?

Sigurdur sprach:

„Soeben zerschnitt sie Sigmunds sohn,
„Sigurdur, mit dem raabenaasgierigen schwerdt."

1. Sigurdur war durch das schicksal bestimmt, die Sigurdrifa aus dem magischen schlaf zu wecken. Er kannte die Valkyrie nicht, so dass der ritt durch die Waberlohe, von seiten Sigurdurs, ein blosses heroisches wagestück war, und durch aus nicht als eine beabsichtigte befreiung einer geliebten von ihrem geliebten, angesehen werden darf. Von liebe kann zwischen Sigurdur und Sigurdrifa gar keine rede sein, zumal da die Valkyrie, welche lange im schlaf lag, bedeutend älter als Sigurdur war, und deswegen blos als dessen mütterliche rathgeberin und beschützerin anzusehen ist.

Sigurdrifa sprach:

2. „Dafür biet' ich dir, starker Kämpfer! den trank,

„der gemischt ist mit kraft und mächt'gem ruhm;
„voll ist er von sprüchen, von lehren, und heilen,
„von kräft'gen ansängen, und von gunst-liedern."

2. Sigurdrifa verspricht dem Sigurdur, zum lohne dafür, dass er sie aus dem schlaf erweckt, ihn allerhand gute geheimnisse zu lehren. Da die lehre symbolisch durch den weisheits**trank** dargestellt wird, so verspricht sie ihm einen weisheitstrank in dem kraft, ruhm, heilrunen, magische ansänge, und philtren (neigungslieder), zu trinken sind.

---

11. Sigurdrifa's Reden.

Zweites gedicht.

Dies zweite gedicht, als das ausführlichere, ist wahrscheinlich nach dem vorigen gedichtet.

Sigurdrifa sprach:

1. „Lange schlief ich, seit lang entschlafen;
„den menschen lange ruhnächte sind's:
„Odin bewirkt' es, dass ich nicht zu brechen vermochte
„die ursachen des schlafs."

2. „Gegrüsst sei der Tag! gegrüsst des Tages strahlen!
„gegrüsst auch die Nichte der Nacht!
„mit freundlichen augen schauet uns hier!
„gebt den sitzenden geistesnahrung!"

3. „Gegrüsst seiet Ansen! gegrüsst ihr Ansen-geliebten!
„gegrüsst sei auch die viel-nütze Frau!
„gebt weisheit und verstand uns, und männerbeifall;
„und heil-hände, während des lebens!"

2. 3. Die Nichte der Nacht ist **Sôl** (die Sonne). Sigurdrifa ruft die gottheiten des lichts und die Ansen und Ansinnen an, damit dieselben sie erleuchten mögen, für runenlehren, welche sie dem bei ihr sitzenden, und aufmerksam zuhörenden, Sigurdur zu ertheilen gedenkt. Die vielnütze Frau ist Freyia.

4. „Kennen musst du Siegrunen, wenn du sieg haben willst;
„ritzen einige auf den griff des schwerdts,
„andere auf das querstück, andere auf den rundknauf,
„und Tyr zweimal anrufen!"

5. „Bundrunen kennen musst du, wenn du willst, dass deine [liebe frau,
„dein vertrauen, wenn du ihr trauest, nicht trüge;
„in den winkel musst du sie ritzen, und auf den rücken der [hand,
„und zeichnen ein N auf den festnagel."

5. Bundrunen sind gut zur befestigung des ehebunds. Diese magischen runenzeichen muss man einritzen in die ecke des ehgemachs, auf den rücken der hand, und dazu die rune N (noth, festigkeit) auf den wahrungsnagel eingraben, welcher das symbol der festigkeit ist (s. Des Hehren Sprüche s. 248).

6. „Schutzrunen kennen musst du, wenn schützen du willst,
„und befreien die frauen von ihrer geburt;
„auf die faust muss man sie ritzen, die glieder umspannen,
„und die Schwestern bitten, dass sie beistehen."

6. Wenn, wie ich glaube, diese strophe ächt ist, so entsteht die sonderbarkeit, dass die Sigurdrifa dem jungen helden geburtshilfliche runen mittheilt; man muss aber bedenken, dass, in jenen zeiten, wo noch keine arbeitstheilung statt fand, auch ein held in den fall kommen konnte, seiner kreisenden frau geburtshilfe zu leisten. — Die Schwestern bezeichnen hier die schutzgenien der frau.

7. Fluthrunen kennen musst du, wenn wahren du willst,
„die segelmähren im sunde;
„man muss in den stefen sie ritzen und auf das steuerblatt,
„und händ und füss kreuzweise legen;
[„nicht die wog so steil geht, noch so schwarz sind die [wellen,
„dass nicht heil du vom meer kämst."]

7. Das kreuzweise legen der hände und füsse be-

zeichnet, symbolisch, das muthige ruhige abwarten und unthätige stehen, bei gefahr, wodurch man dieselbe beschwört und ihr trotzt.

8. „Heilungsrunen kennen musst du, wenn du arzt willst
„und verstehen schwären zu heilen; [sein,
„man ritzen sie muss auf eine birke, am walds-rand,
„wo die äste nach osten neigen.“

9. „Streitrunen kennen musst du, wenn du willst, dass nie-
„durch beleidigung leid dir verursache, [mand
„in der volksversammlung, wohin die stämme werden,
„zu vollem gerichte, fahren.“

9. Es gab volksversammlungen (dinge) des stamms und des bezirks; nur auf den grössern dingen, wohin alle stämme kamen, war volles gericht, zur schlichtung der streitigkeiten (processe).

10. „Einsichtsrunen kennen musst du, wenn du willst
„verständiger als irgend einer sein:
„sie erdachte Ropfwind, aus Goldtröpflers schädel,
„und aus Schatztraufers trinkhorn.“

10. Odin (Ropfwind, gott des raufenden winds), erleuchtet durch den weisheitstrank aus dem trinkhorn des Schatztraufers (des Iotnen Mimir, symbol des reichthums, der vom himmel trauft), und durch die weisheitstropfen, aus dem abgehauenen kopfe des Goldtröpflers (Mimir, symbol des himmels, der fruchtbarkeit herabtröpfelt), erdachte die Einsichtsrunen.

---

12. Sigurdrifas Reden.
Drittes gedicht.

1. „Das rath ich dir, zum ersten, dass du gegen verwandte
„dich schuldlos verhaltest;
„dass du nicht rachsüchtig, wenn auch streit sie bewirken;
„das, sagt man, nützt auch nach dem tod.“

1. Auf grund der beiden vorigen gedichte verfasste ein christlicher dichter diese rhapsodie in dem er den rahmen, den ihm jene gedichte darboten, dazu benützte, um noch andere lehren der Sigurdrifa in den mund zu legen.

2. „Das rath ich dir, zum zweiten, dass keinen eid du schwörst,
„ausser den, der wahr ist:
„grimme schicksals-verbande folgen dem treubruch;
„der ist elend, der zusagen zerreisst."

3. „Das rath ich dir, zum dritten, dass, auf dem volkding,
„du nicht mit thoren processest;
„denn der unverständige lässt oft solch worte fallen,
„die böser sind, als er es weiss.

4. „Das rath ich dir, zum vierten, (im fall eine unzücht'ge
„schmachvolle wohnt am weg):
„vorbeiziehen ist besser, als bei ihr zu gast sein,
„wenn auch die nacht dich befällt."

5. „Das rath ich dir, zum fünften: wenn auch du siehst,
„schöne bräute auf ihren bänken,
„lass nie ehebruch deinen schlaf beherrschen;
„locke nie zum küssen die frau."

6. „Das rath ich dir, zum sechsten, wenn bei männern
„zu heft'ge wort beim trunk fallen;
„mit trunkenen feindlich-angreifern sollst du nicht streiten;
„manchem stiehlt der wein den verstand."

7. „Das rath ich dir, zum siebenten, wenn du streitursachen
„mit muthvollen männern, [hast,
„besser ist's, sich zu schlagen, als zu verbrennen
„die hausbesitzer drinnen."

7. Im heidnischen Norden kam es öfters vor, dass hausbesitzer von ihren feinden, aus hinterlistiger rache, in ihren, des nachts angesteckten, wohnungen verbrannt wurden.

8. „Das rath ich dir, zum achten, dass du sollst vor schlech-
„und von liebeshändeln dich fernhalten; [tem scheuen,
„verführ' du nicht die jungfrau, noch eines mannes ehfrau;
„und treibe sie nicht in lüsternheit."

9. „Das rath ich dir, zum neunten, dass du leichname be-
„wo du einen auf der oberfläch findest, [stattest,
„seien sie nun von krankheitstodten oder von seeertrunk-
„oder von mit waffen getödeten wakkern." [nen,

10. „Das rath ich dir, zum zehnten, dass du niemals trauest
„der aussöhnung mit der waise des landsflücht'gen;
„denn oft steckt ein wolf in dem jungen sohn,
„obgleich er des sühngolds froh war."

10. Das beste ist keinen prozess zu haben, denn wenn auch der gegner zum exil verurtheilt wird und man sich mit der familie des landesflüchtigen ausgesöhnt glaubt, so wird doch bisweilen sein junger sohn später ein wolf (mörderischer rächer).

11. „Das rath ich dir, zum elften, dass du der gefahr dich vor-
„auf jedem weg, selbst mit freunden; [sehest,
„mir dünkt nicht, dir, Edling! ein langes leben zu sehen;
„starke kämpfe stehen dir bevor."

11. Der dichter weiss, dass Sigurdur, der seinen verwandten traute, durch sie umgekommen ist; desswegen lässt er die Sigurdrifa dem Sigurdur den rath geben, auch gegen die freunde stets auf der hut zu sein. Sigurdrifa verkündet dem Sigurdur, bei dieser gelegenheit, dass er jung sterben wird.

12. „Erproben musst du, (da das loos dir geboten,
„scharfer Waffen-träger!)
„verkündetes oder verschwiegenes; nimms auf mit eig-
„wodurch alles unglück beendet ist." [nem muth,

12. Sigurdrifa sagt: Da das loos dem Sigurdur bereits bestimmt ist, so möge er, das was sie ihm hierüber ver-

kündet oder auch verschwiegen habe, mit muth ertragen; da der muth alles unglück bewältigt.

Sigurdur:

13. „Nicht davor will ich fliehen, wenn gleich du mich todbe-
„nicht mit feigheit bin ich geboren; [stimmt weisst;
„deinen liebesrath aber will ich völlig beachten,
„so lang als ich lebe."

---

13. Sigurdur's Sagelied. (Sigurðar kviða.)

1. Bald kam's, dass den Giuki Sigurdur heimsuchte,
als der junge Volsunge den Fafnir getödet;
Er erhielt treues-eide von den beiden brüdern;
die Kühnheits-eiferer gaben zusammt sich schwüre.

1. Dieses sagelied erzählt das geschick Sigurdurs von der zeit an, wo er zu den Giukungen kam bis zu seinem tod. Es beruht grösstentheils auf deutschen sagen, die von der nordischen sage aufgenommen worden sind. Die deutsche sage kam in den Norden durch die Franken, die von Süddänemark aus an den Unterrhein übersiedelten. — Die beiden brüder sind Gunnar und Högni die söhne Giukis, mit denen Sigurdur, nach der deutschen sage bruderschaft schwur.

2. Sie, mit grossem schatz, ihm die jungfrau anboten,
die junge Gudrun, des Giuki's tochter;
manchen tag-und-nacht tranken zusammen, und kosten,
der junge Sigurdur, und die söhne Giuki's.

3. Drauf diese ausfuhren zu werben um Brunhild,
so dass im gefolg mitritt Sigurdur,
der junge Volsunge, der kundig der wege;
Er hätt' heirathen sie können, wenn erlaubt er sich's hätte.

3. Hier wird zum ersten mal der hunischen Brunhild erwähnt, welche die nordische sage, erst mit der

deutschen sage, in sich aufgenommen hat. Die nordische sage nimmt an, dass Sigurdur die Brunhild zum ersten mal sah, als er, in der gestalt Gunnars, zu ihr kam.

4. Doch der ledige Sigurdur legte das nackte schwerdt,
den spruchgezierten mähder, zwischen sich und sie;
nicht thät er diese jungfrau küssen;
nicht ehmännisch nahm sie der Edling in den arm;
Er für Giukis sohn die blutjunge aufhob.

5. Sie war sich keines fehls, für ihr leben, bewusst,
noch erlitt sie, zum selbstmords-grund, irgend ein leid,
das schmälig gewesen, oder das man so gehalten;
dennoch grimme geschicke dazwischen eindrangen.

6. Einsam draussen Sie sass, jeden tag, gegen abend;
sie öfter anhub, mit sich so zu sprechen:
„verschmachten muss ich, oder halten Sigurdur,
„den blutjungen mann, in meinen armen!"

6. Nach dieser darstellung entstund die liebe der Brunhild zu Sigurdur erst dann, als sie, an Gunnar verheirathet, den vorzüglichern Sigurdur, in seiner wahren gestalt, und in seinem wesen, hatte kennen gelernt.

7. „Nun ein wort ich aussprach, das ich nachher bereu'!
„ehfrau ja Gudrun ihm ist, und ich dem Gunnar! —
„langes leid uns böse Nornen schufen!"

8. Oft trat sie ins haus von unmuth erfüllt,
von neid und zorn, an jedem abend,
während Gudrun und Er zu bette gingen,
und Sigurdur um diese das bettlacken streifte:
„Ich ohne mann geh', und ohne gesellschaft;
„ich zerstreuen mich muss, bei grimmem herzen."

9. Aus erbitt'rung sie begann zum morde zu reitzen:
„Du musst nun, Gunnar! gänzlich ablassen

„von meinen landen, und von mir selbsten!
„nicht mag ich, bei dir, Edling!, mehr lieben das leben!

9. Der grund warum Brunhild den Gunnar aufreitzt, den Sigurdur, den sie liebt, zu tödten, ist, nach dieser darstellung, die eifersucht, und der neid, den sie empfindet, über das glück der Gudrun, die einen schönern und berühmteren helden, als sie an ihrem gemahl Gunnar, besitzt.

10. „Hinfahren will ich, wo früher ich war,
„zu meinen mir nahgebornen verwandten!
„dort sitzen ich will, und mein leben verträumen,
„wofern du den Sigurdur nicht kalt lässt werden,
„und nicht grösserer kampf-eber als andere du wirst.“

11. „Lassen wir, sammt dem vater, den sohn hinfahren!
„den jüngern wolf darf man nicht lange aufziehen!
„der unbilden sühne wird jedem dadurch leichter
„dass, zur rache, nachher kein sohn mehr lebt.“

12. Bestürzt war da Gunnar und schnaubte zornig,
wandt' oft seinen sinn, sass den ganzen tag still:
er wusste, dass ihm dies gar unerfreulich,
da des Sigurdurs er beraubt sich dachte,
und an Sigurdur grosse entbehrung ihm wäre.“

12. Sigurdur war der heerführer des königs Gunnar; ohne ihn glaubte dieser sein reich nicht wahren zu können.

13. Dann, eben so lange zeit, er bedachte,
dass es kein förderlich zulassen sei,
dass vom königthum solche gattin weggehe.
Er den Högni rufen liess zur besprechung,
wobei er diesen als vertrauten ganz hatte.

Gunnar sprach:

14. „Ueber alles gehet mir Brunhilde allein;
„Budlis geborne ist ein glanzruhm der frauen;

„eher wollt' ich nun selber mein leben lassen,
„als die schätze der jungen frau verlieren.“

14. Gunnar wird hier als habsüchtig und goldgierig dargestellt, so dass er sich dazu versteht, den Sigurdur morden zu lassen, um das Rheingold (Niflungenhort) das dieser der ehefrau Gudrun zugebracht, sich anzueignen.

15. „Willst du, mit uns, dem Heerführer sein gut entreissen?
„schön wär es, über dem Rheingold zu walten,
„und mit diesem reichthum fröhlich zu schalten,
„und, in ruhe verbleibend, das glück zu geniessen!“

16. Drauf Högni diese einzige antwort gab:
„nicht ziemt es uns, solches zu vollführen,
„geschworne eide mit dem schwerdt zu brechen,
„geschworne eide, und gegebenes treu-wort.“

Gunnar sprach:

17. „Ich weiss zuletzt welchen ausweg es gibt;
„zu mächtig ist mir der Brunhilde drängen;
„wir müssen zum mord anleiten den Godorm,
„unsern jüngern bruder, der von geringerem bedenken.“

17. Wie manche vermeintlich-religiöse menschen, umgeht hier der elende Gunnar das moralische gewissen. Er scheut sich persönlich den eid zu brechen, aber scheut sich nicht seinen jüngern bruder Godorm, der dem Sigurdur keine bruderschaft geschworen, zum mord an diesem anzureitzen.

18. Leicht war's den frevelgieren anzustacheln; —
bald stack auch sein schwerdt in Sigurdurs herz;
doch zur rache erhob sich im saal der Heer-freund;
auf Gudorm flog mächtig das, mit geschick,
aus des Edlings hand, geschleuderte eisen;
niedersank sein feind nach innen und nach aussen.“

18. Nach dieser darstellung der sage, wird Sigurdur durch Godorm, nachts, in der burg Gunnars, schlafend ermordet.

19. Eingeschlafen war Gudrun, auf des bettes pfühl,
an der seite Sigurdurs, sorgenloos;
sie erwachte aber, aller freude beraubt,
als sie im blute des Freysfreunds floss.

19. Da Sigurdur als Volsunger seinen stamm auf den slavischen Voloç, der dem gotischen Freyr entsprach (s. oben) zurückführte, so wird er hier, nach seinem stammgott, als Freysfreund bezeichnet.

20. So jämmerlich sie ihre hände rang,
dass der Starkmuthge auf dem bett sich erhob:
„jammre du doch so grimmiglich nicht!
„du gar junges weib!; dir leben noch brüder!;
„der erbniesser, den ich hab', ist noch zu jung;
„nicht weg kann er, aus der verwandten gehöft."

20. Der sterbende Sigurdur erkennt wohl den verrath der Giukungen, er weiss aber nicht, dass man seinen jungen sohn Sigmund auch gemordet hat; deswegen gibt er seiner frau Gudrun den rath, sich mit ihren brüdern zu halten, da diese nun ihre und ihres kindes alleinige stütze sein werden, zumal da, durch seinen tod, sie bald erfahren werden, welchen grossen verlust sie an ihm erleiden, und deswegen an ihr und dem kinde werden suchen gut zu machen, was sie an ihm verbrochen haben. Sigurdur weiss, dass Brunhild die anstifterin seines mordes gewesen, aus bloser eifersucht und aus neid, da er sich keines unrechts gegen sie bewusst ist.

21. „Jetzt war ihre absicht schwarzer mords-verrath;
„aber sie kommen bald zu besserer einsicht:
„obgleich sie vornehm, reitet ihnen, von nun an,
„kein schwestermann mir gleich, von hierweg zum ding."

22. „Genau weiss ich, durch wen dieses geschah;
„den ganzen frevel allein Brunhild begieng;
„mich liebte die keusche, mehr als jeden andern;

„doch that ich kein unrecht gegen Gunnar;
„die ehen ich wahrte, die geschwornen eide,
„damit ich nicht hiesse der freund seiner frau.“

23. Klagen ausstiess Gudrun, aber den odem jung Sigurdur;
ihre ringenden hände so laut sie schlug,
dass die trinknäpf', in der ecke, widerhallten,
und im hof die gänse mit aufkreischten.

24. Da Brunhild, Budlis tochter, auflachte,
zu gleicher zeit, aus ganzer lust,
als sie, von ihrem bett aus, hören konnte
das gellende schreien der tochter Giuki's.

25. Der Gefolgschaftsherr Gunnar sprach da dieses;
„lach', grollgieres weib! du nicht darüber,
„hier im schlafgemach froh', als bedeut' es dir gutes!
„warum änderst du so die glanzgesichts farbe?
„Grausen-gebärerin! du willst, glaub' ich, sterben!“

26. „Unter allen frauen, du, am meisten, verdientest,
„dass vor deinen augen wir Atli niederhieben,
„dass am bruder du sähest blutge versehrung,
„dass du müsstest ihm blut'ge wunden verbinden.“

Brunhilde (sarkastisch) sprach:

27. „Niemand fordert dich, Gunnar!, du hast ja ausgekämpft;
„Atli deinen ingrimm wenig beachtet; —
„er wird von euch wohl der längst-lebende sein;
„und stets davontragen die grössere macht!“

27. Brunhilde schrieb die schuld des mords des Sigurdurs dem Gunnar zu, indem sie sarkastisch sagt, er brauche mit ihrem bruder Atli nicht zu kämpfen, da er mit Sigurdur den kampf ausgekämpft. Sie rechtfertigt vor sich selbst den mord, indem sie frühere erlebnisse erzählt; sie habe abscheu vor der ehe gehabt; da seien aber die Volkskönige (Giuki, Gunnar, und Högni) zu Atli

gekommen um sie zur ehe für Gunnar zu begehren, und haben mit gewalt gedroht; Atli aus furcht vor kampf habe sie zur heirath getrieben, in dem er ihr drohte ihr erbtheil ihr zu entziehen. Sie habe wider willen sich mit Gunnar verlobt, da sie im gefolge der könige den heerführer Sigurdur bemerkt habe, welcher die Waberlohe der Sigurdrifa durchritten hat, und im besitz des reichen Niflungenhorts war. In der hoffnung den Sigurdur zum ehmann zu bekommen, habe sie zu ihrer verlobung die bedingung gestellt, dass ihr freier sie als braut aus ihrer Waberlohe herausführe, was, wie sie glaubte, nur Sigurdur zu vollführen im stande wäre; Gunnar habe diese bedingung angenommen. Als aber wirklich Gunnar selbst, wie sie fälschlich glaubte, zu ihr durch die Waberlohe auf Grani geritten kam, so musste sie der bedingung nachkommen, und verlobte sich mit dem vermeintlichen Gunnar. Eigentlich war es aber Sigurdur, wie sie später erfahren, dem sie sich verlobt hat: rechtlich könne sie demnach nur als die frau des Sigurdur nicht als die frau des Gunnar sich betrachten; deswegen habe sie sich, nach langem schwanken, entschieden, als Sigurdurs frau mit ihm zu sterben. — Da ein weib nur mit dem mann stirbt, den sie geliebt, so wird, sagt Brunhild, Atli begreifen, warum ich mit Sigurdur gestorben, und dass dies geschehen, zur sühn des kummers den ich darüber empfunden, nicht dem mann verehlicht worden zu sein, den ich liebte.

Was die Waberlohe der Brunhild, von der hier zum ersten mal die rede ist, betrifft, so ist der ursprung derselben so zu erklären: die hunische sage über Brunhild, welche die deutsche sage aufnahm, wusste nur von einer heroischen Brunhild, die ihren freiern heroische bedingungen stellte, so wie die Brunhild im Nibelungenlied. Als aber die deutsche Siegfriedssage, die sich nach der nordischen Sigurdursage bildete, darin von der Sigurdrifa hörte, so vermischte sie diese Valkyrie mit der

Brunhild; so dass, als die deutsche sage in den Norden zurückkam, unser dichter glaubte, auch für die Brunhilde, eine Waberlohe annehmen zu dürfen.

28. „Sagen will ich dir, Gunnar! — wohl weisst du es selbst —
„wie ihr frühe den zwiespalt herbeigeführt habt;
„blutjung, zur eh' nicht gedrängt, lebte ich,
„an besitz vollschmuckig, auf der flur meines bruders."

29. „Lang' wollt ich nicht, dass ein eh'herr mich hätte,
„bis dass ihr, Giukunger!, in den hof einrittet
„drei Völkerkönige, auf kämpfer-rossen;
„wäre doch die fahrt dieser nicht bestimmt mir gewesen!

30. „Da ward mein muth hierüber im schwanken,
„ob kämpfen ich sollt', und die schlachtwahl fällen,
„für des bruders sache, kühn in der brünne;
„volkskundig musste dies damals wohl sein,
„für jedermann, bei dem streit meines willens."

31. „Drauf Atli, mit mir allein, sagte dieses:
„dass er nie zulasse mir, nach gebühr, zu ertheilen,
„(wenn die eh' ich verweigre) weder geld noch land,
„auch nicht den antheil des vererbten vermögens,
„den er mir blutjungen zu übergeben habe,
„und den er mir blutjungen seither auszahlte."

32. „Wir liessen unsern streit zum vergleich sich neigen;
„grössre lust mich umspielte zu bekommen als braut-
„die goldrothen ringe des Sigmunds sohns; [schatz
„und keines andern mannes geschenke ich wollte."

33. „Doch verlobt ich mich drauf dem Völkerkönig,
„der auf Granis rücken mit gold herritt;
„den augen nach war dieser dir nicht gleich,
„noch, bei der äussern form, in andern stücken."

34. „Diesen einen zu lieben, nicht einen andern,

„entschied ich, als frau, nach schwanken, meinen sinn.
„Dieses alles wird Atli später einsehen,
„wenn er meinen selbstmord völlig erfährt.“

35\. „Denn ein weib ist niemals so kleinverständig,
„dass, dem mann einer andern, sie im tode nachgeht;
„aber geschehen wird das dann, zur sühn' meiner [trübsal'!“

36\. Da erhob sich Gunnar, der Gefolgschaftsgebieter,
und legte dem weib die arme um den hals;
zu ihr kamen, einer nach dem andern, alle,
um vom vollentschluss sie abzubringen;
doch jede umarmung sie von sich stiess;
durch keinen sie sich liess von der langfahrt abbringen.

37\. Da liess Gunnar zur besprechung den Högni rufen:
„ich will, dass zum saal gehen, alle mannen
„die deinen und meinen, (nun der entscheid ist wichtig)
„zu sehen ob zu verhindern der selbstmord der frau,
„ob durch zureden nicht noch verhinderung komme;
„wo nicht, so mögen drüber die Unbeuglichen walten!

38\. Högni die einzige antwort drauf gab:
„halte niemand sie ab von der weitern fahrt, dorthin,
„wo sie nimmer mög wiedergeboren werden!;
„unselig sie kam aus dem mutterschoos;
„sie immerdar ist zum unheil geboren,
„für viele männer zur gemüthstrauer.“

38\. Högni der seine schwester Gudrun sehr liebte, und deswegen die ihr feindliche Brunhilde hasste, äussert sich hier sehr unvortheilhaft über seine schwägerin.

39\. Gunnar, unmuthig, vom gespräch kehrte dorthin,
wo die Schmuckbehängte geschenke eintheilte;
sie in augenschein nahm all ihren besitz,
die betrübten mägde, und ihre saalfrauen.

39. Brunhilde, entschlossen sich selbst zu entleiben, theilt in portionen die geschenke die sie ihren mägden und dienstboten, gleichsam testamentarisch, machen wollte.

Brunhilde sprach:

40. „Vortreten nun mögen, die gold von mir wollen,
„und, damit, ein andenken von mir empfangen!
„einer jeden geb ich ein reiches anhängsel,
„ein stickband, ein lacken, ein helles gewand."

40. Brunhilde glaubte, dass die meisten der dienstboten, denen sie reiche geschenke machte, sich entschliessen würden, mit ihr in die andere welt zur Schmuckgöttin (Freyia) zu gehen, um dort ihr fortzudienen. Die dienstboten hatten aber dazu keine lust; obgleich sie in dieser welt hinlänglich geplagt waren, wollten sie doch nicht einen neuen gleichen dienst, in der unbekannten andern welt, antreten.

41. Es schwiegen alle, verlegen um rath;
und alle zugleich diese antwort gaben:
„obwohl genug geplagt, wollen doch wir noch leben,
„und saalfrauen bleiben, um gebürend zu arbeiten."

42. Nach überlegung drauf, die leinschmucke frau,
die noch lebensjunge, noch diese worte sprach:
„Nicht will ich, dass jemand, auf blosses erbitten,
„um unsert willen, das leben verlasse!"

43. „Doch wird man verbrennen, mit eurem gebein,
„kostbares weniger, wenn ihr abfahret von hier,
„ohne dass, bei der Schmuckgöttin, ihr mich aufsucht."

43. Brunhilde, unwillig über die geringe willfährigkeit der dienstboten, mit ihr zu sterben, sagt, dass dieselben mit ihr ein sehr schönes leichenbegängniss erhalten hätten, und zu Freyia gekommen wären; da sie aber diese hohe ehre ausgeschlagen haben, so würden sie, nach ihrem tode, armselig als mägde begraben werden, und kämen zur trübseligen Hel.

44. Die Goldbrünn' sie anzog; nicht wohl ihr zu muth war,
bis dass sie mit des schlägers schneiden sich durchstach;
sie vorwärts sank aufs bettpolster hin;
doch schwerdtverwundet sie an künftiges noch dachte.

44. Brunhilde wollte dem Sigurdur als Valkyrie in den tod folgen; sie zog ihre goldbrünne an, und durchstach sich mit ihrem schwerdt. Eh sie starb, profezeite sie noch dem Gunnar, der sie betrogen hatte, dass er, nach ihrem tod, noch schweres zu dulden haben werde. Der nordische dichter kennt die deutsche sage über das geschick der Gudrun, und fasst sie hier zusammen in form einer profezeiung, wie der dichter der Gripis-profezeiung das geschick des Sigurdur, in seiner vorhersagung, resumirt hat.

Brunhild sprach:

45. „Setz' nieder dich, Gunnar! zu dir sprechen will ich,
„die ich beim morgenroth nicht mehr zu leben hoffe;
„denen die mit mir lebten geb' ich viel zu bedenken,
„da ihr mich schwer betrogen habt.

46. „Nicht freundlich ich auftrat, während ich lebte;
„doch wird euer leid nicht ganz zerfahren,
„obgleich ich das elende leben verlasse.

47. „Versöhnt mit Gudrun wirst du eher als du's denkst;
„auf hebt die dem könig verwandte frau,
„die traurige erinnerung an den verstorbenen gatten.
„Ein mägdlein dann geboren wird; die mutter allein es
„heller leuchten wird, als der heitere tag [aufzieht;
„und als der Sol strahlen, diese Svanhilde.

48. „Verehlichen wirst du Gudrun einem Hochgebornen,
„der bestimmt ist, vielen mannen, zum schaden-schütz;
„sie wird nicht, nach wunsch, mit ihm gut geehlicht;
„als gemahl sie zu nehmen wird Atli hingehen,
„mein eigner bruder, der sohn des Budli.

48. Der hochgeborne Schadenschütze ist Atli der die mannen der Giukungen, durch geschosse, in der Atliburg, tödten lassen wird.

49. „Du auch wirst Oddrun ehlichen wollen;
„aber Atli es dir nicht zulassen wird;
„doch werdet ihr heimlich euch neigen zusammen;
„dich lieben sie wird wie ich gesollt hätte,
„wenn uns gute geschicke geworden wären.

49. Der dichter weiss, dass Gunnar, ehe er um die Brundhild bei Atli anhielt, ihre jüngere schwester Oddrun geliebt hatte; nach dem tode Brunhildes wollte nun Gunnar seine früher geliebte heirathen. Atli, der schon den plan gefasst hatte, die Giukungen zu vernichten, um sich in den besitz ihres Niflungenschatzes zu setzen, verweigerte seine schwester Oddrun dem Gunnar, so dass dieser veranlasst war mit Oddrun sein liebesverhältniss im geheimen fortzusetzen.

50. „Atli wird dich schwer verwunden;
„doch wird es nicht lange dauern hierauf,
„dass Atli den odem verlieren wird. —

51. „Unserer schwester Gudrun wär's ziemlicher gewesen,
„zu folgen im tod ihrem ersten gemahl,
„wenn dieser ihr bessern kraftrath ertheilt hätt',
„und muth, dem unsern gleich, sie gehabt hätt';
„nicht sprech ich hier irrig; — noch soll sie nicht,
„wegen unserer zwietracht, das leben verlieren.

51. Nach ihrem an Atli begangenen mord, wollte Gudrun sich in der Donau ertränken; doch die wogen trugen sie lebend an das flache wiesenland des königs Ionakar, den sie heirathete, und von dem sie die muthigen söhne Hamdir und Sörli gebar.

52. „Denn getragen wird sie, auf hohen wogen,
„zu Ionakers vaterländschen rasen;

„dort gebären sie wird, zu erbe-bewahrern,
„die, über Jonakers söhnen den muthigen, stehen.

53. „Sie wird ausser land die Svanhild senden;
„Bikki wird mit verrath diese so verläumden,
„dass dadurch Iormunreck unglücklich lebt;
„da ist ganz vernichtet Sigurdurs geschlecht;
„der Gudrun thränen um so häufger rinnen.

53. Die tochter Sigurdurs Svanhilde wird von ihrem gemahl, dem Gothenkönig Iormunreck, unschuldig zum tode verurtheilt, und ihre halbbrüder Hamdir und Sörli, die sie rächen wollten, kommen um. Gudrun hat nun keine verwandten und keine nachkommen mehr.

54. „Bitten möcht ich dich nun eine einzige bitte;
„sie wird in der welt meine letzte bitt sein:
„lass die todtenburg auf dem plan sich erheben,
„dass sie, für uns alle, gleichräumig sei.

55. „Ueberzelte die burg, mit zelten und schilden,
„mit schönfarbnem streiftuch und vielen prachtstoffen;
„mir brenne, zur rechten, mein wahrer ehherr;
„auf des eeheherrn anderer seit, sollen brennen
„meine diener, mit kostbarkeiten beschenkt,
„zwei zu unsern häupten, und zwei habichte.

56. „Wenn alles, zur gleichheit so eingetheilt ist,
„dann lege noch, zwischen uns, das ringschmucke
„das schneidscharfe eisen, nochmals so gelegt,[schwerdt,
„wie dort, als wir beide in ein bett stiegen,
„und hiessen damals nach der ehleute namen.

57. „Dann werden an der ferse nicht knarren
„die verketteten zapfenthüren der Halle,
„wenn meine begleitung, von hier aus, ihm folgt.

58. „Unsere fahrt wird keineswegs ärmlich sein,
„weil beamtete fünf ihm folgen werden,

„acht dienende, von geburt ansehnlich,
„meine säugamme auch, und mein väterlich gut,
„das Budli seiner tochter mitgab.

59. „Viel hab ich gesagt, noch mehr würd ich sagen,
„wenn des lebens bemessung mir sprechzeit verliehe;
„doch sie den laut versagt; es erstarren die wunden —
„blos wahres ich sprach — nun will ich verscheiden.“

---

14. Das zweite Sigurdur-Sagelied.
(Sigurðar kviða in önnur.)

Ein fragment.

Dies unvollständige gedicht beginnt die darstellung mit der antwort die der ehrliche Högni seinem verblendeten bruder Gunnar gab, als dieser ihm eröffnet hatte, dass Brunhild ihn dazu überredet habe, den Sigurdur ermorden zu lassen.

Högni sprach:

1. „Warum ist nun Brunhild, Budlis tochter,
„so zu bösem gemischt, und zu mordanschlägen?
„was hat denn Sigurdur zur schuld verbrochen,
„dass das leben dem kühnen du nehmen willst?

Gunnar sprach:

2. „Sigurdur hat geschworen mir eide,
„die geschwornen eide aber alle gebrochen;
„er betrog mich dort, wo er hätte sein sollen,
„für alle die eide, der einzig volltreue.

2. Dem dichter zu folge, hätte Brunhilde niederträchtig den Gunnar zum morde des Sigurdurs dadurch aufgereitzt, dass sie lügnerisch vorgab, Sigurdur, als er in gestalt des Gunnar zu ihr gekommen, habe sich mit ihr nicht keusch verhalten.

Högni sprach:

3. „Brunhild hat, aus bosheit, durch vorwürfe,
„dich unglück zu bewirken angereitzt;
„sie der Gudrun die gute ehe misgönnt,
„und dir, dass du ähnliche mit ihr geniessest.“

4. Einer wolfsfleisch briet, ein anderer schlangen zuschnitt,
der andere dem Gudorm vom gärtrunk zutheilte,
bis dass vermochten die frevelgieren,
an den kühnen biedern, die händ' anzulegen.

4. Brunhilde und Gunnar, um den Gudorm zum morde Sigurdurs physisch aufzuregen, gaben ihm speisen die, nach dem glauben der Nordländer, in denen, die sie genossen, hass, muth, und grausamkeit erzeugten (s. Vielgewandts Sprüche s. 107).

5. Sigurdur wurde kalt gemacht, südwärts vom Rhein:
ein rab', vom baum herab, dies grausige krächzte:
„An euch wird Atli die schneiden röthen;
„euch kampfkühne werden die eidbrüch' verderben;
„das ganze geschlecht eurer adelssöhne,
„wird an kraft so gebrochen wie die eid' ihr brachet.“

5. Dem vorigen gedicht zu folge wurde Sigurdur ermordet schlafend im bett; hingegen nach diesem gedicht fiel er draussen im wald, südwärts vom Rhein, von allen Giukungen gemordet. Diese letztere ansicht gehört der deutschen spätern sage an. Der profetische rabe verkündet vom baum herab, dass die eidbrüchigen mörder (die Giukungen) eidbrüchig ermordet werden sollen.

6. Draussen wartete Gudrun, Giukis tochter,
und vor allem zuerst sie sprach dies wort:
„Wo weilet nun Sigurdur, der mannen-anführer,
„während voran reiten meine verwandten?“

7. Drauf Högni entbot diese einzige antwort:
„wir haben Sigurdur mit dem schwerdt zerstückt;
„das Grauross noch beugt sich über den todten gebieter.

8. Da Brunhild, Budlis tochter, sprach dieses:
„recht werdet ihr nun erst geniessen waffen u. land;
„sie besessen hätte Sigurdur allein,
„wenn er das leben ein wenig länger behalten.

9. „Unziemend es wäre, dass jener so beherrschte
„das erbe Giukis, und den trupp seiner mannen,
„da dieser, zur heerführung, fünf nachkommen
„kampfgierige bereits erhalten hat."

10. Dabei lachte Brunhilde, dass das haus ganz dröhnte,
zum ersten mal wieder, aus voller brust;
„Lang könnt ihr nun land und heer geniessen,
„da den frechen gebieter ihr zum fall gebracht habt!"

11. Da Gudrun, Giukis tochter, sprach dieses:
„gar sehr schreckliche dinge du aussprichst!
„den Gunnar, Sigurdurs mörder, mögen erfassen die
„seinem frevelgieren geist soll rache erstehen [Grimmen!

11. Aus den worten der Brunhild ersieht Gudrun den beweggrund, der die Giukungen zum morde getrieben, und sie verfluchet ihren bruder Gunnar.

12. Es war spät am abend; viel wurde getrunken;
gesprochen wurde da mancherlei scherzwort:
die zu bette gekommen, sämmtliche schliefen;
Gunnar allein blieb wach, länger als alle.

13. Er begann sich zu ergehen, viel mit sich zu sprechen;
der Heerkämpfer sich das thät überlegen,
was damals, beim mord, bösses aussagte
ein rab' aus der eich', als heim sie ritten.

14. Es erwachte Brunhild, Budlis tochter,
der schildführer schwester, kurz vor tag.
Brunhild sprach:
„besorgniss ist entstanden, ob ihr mir zu- od. abrathet,
„auszusagen den schmerz, oder auch es zu lassen!"

14. In der nacht, nach dem morde Sigurdurs, nach dem man leichtsinnig gezecht, konnte Gunnar nicht einschlafen, weil er sich der profezeiung des raben erinnerte. Brunhild, ihrerseits hatte einen schweren traum, der sie ängstigte, obgleich sie ihn, um ihre angst zu verdecken, lachend erzählte. Der traum ist eine vorbedeutung der letzten fahrt des Gunnar nach dem Wurmgarten Atli's, wo er den tod finden wird.

15. Es schwiegen alle bei diesen worten;
ihre schwankende äusserung keiner begriff;
da hub sie an, mit thränen, auszusagen,
was sie, lachend, anzuhören gebot.

16. „Schreckliches, Gunnar! mir im traum erschien;
„erstorben alles im saal; das ehebett kalt;
„und du, Gestrenger! ohne freundeschaar rittest,
„in fesseln gebunden, unter feindes begleitung.

17. „Nicht genugsam, Gunnar! bedachtest du dieses,
„dass, ihr beid', euer blut in die spur liesset rinnen;
„ihm hast du dies alles nun mit bösem vergolden,
„da doch als besten er sich bewähren wollte.

17. Um ihre schuld am tode Sigurdurs von sich auf Gunnar abzuwälzen, ändert Brunhilde plötzlich ihr urtheil über den gemordeten, und nach dem sie ihn als unkeuschen verleumdet hatte, rühmt sie nun sein keusches benehmen mit ihr: er habe, sagte sie, sein schwerdt zwischen sie als trennungsmittel gelegt, und um die trennung entschiedener zu machen, schärfte er die äussern schneiden des schwerdts, und bestrich mit gift die innere schneide, in der mitte der klinge.

18. „Es erprobte sich damals, als geritten er kam
„voll muth zum besuch, um mich zu freien,
„wie treulich er, der Truppbekämpfer, hat
„dem jungen Gestrengen die eide bewahrt.

19. „Den mit gold gezierten wundenzain liess
„der sehr reiche Edeling zwischen uns liegen;
„die äussern schneiden waren wie feuer scharf,
„die innern, mit tropfen von gift bestrichen.

---

15. Gudrun's Wehklage. (Guðrunar harmr)

Erstes gedicht.

1. Es war morgens als Gudrun zu sterben sich vornahm,
da sie kummervoll sass bei der leiche Sigurdurs;
sie nicht seufzer ausstiess, noch rang sie die hände,
noch flossen thränen, wie bei den andern frauen.

1. Dies schöne, rein psychologische, tief ergreifende gedicht, stellt die Gudrun dar, am morgen nach dem mord, bei der leiche Sigurdurs in stummem schmerz sitzend, umringt von ihren sie tröstenden verwandten frauen. Der inhalt beruht auf dem sagenbericht, dass Gudrun vor schmerz nicht weinen konnte; im übrigen ist inhalt und form des gedichts erfunden.

2. Es traten die Iarle, die vornehmsten, vor,
um ihren erstarrten sinn zu erleichtern:
doch Gudrun vermocht es nicht zu weinen:
sie war so gehärmt, dass sie wollte zerspringen.

3. Die herrlichen frauen der Iarle sassen,
in gold geschmücket, im kreis vor Gudrun;
eine jede derselben erzählte das leid,
das, als bitterstes, sie zu dulden gehabt.

4. Da sprach Giaflög, die schwester Giukis:
„ich am meisten auf erden aller freude beraubt bin;
„ich habe erlebt den tod von fünf gatten,
„von zwei töchtern, von drei schwestern,
„von acht brüdern; und verlassen noch leb' ich.“

4. Die alte tante der Gudrun, die schwester Giukis, erzählt das viele leid das sie in ihrem leben erfahren.

5. Doch dabei Gudrun nicht vermochte zu weinen,
so gehärmt war sie, bei dem jungen todten mann,
und erstarrten sinnes, bei des Heerführers leiche.

6, Da sprach dies Herborg, Hunenlands fürstin:
„ich kann von härterem schmerz erzählen:
„meine sieben söhn' all im Süderland
„und, mein gemahl, als achter, in der schlacht fielen.

6. Der dichter kannte, aus der deutschen sage, die verbindung der Giukungen mit den Budlungen; er führt daher eine Herborg vor als fürstin von Hunaland, die er sich wahrscheinlich als die verwittwete frau eines dem Atli tributären deutschen unterkönigs denkt; ihre sieben söhne und ihr gemahl fielen im Südland (Italien).

7. „Der vater und die mutter, und die vier brüder,
„auf dem meer überfiel sie so der seesturm,
„dass die woge über die bortdiele schlug.
„Selbst musst' ich die leichenanfahrt besorgen;
„das alles trug ich allein in einem halbjahr,
„so dass mir niemand freud' mehr verschaffen konnte.

7. Vater, mutter, und brüder verunglückten wahrscheinlich bei einer fahrt auf der Donau. Der nordische dichter, der an der see lebt, glaubt Hunaland sei auch an der see gelegen, wie Polonia im Hamlet, und macht deswegen aus dem landsturm einen seesturm.

8. „Dann musst ich, gehaftet und heergefangen,
„vom selben halbjahr an, gezwungen dienen;
„ich musste ankleiden, und die schuhe binden
„der frau des Hersen, jeden morgen.

9. „Aus eifersucht sie mich hart anfuhr,
„und harte hiebe auf mich schlug;
„einen mildern hausherrn ich nirgends fand,
„aber nirgends auch eine bösere hausfrau.

10. Doch dabei Gudrun nicht vermochte zu weinen,
so gehärmt war sie, bei dem jungen todten mann,
und erstarrten sinns, bei des Heerführers leiche.

11. Da sprach zu Gullrönd Giukis tochter:
du kannst, milchschwester! wiewohl erfahren du bist,
mir jungem weib, keine trostsprüche bringen!"
Gudrun mied des Heerführers leich zu enthüllen.

11. Gullrönd war die milchschwester. und somit die gespielin und intime gesellschafterin der Gudrun.

12. Gullrönd aber die decke von Sigurdur umschlug,
und drehte sein gesicht zu den knien des weibes.

Gullrönd sprach:
„Schau auf den lieben! leg' den mund ihm ans kinn,
„so wie du umarmtest den lebenden helden!"

13. Ihn anblickte Gudrun zum erstenmal wieder;
sie sah des Trefflichen haar mit blut unterlaufen,
des Heerführers feurige blicke erloschen,
des Kämpfers brust, mit dem schwerdt durchbohrt.

14. Da neigte sich Gudrun rückwärts aufs polster;
ihr haar sich löste; ihre wange glühte;
wie regentropfen, rann es nieder auf's knie;
dann aufschrie Gudrun, Giukis tochter,
so dass es durch die bretterwänd' tönte,
und entgegen die gänse im hof aufschrieen.

14. Schwäne und gänse wurden von hohen frauen, in Indien und im Nordland, zur lust im gehöft gehalten. Die wachsamen gänse, die bei starkem geräusch gern aufschreien, sind hier dargestellt als aufschreiend bei dem starken wehgeschrei der Gudrun.

15. Da sprach dies Gullrönd, Gudrunes milchschwester:
„ich wusste, dass eure liebe die grösste
„von allen menschen, hier auf der erd oben;

„nirgends ausserhalb, noch zu hause, gefiel es dir,
„theure schwester! ausser bei Sigurdur."

16. Da sprach dies Gudrun, Giukis tochter:
„so war mein Sigurdur, neben den Giukis söhnen,
„als wär er ein geerbaum, über das kraut aufgewachsen,
„oder wie ein, an band angefasster, karfunkel
„überglänzt die edeln der erchensteine.

17. „Auch ich galt den rekken des Truppanführers
„für höher als jede Valkyrie des Heergotts;
„nun bin ich so gering, wie man ein blatt sieht,
„im wettersturm verweht, seit der Kämpfer ist todt.

18. „Ich vermisse auf der bank, und im ehebett,
„meinen freundlichen Sprecher, den eidam Giuki's;
„die söhne Giuki's mir unheil bewirken,
„und ihrer schwester schmerzliches weinen.

19. „So wenig ihr das land der feinde verheert,
„als gehalten ihr habt die geschwornen eide;
„nicht wirst du, Gunnar! vortheil geniessen,
„der du dem Sigurdur eide geschworen.

19. Gudrun erinnert daran, dass Sigurdur, als heerführer Gunnars, nicht mehr das reich dieses königs wahren werde.

20. „Früher war im schlosshof grössere freude;
„bis dass mein Sigurdur den Grani sattelte
„und man abfuhr zu freien die Brunhild,
„dieses elende geschöpf, zu unserm unheil!"

20. Gudrun sagt, dass, seit Brunhild als gattin des Gunnar in das schloss eingezogen, der fröhliche friede daraus ausgezogen sei.

21. Diese stand an der thür; sie den sturm zurückhielt;
es glühte der Brunhild, der Budlis tochter,
das feuer in den augen; sie ausschnaubte wie gift,
als an Sigurdur sie sah die frisch blutenden wunden.

21. Man glaubte, dass wenn man personen beschreie, sie plötzlich erscheinen (s. Allweise's Spr. s. 296). Auch Brunhild erscheint plötzlich an der saalthür, als Gudrun ihren namen ausspricht; sie hat noch ihre letzten worte vernommen. Diese worte erwecken in ihr einen zornsturm, den sie aber zurückhält. Man glaubte auch, dass wenn der geheime mörder in die nähe des gemordeten komme, die wunden dieses letztern von neuem bluten, zur bezeichnung des mörders und zur rach-aufforderung. Als Brunhild in den saal trat, bluteten von neuem die wunden Sigurdurs.

22. Da sprach dies Brunhild, Budlis tochter:
„nicht gatte noch kinder bekomm dies geschöpf,
„das, Gudrun! zum schmerz-ausbruch dir half,
„und dir zum sprechen veranlassung gab."

22. Brunhild sprach: Gudrun, deine worte sind schmählich; deswegen verwünsch ich die Gullrönd die dich in den stand gesetzt, und dir veranlassung gab, zu sprechen.

23. Da sprach dies Gullrönd, Gudrunes milchschwester:
„Schweig, allerweltsleid'ge! mit solchen reden!
„das unheil der Edlinge bist stets du gewesen!
„jedermann nennt dich als von boshafter natur!

24. Da sprach dies Brunhild, Budlis tochter:
„Alles übel allein hat bewirkt Atli,
„der sohn des Budli, und mein bruder,
„als, in der burghall des hunischen volks,
„wir das Fafnisgold bei Sigurdur sahen;
„ich hab seitdem gebüsset diesen besuch,
„und diesen anblick, den wir stets vor uns sahen."

24. Brunhild, durch die blutenden wunden Sigurdurs, als die ursächerin des mords, überführt, schiebt nun die mordschuld auf ihren bruder, so wie sie auch dieselbe von sich auf Gunnar zu wälzen gesucht (s. s. 266). Sie

erklärt, dass, als die drei könige bei Atli erschienen waren, um sie zur frau für Gunnar mit drohen zu begehren (s. s. 268), sie durch die schönheit, und ihr bruder Atli durch den reichthum, des die könige begleitenden heerführers Sigurdur verblendet worden seien. Sie habe seitdem stets den Sigurdur geliebt; und diesen anblick seiner person und seines goldes, der stets ihnen vorschwebte, müssen sie beide nun büssen.

Die idee, dass das gold (reichthum) durch die begehrlichkeit (habsucht) die es erweckt, auch ohne den fluch wie beim Niflungenhort, auf psychologisch moralischem wege, übeles erzeuge, taucht hier zum erstenmal auf, und wird besonders hervorgehoben werden in dem gedicht: „Grottenen-Geräusch" (Grottasongr). Sie ist übrigens eine zustimmung zu dem ausspruch Jesu: die habsucht ist die wurzel von allerlei übel.

---

16. Brunhilde's Helfahrt. (Brynhildar helför).

Vorbemerkung.

Der zweck dieses gedichtes ist die moralische rettung oder rechtfertigung der Brunhilde, von ihr selbst dargelegt. Hierzu benutzt der dichter die sage von Brunhilde's Helfahrt, welche er zum poetischen rahmen nimmt, um darin die rechtfertigenden worte der Brunhilde einzukleiden. — Nach strophe 3 zu schliessen, ist das gedicht in einer spätern zeit verfasst, wo man anfing die vikingszüge für unrühmlich zu halten.—Das nordische wie das indische heidenthum betrachtete als geboten, dass eine rechtmässige ehefrau ihrem eheherrn, freiwillig, in den tod folge; aber es tadelte die frau, die dem mann einer andern, durch selbstmord, nachfolgte. Als daher Sigurdur zur Hel gefahren war, und Brunhilde, nach ihrem selbstmord, dem geliebten nachfolgen wollte, hielt sie die wächterin der Hel (die iotnische Muthkampf, welche die steinhöhle bewohnte, wodurch man zur Helbrücke gelangte), ihr den weg versperrend, zurück. Die wächterin hielt ihr vor, dass sie besser thäte, als reiche frau (Goldwahrerin), zu haus borten zu wirken, als nach begangenem selbstmord, und nach dem sie kaum das auf ihr anstiften vergossene blut des Sigurdurs von ihren händen abgewaschen habe, dem manne einer andern nachfolgen zu wollen.

Muthkampf sprach:

1. „Hindurch darfst du durchaus nicht gehen,
„durch meine mit fels verwahrten gehöfte;
„dir ziemte es besser stets borten zu wirken
„als nachzugehen dem mann einer andern.

2. „Wie darfst du besuchen, du Wehzeugerin!
„mein haus, du selbstmords-süchtiger kopf!
„du hast, Reiche-frau!, wenn's wissen du willst,
„mannesblut gewaschen von den zarten händen."

Brunhilde sprach:

3. „Du Felshöhle-braut! tadle mich nicht!
„wäre auch ich gewesen auf seeräuber-zug;
„ich werd von uns zweien für die edlere gelten,
„wo je unsre geschlechter erkannt sein werden.

Muthkampf sprach:

4. „Du warst Brunhilde! Budlis tochter,
„in der welt zum schlimmsten unheil geboren;
„den Giukisgebornen hast du verderben gebracht,
„und zerstöret ihres hauses glück!"

Brunhilde sprach:

5. „Ich will dir sagen, schnell aus dem gefährt,
„(wenn, unwissend sehr, du es wissen willst),
„wie mich Giukis erben machten,
„zur liebelosen, und zur schwurbrecherin.

3. 4. 5. Brunhilde, die nicht auf den vorwurf gefasst ist, und sich, als königin, besser dünkt, als die iotnische

wächterin, stosst den tadel derselben mit stolz zurück. Sie weiset darauf hin, dass sie von edlerer art als die Muthkampf sei, dass sie den vorwurf von mord nicht verdiene, da sie an keinem vikingszug theil genommen, wo sie hätte männerblut vergiessen können. Die wächterin erwiedert ihr, dass, obgleich sie von königlichem blute, sie eine verruchte sei, welche die Giukungen um frieden und glück gebracht habe. Zu ihrer vertheidigung erzählt Brunhilde, von ihrem wagen herab (weil sie sich nicht lange wollte aufhalten lassen), wie es gekommen, dass sie die verwandschaftsbande mit den Giukungen habe zerreissen müssen. — Der nordische dichter befolgt in seiner darstellung die deutsche sage, welche, nachdem sie die Sigurdursage sich angeeignet, und sie umgeändert hatte, diese so verändert, wieder dem Norden zurückgegeben hat.

6. „Der muthvolle Budli liess das ledige mädchen,
„die schwester Atlis, im Eichwald wohnen;
„zwölf winter hatt' ich (wenn du wissen es willst),
„als ich dem jungen Agnar den schwur abgab.

6. Die deutsche sage, nach dem sie sich mit der hunischen verbunden hatte, erzählte, dass Brunhilde, Budlis tochter, ein kriegerisch-gesinntes mädchen gewesen, welches sich nur einem heldenmässigen eheherrn bequemen wollte. Budli liess sie daher als Valkyrie in einem eichenwald zu Hlymdalen einsiedlerisch wohnen. Sie war zwölf jahr alt, als sie sich da dem jungen Agnar Auda's sohn heimlich verlobte. Hierin hat die deutsche sage, nach dem sie die Sigurdursage sich angeeignet, die hunische Brunhilde, mit der nordischen Sigurdrifa, welche sich dem Agnar verlobte (s. s. 253), zu einer person zusammen geworfen.

7. „In Hlymdalen nannten alle mich
„Hild unterm helm, wer nur mich kannte;
„drauf, im kampfgewühl, schickt' den alten ich,

„den Helm-Gunnar, zunächst zu Hel;
„sieg gab ich Audas bruder dem jungen;
„da ward mir Odin sehr zornig darob.

8. „Er, in Schädlichhain, mich mit schilden umschloss,
„mit rothen und weissen; mich schnürten riemen;
„nur der, gebot er, meinen schlaf dürfe brechen,
„der im stand wär, nirgends im land sich zu fürchten.

9. „Er liess, um meinen saal, der südwärts gekehrt,
„hoch lodern den verderber alles gehölzes;
„darüber reiten, gebot er, dürf nur der degen,
„der das gold mir brächt' das unterm Fafni läge.

7. 8. 9. In Hlymdalen, im lande ihres pflegvaters Heimir, kannte man die Valkyrie Brunhild (Sigurdrifa), unter dem verkürzten namen Hild, die behelmte. Sie stand ihrem geliebten Agnar im kampf, gegen den, von Odin begünstigten, Helm-Gunnar bei. Aus rache versenkte sie Odin in einen zauberschlaf zu Heldenhain (welcher dem Hindinfels der nordischen Sigurdrifasage entspricht). Er umgab die schlafende mit einer waberlohe, weil er wollte, dass niemand zu ihr dringe, um sie aus dem zauberschlaf zu erwecken, es sei denn ein held, der (was Odin für unmöglich hält) sich vor nichts auf der erde fürchtet, und der dem furchtbaren drachen Fafnir sein gold abzunehmen vermöge. Die liebe zu Agnar, der zauberschlaf, und die waberlohe sind offenbar, durch die deutsche sage, von der nordischen Sigurdrifa auf die hunische Brunhilde übergetragen.

10. „Drüber ritt auf Grani ein adliger Goldspender,
„dort wo mein Erzieher den fluren vorstand;
„doch von allen der beste schien allein mir jener,
„der dänische Buchtler, unter dem gefolge.

11. „Wir schliefen im selben bett, und thaten
„als ob er als bruder geboren mir wär',

„es erlaubte sich keines von uns, an das andere,
„in allen acht nächten, die hand anzulegen.

11. Dadurch, dass in der deutschen sage der nordischen Sigurdrifa die hunische Brunhilde substituirt wurde, erfolgte darin auch eine vermischung des rittes des Sigurdur, durch die waberlohe der Sigurdrifa, mit dem besuch Sigurdurs bei Brunhilde, unter der gestalt Gunnars, um diese für Gunnar zu freien. Durch diese vermischung kam in die erzählung ein schrecklicher wirwarr, den zwar das kritische auge klar durchschaut, der aber, bei dem nordischen dichter, unklarheiten, unzuträglichkeiten, und unmöglichkeiten, in seinem vortrag erzeugen musste. Es ist nun aber, bei allem wirwarr, denn doch anzunehmen, dass unser dichter sich etwas vernünftiges bei seiner darstellung gedacht hat. In der erklärung dieser seiner darstellung kommt es nicht nothwendig darauf an, dass sie mit der erzählung der andern gedichte genau zusammen stimme; denn die meisten sagen erleiden veränderungen; und alle diese verschiedenen versionen, wenn anders sie keine innern widersprüche enthalten, sind gleichberechtigte sagen, wiewohl der kritiker die ursprüngliche form unter den abgeleiteten versionen heraus zu finden versteht. Diesem nach ist hier die strophe 11 folgendermassen zu erklären: Sigurdur, unter der gestalt des Gunnar, ritt durch die waberlohe zu Brunhild, erweckte sie, und diese verlobte sich mit dem vermeintlichen Gunnar; doch als sie später den dänischen buchtler Sigurdur in seiner wahren gestalt, als heerführer Gunnars sah, gefiel ihr dieser besser als ihr verlobter Gunnar. Da aber Gunnar sie, rechtmässig wie sie glaubte, durch den waberloh-ritt, errungen hatte, so wurde sie seine frau; sie bewahrte indessen ihre keuschheit bis zum neunten tag, wo die hochzeit gefeiert wurde.

12. „Gudrun, Giukis tochter, es mir vorwarf,

„dass dem Sigurdur ich im arm geschlafen;
„dadurch erfuhr ich, was mir verhasst,
„dass beide mich bei der heirath betrogen.

12. Der dichter, ohne es auszusagen, nimmt an, dass Sigurdur seiner frau Gudrun einst unvorsichtig mitgetheilt habe, dass er es war, welcher die stelle des Gunnar bei Brunhilde eingenommen hatte. Brunhilde erfuhr zufällig durch Gudrun, dass beide, Gunnar und Sigurdur sie, bei dem verlöbniss, betrogen haben. Brunhilde behauptet nun, dass rechtsmässig Sigurdur ihr mann sei, da sie sich diesem, obgleich er als Gunnar verkleidet war, verlobt habe; sie wolle aber nicht den rechtsstreit verlängern, wie andere eheleute es thun, sondern ihn damit beenden, dass sie ihrem eheherrn Sigurdur im tode nachfolge. Nach dem sie so ihre Helfahrt gerechtfertigt, weist Brunhilde die wächterin die ihr den durchgang verwehren will, gebieterisch ab.

13. „Wenn im heftigen ehstreit, allzulang,
„frauen und männer fortlebend beharren,
„wollen beide wir unser leben beenden,
„ich mit Sigurdur; — heb' dich weg, wolfsgeburt!“

V. Atli-Cyclus.

1. Gudrun erzählt ihre heirath, und ihr benehmen mit Atli. (Gudrunar kviða hin forna.)

Das traurige schicksal, das Gudrun erlitten, trieb sie dazu es andern zu klagen; bekümmerte theilen gern ihr leid andern bekümmerten mit. Am hofe Atlis und Gudrunes weilte der heerführer des königs, Thiodrek, der ursprünglich, in der sage, mit dem historischen Theodorich von Verona, obgleich dieser kein zeitgenosse Atli's sein konnte, identisch war. Thiodrek war bekümmert darüber, dass die meisten seiner italienischen mannen im kampfe gefallen waren. Zu diesem traurig gestimmten helden fühlte sich Gudrun hingezogen, zumal da er ausgezeichnet war, und sie ihren gemahl Atli nicht liebte. Sie klagte ihm ihr leid, und zeigte, wie es kam, dass sie lieblos gegen Atli geworden. Der dichter hat in seiner darstellung offenbar den nebenzweck die unfreundlichkeit der Gudrun gegen Atli zu erklären und zu beschönigen, gerade so wie der dichter der Helfahrt Brunhilde's zum zweck hatte, den selbstmord Brunhildes zu rechtfertigen. Die in diesem gedicht hier erzählte unterredung Gudrun's mit Thiodrek fällt in die zeit nach ihrer heirath mit Atli, ehe dieser die Giukungen nach Hunenland heimtükisch eingeladen hat.

Gudrun sprach:

1. „Ein fein mädchen ich war; mich erzog meine mutter;
„ich glänzte im frauengemach; meine brüder sehr ich [liebte;
‚drauf Giuki mich erfreute mit goldgeschenk,
„und mich, mit gold beschenkte, vermählte mit Sigurdur.

2. „Ueber des Giukis söhne Sigurdur so ragte,

„wie ein, über kräuter, aufgewachsenes bäumchen,
„oder wie, über schnelles wild, der hochbeinige hirsch,
„oder wie glutrothes gold, über graulichtes silber.

3. „Drauf meine brüder missgönnten es mir,
„dass einen mann, allen überlegen, ich hatte;
„sie nicht mehr schlafen, noch recht schlichten konnten,
„bis sie den Sigurdur kaltgemacht liessen.

3. Der dichter schreibt hier den mord Sigurdurs sämmtlichen Giukungen zu, welche auf den ruhm des helden eifersüchtig und neidisch waren.

4. „Grani herrannte vom ding; lärm im hof man hörte;
„aber Sigurdur selbst nicht mit ankam;
„sämmtliche sattelthier waren benetzt mit schweiss,
„und mit schlamm, aussergewöhnlich, wie im kampf [geritten.

4. Der dichter befolgte hier die deutsche sage, welche den Sigurdur draussen im freien ermorden lässt, während, nach der nordischen sage, Godorm ihn nachts im bett ersticht (s. s. 264). Königsjagden waren häufiger in Deutsch land als im Norden, wo dagegen dingreisen gebräuchlich waren; daher fiel der mord, im Nibelungenlied, nach einer jagd vor, nach unserem dichter aber, als man auf dem heimweg vom ding war.

5. „Um an Grani zu forschen, ging ich weinend hinaus;
„ich den vorfall abnahm vom feuchtbackigen pferd;
„Grani betrübt war und zum gras den kopf senkte;
„die ross' bewiesen, dass ihre eigner nicht mehr lebten.

5. Gudrun betrachtete besonders den Grani und dann das ross des Godorm; beide pferde schienen ihr, in ihrem äussern, anzuzeigen, dass ihre herren kämpfend gefallen waren.

6. „Niedergebeugt war Gunnar; Högni erzählte mir
„von des Sigurdurs blutigem morde.

Er sprach:

„nicht weit von der quelle lieget erschlagen,
„überlassen den wölfen, der Tödter des Gudorm.

7. „Dort, auf abgelegenem weg, findest du Sigurdur;
„hörst, dort, die raben krächzen über ihm,
„die adler schreien, erfreut über atzung;
„bei deinem eheherrn, heulen die wölfe.“

Ich sprach:

8. „Wie kannst du, Högni! ein solches leid,
„mir freudeberaubten anzukünden wagen?
„dafür mögen das herz dir raben zerschlitzen,
„im land, so entfernt, dass dessen leut du nicht kennst!

8. Gudrun verwünscht ihren bruder, in dem sie ausruft, er möge im elend (fremdland) sterben; ohne dass sie dabei bestimmt weiss, dass ihre verwünschung an Högni später wird im Hunenland in erfüllung gehen.

9. „Zum ersten mal jetzt antwortete Högni,
„vom stolzmuth verlassen, mit grosser trauer:
„das wirst du, Gudrun! noch mehr beweinen,
„dass raben mir werden das herz zerschlitzen.

9. Högni war nicht leicht in besorgniss zu setzen; bei den worten der schwester erfasst ihn aber ein grauen darüber, dass sie ihn einstens würde als gestorbenen zu beweinen haben; was, ohne dass er bestimmt es weiss, später wirklich eintraf.

10. „Ich wandt' mich weg von dieser beredung,
„um zu sammeln im wald, was die wölfe gelassen;
„nicht thät ich seufzen, noch ringen die hände,
„noch, wie die andern weiber, weinen.

11. „Mir neumondsdunkle nacht dünkt's zu sein,
„als schmerzgebeugt über Sigurdur ich sass:
„mir dünkten wölfe vor allem willkommen,
„wenn nur sie mein leben mich liessen verlieren!

12. „Ich fuhr, vom gebirg aus, fünf volle tage,
„bis dass zu Halfs hoher hall' ich kam;
„da blieb ich, bei Thora, sieben halbjahre,
„in der Dänenmark, bei Hakons tochter.

12. Nach der bestattung Sigurdurs verliess Gudrun die burg ihrer brüder am Rhein, und zog, in fünf vollen tagen, nach Süd-Dänemark an den hof des königs Halfs und dessen frau, der Thora, der tochter Hakons, als verwandten Sigurdurs, der ja ein däne, kein deutscher war.

13. „Zum zeitvertreib, sie mir stickte in gold,
„im saal der fräulein und der dänischen damen;
„zum malen wir nahmen der krieger kampfspiele,
„für nadelarbeit des Fürsten degen,
„rothe schilder, die doggen des königpaars,
„schwerdtervolk, helmvolk, des Schirmers gefolgschaft.

13. Während die rohen, ungeschickten helden nur die waffen zu führen verstanden, betrieben schon, im heldenzeitalter, die verständigeren frauen die anfänge der kunst (stickerei, malerei) und der wissenschaft (lesen und schreiben). — Hier ist offenbar die rede von stickerei mit goldfländerchen, von malerei mit röthel und schwärze, von darstellungen in nadelwerk (gobelins).

14. „Die Sigmunds schiff' sah man vom land abstossen,
„mit vergoldeten fratzen, und geschnitzten steven;
„wir stickten in stickwerke, wie sich bekriegten
„Sigurr und Siggeir, im Süden von Fivi."

14. Sigmund, der vater Sigurdurs, war zu seiner zeit ein grosser viking und seekönig. Sigar, der sohn Halfdans des alten und Siggeir, der sohn Sigars, unternahmen vikingszüge bis nach Schottland. — Wenn Fivi, wie chronikschreiber behaupten, nach dem clanfürsten Fyve Macduff, der gegen 850 lebte, benannt worden ist, so würde dies gedicht ins neunte jahrhundert gehören; ich

glaube es aber schon dem achten jahrhundert zuweisen zu dürfen.

15. „Drauf Grimhild, die klägliche frau, liess fragen,
„was gesinnt ich wäre als buss anzunehmen;
„sie streckte den schild; beschied die söhne zu sich,
„um sie, im ernste, darüber zu fragen,
„ob sie der schwester wollen büssen den sohn,
„und ihr vergelten den gemordeten mann.

15. Grimhild, die mutter Gudruns, suchte diese mit ihren brüdern auszusöhnen, und zeigte sich unterwürfig ihrer tochter (sie streckte den schild s. s. 111).

16. „Willig zeigte sich Gunnar gold anzubieten,
„desgleichen auch Högni, um den zwist zu bessern;
„drauf fragte sie an, wer wolle mit reisen,
„reitpferde satteln, wagen ausrüsten,
„pferde vorreiten, falken aussenden,
„pfeile vom ebenholzbogen abschiessen?

16. König Atli hatte bei Grimhild vorschläge gemacht um die Gudrun, welche bei könig Half wohnte, zu heirathen; er hoffte damit einen theil des reichthums (des Niflungenhorts) der wittwe des Sigurdurs zu bekommen. Grimhild ging in den vorschlag ein, und beschloss mit den söhnen nach Dänemark zu reisen, um ihre tochter zur heirath mit Atli zu stimmen. In voraussicht dieses verlöbnisses nahm Grimhild eine grosse gefolgschaft mit, von solchen, welche, durch kämpspiele aller art und durch belustigungen, das verlobungsfest der Gudrun zu verschönern im stande wären.

17. „Bei den Dänen sich trafen, neben fürsten auch kampf-
„und kampfesscheue neben Odins holmgänger; [schlaffe,
„zu mir traten ein, fürsten-ähnliche,
„des Langbarts mannen, mit rothem zottmantel,
„gestutzter brünne, gegossenem helme,
„umgürtetem krummsäbel, und bräunlichem haar.

17. Mit Grimhild erschienen am hofe Halfs viele fürsten und leibeigne (kampfschlaffe), und neben wackern kriegern (Odins holmgänger) auch kampfscheue spielleute; dann kamen auch die abgesandten des Atli (Langbarts). Die Hunen (Ungern) trugen längere bärte als die Deutschen und Dänen.

18. „Sie wollten ein jeder brautschmuck mir wählen,
„brautschatz wählen; und mir tröstliches sprechen,
„ob, für den vielen schmerz, sie wohl möchten
„mir trost gewinnen — doch ich liess mich nicht trösten.

19. „Grimhild mir brachte einen volltrunk zu trinken,
„einen kühlen und herben, dass des streits ich vergässe;
„gestärket war er mit der erde erzeugniss,
„mit sieben thierherzen, und mit versöhnungs blut.

19. Da Gudrun, im andenken an Sigurdur, jede fernere heirath ausschlug, so brachte ihr Grimhild einen magischen vergessenheitstrunk, in welchem gerste (erdeerzeugniss), sieben verschiedene thierherzen abgekocht, und in Freys opferblut (versöhnungs-blut) eingerührt worden waren.

20. „Auf das trinkhorn waren allerlei runenbuchstaben
„geritzt und geröthet; sie lesen ich nicht konnt';
„ein seeheidefisch, der heidewölfe schutzgeist,
„eine ungeschnitt'ne ähr', eine höhle des gewilds.

20. Auf dem trinkhorn des magischen vergessenheitstrankes waren eingeritzt und mit röthel bemalt, allerlei kräftige runenzeichen, wie, unter andern, die Mitgartsschlange (see-heidefisch), Loki, der wölfe schutzgeist, eine durch die sichel noch nicht berührte aufrechtstehende ähre, und eine thierhöhle.

21. „Im gebräu waren zusammen manch zaubermittel,
„allerlei baumwurzel, geröstete eichel,
„feuerheerd-russ, opferthier-eingeweid',
„gesottene schweinsleber, womit man streit dämpfet.

22. „Hierauf erklangen, (nach dem man sie dargereicht)
„die kraftbeugenden vollschaalen, im saale des königs;
„Drei könige traten zu mir vor die knie,
„bevor noch Grimhild selbst, zur besprechung mich an-
[gieng.

22. Im trinksaal des königs Halfs wurden betäubung (rausch) erzeugende trinkschalen geräuschvoll herumgegereicht. Der Gudrun huldigten drei könige, ihre brüder Gunnar und Högni, und der könig Atli, ihr freier.

Grimhild sprach:

23. „„Ich gebe dir, Gudrun! gold zum geschenk,
„„von deines vaters nachlass allerhand besitz in meng',
„„goldrothe ringe, der wahrhäuser einkommen,
„„ganze jahres-einkommen, seit dem der held gefallen,
„„auch hunische mädchen, die dich kleiden in farbzeug,
„„die so schön in gold sticken, dass zur freud es
[dir dünkt.

24. „„Du sollst allein auch schalten über Budlis reichthum,
„„als goldbeschenkte braut, und als gattin des Atli;
„„ich dir länder verleih' und leute-gefolgschaft,
„„weinkeller, kornkeller, wenn sie genehm dir sind;
„„dies besitz du fürs leben, u. geniess es, meine tochter!

„Ich sprach:"

25. „„Nicht will ich mit einem manne mehr gehen;
„„auch nicht den bruder Brunhildes heirathen;
„„nicht mir ziemt es, mit dem sohne des Budli,
„„sein geschlecht zu mehren, mich des lebens zu freuen.

22. Gudrun will überhaupt sich nicht mehr verheirathen, am wenigsten mit dem bruder der Brunhild, die ihr so viel unheil bewirkt hat.

„Grimhild sprach:"

26. „„Der glücksaussicht, hüt' dich, verächtlich zu begegnen;
„„da wir einen vorzüglichen mann gewählt haben;

„„du darfst stolz sein, so gut als lebten dir beide,
„„Sigurdur und Sigmund, wenn du noch söhne erzielst.

„Ich sprach:“

27. „„Nicht kann ich mich, Grimhild! zu frohsein erkühnen,
„„noch auf ruhmvollen kämpen mir hoffnung machen;
„„nach dem schmerzlich dem Sigurdur ausgesaugt haben
„„sein herzblut, der wolf und der rabe, zusammen.

„Grimhild sprach:“

28. „„Den Atli hab' ich als den adelichsten aller
„„Volksfürsten erkannt, als den ersten, in manchem;
„„den zur eh' sollst du haben, bis das alter dich besiegt,
„„oder gattenlos sein, wenn du diesen nicht willst.

„Ich sprach:“

29. „„Hüt' dich, hier zu bieten solch' unheilvolle
„„verschwägerungen, durch schmerzliches eindringen;
„„dem Gunnar wird Atli verderben bereiten,
„„und dem Högni das herz herausschneiden;
„„ich selbst werd' nicht ruhen bevor dem lebensfrischen
„„Schwerdtkampfs-aufreitzer, das leben ich genommen.

29. Gudrun konnte voraussehen und hier aussagen, dass sie, für sich und ihre brüder, kein heil zu erwarten vermöge von der verschwägerung mit dem unheilvollen geschlecht der Brunhild; sie konnte es ahnen, ohne bestimmt zum voraus zu wissen, dass Atli ihre brüder verrathen, und sie selbst den Atli und dessen söhne ermorden würde. Der dichter hätte also Gudrune's aussicht, in allgemeinern worten, und nicht wie er es ungeschickt gethan, die thatsachen genau profetisch ihr in den mund legen sollen; denn wenn Gudrun (was ja unmöglich) die zukunft kennt, so stellt sie sich in ein grauenhaftes licht, in dem sie den Atli heirathet, mit der bestimmten aussicht, dass sie ihn und ihre söhne morden werde.

30. „„Durch die brüder gedrängt, will ich Atli erkiesen,

„„und, genöthigt durch verwandte, wider willen ihn
„„doch wird nicht zu wonne der ehherr werden, [haben;
„„noch der brüder tod, zur verschonung der söhne.“ “

31. „Mit thränen nahm Grimhild meinen ausspruch auf,
„der ihren söhnen verderben anzeigte,
„und ihren enkeln grosses unheil.

32. „Zu pferd war bald jeder ansehnliche knappe,
„und weiber-auswahl in den wagen gehoben:
„sieben tage durch mageres land wir fuhren,
„in anderen sieben, flusswellen wir drückten,
„in den dritten sieben, wir auf trocken-land stiegen.

32. Nach dem Gudrun sich dem Atli verlobt hatte, zogen beide mit grossem gefolg aus Dänemark nach Hunenland; sie fuhren sieben tage durch das heideland in Westfalen, dann sieben tage auf der Donau, und sieben tage auf festem land, bis zur Atli-burg.

33. „Dort waren die thorwächter der hohen burg;
„sie die gatter aufschlossen; in den hof wir einzogen.
[„Hier beisamen wir lebten; im mismuth uns stritten;
„durch kummer vermehrte sich unsere verstimmung.

34. „Oft träumt es dem Raschen; er verschwieg es mir nicht;
„ihm ahnt daraus böses, dass unglück in den träumen];
„so weckte mich Atli, als im traum ich ihm schien,
„erfüllt mit rachegroll, wegen mords von verwandten.

34. Atli (der Rasche, übersetzung des hunischen namens Ethele) hatte beunruhigende träume. Diese träume deutete Gudrun, so wie sie vermochte, ohne die hinterlistige absicht den Atli sicher zu machen, da sie ja selber das zukünftige nicht genau voraussehen konnte.

„Atli sprach:“

35. „„So eben haben Nornen mich geweckt der art,
„„durch wirrsinnig gesicht, dass ich's nicht mag deuten:

„„mir träumte, dass du, Gudrun!, die tochter Giukis,
„„mit arglistigem schwerdt, durchstochen mich hast.

„Ich sprach:“

36. „„Wenn von eisen man träumt, bedeutet es feuer;
„„geräthe der frauen auf scherz und lust weisen;
„„ich hingehen soll, dir eine wund auszubrennen,
„„dich heilen und pflegen, obgleich zuwider du mir bist.

36. Nach der deutung der Gudrun zeigt der traum Atli's an, dass sie, obgleich, wie sie unumwunden aussagt, den gemahl nicht liebend, ihm doch eine mit eisen gemachte wunde ausbrennen, und ihn verpflegen werde.

„Atli sprach:“

37. „„Ich träumte: im burgraum lagen gebrochene äste,
„„die ich hochwachsen zu lassen gedachte,
„„mit wurzeln ausgerissen, mit blut geröthet;
„„man zum gastmal sie bracht', mir zum kauen sie bot.

37. Die mit den wurzeln ausgerissenen äste bezeichnen die söhne Atlis und der Gudrun, welche von ihrer mutter getödtet werden, und deren herzen dem vater beim gastmal vorgesetzt werden sollen.

38. „„Ich träumte: zwei falken von der hand mir wegflogen,
„„beutelos hin zum bösen Wohnsitz;
„„mir träumte: ihre herzen ich mit honig verspeiste;
„„ich sorgenschwer einschlief und war kalt im blute.

38. Die falken, welche dem Atli von der hand zur Hel fahren, und deren herzen er verspeist, ehe er einschläft und tödtlich verwundet wird, sind vorbedeutungen des mords, den Gudrun an den söhnen und am gemahl verüben wird.

39. „„Ich träumte: ich von der hand zwei doggen losliess;
„„entwöhnt ihres gebells heulten sie beide;
„„ich träumte: ihr lebend fleisch sei zur leiche geworden;
„„genöthigt, musst ich von ihren leichen kosten.““

39. Die zwei doggen, welche vorbedeutungsvoll heulen, statt fröhlich auf der jagd zu bellen, und von deren leichen Atli kostet, bezeichnen beide söhne Eitel und Erp.

„Ich sprach:“

40. „„Dienstkerle sollen wohl ein schlachten besprechen,
„„und zweien weissschafen die köpfe abschlagen;
„„dem tod geweiht werden diese die nacht zubringen,
„„um, kurz vor taggrauen, die mannschaft zu speisen.““

„Atli sprach:“

„„Nicht ruh’ ich mehr seitdem, noch mag ich einschlafen
„„im kummergieren bett! — an den traum ich stets denk’.

40. Gudrun erklärt obige drei träume als bedeuten sie das schlachten von zwei schafen in der burg, um zur verköstigung der mannschaft zu dienen. Atli konnte aber, seit seinen träumen, nicht mehr ruhig schlafen, da er stets mit grauen daran denken musste. — Hier bricht Gudrun ihre dem Thiodrek gemachte erzählung ab.

---

2. Gudrun im Gottesgericht. (Guðrûn sykn orðin.)

Gudrun, die ihren gemahl Atli nicht liebte, mag manche unterredung mit dem heerführer Thiodrek gehabt haben, worin sich diese beiden nicht immer gerade ihr leid einander klagten. Solche gespräche dauerten bis in die nacht hinein, so dass Atli argwohn über die treue seiner frau schöpfen konnte. Er war daher traurig und leutscheu geworden. Eine erklärung zwischen den eheleuten war nöthig; Gudrun führt sie durch ihre ansprache an Atli herbei.

Gudrun sprach:

1. „Was hast du, Atli! Budlis sohn, für zweifel?
„dass du trauerst im gemüth warum lachst du nicht mehr?

„es würde den Grossen freundlicher dünken,
„wenn dusprächst mit den leuten, und sehest nach mir.“

Atli sprach:

2. „Das, Gudrun! Giukis tochter, betrübet mich,
„was Helkia mir in der halle gesagt,
„dass Thiodrek und du, unter einer deck' schliefet,
„und leichtfertig über euch das leinlachen zoget.“

2. Helkia, die friedel Atli's, bevor er die Gudrun „geheirathet, hatte das benehmen der königin mit Thiodrek scharf beobachtet, und da dieses, äusserlich wenigstens, bedenklich war, so hatte sie argwohn hierüber im herzen des Atli erweckt.

Gudrun sprach:

3. „Gegen alles dies will ich eide dir schwören,
„bei jenem heiligen weissen steine,
„dass ich und der Volksruhm zusammen nichts hatten,
„was nicht eine ehfrau und eheherr darf thun,
„ausser, dass ich umarmt den heeresführer,
„den untadelichen kämpen, ein einziges mal.

3. Gudrun behauptet, dass ihre gespräche mit Thiodrek keine liebesunterhaltungen, sondern herzens ergüsse über ihr beiderseitiges leid waren. Sie erbietet sich ihre unschuld durch das gottesgericht darzuthun, in dem sie den heiligen geweihten stein aus dem siedenden kessel, mit unversehrter hand, herausholen wolle, in gegenwart ihrer brüder und aller mannen des Atli.

4. „Ganz anderer art waren unsre gespräche,
„als, traurig, wir uns zur mittheilung neigten;
„Thiodrek hieher kam mit dreimalzehn mannen;
„von den dreisig ist keiner mehr am leben!

5. „Schick' zum vogt der sächsischen probemänner;
„er versteht den wellènden kessel zu weihen;
„stell im kreis um mich die brüder und die bebrünnten;
„stell um mich im kreis die hauptverwandten.“

5. Das gottesurtheil, das frühe schon im orient und occident gebräuchlich war, wurde, in der prozedur, besonders bei den Nordsachsen ausgebildet; weswegen das gottesurtheil im mittelalter den sächsischen namen o r d a l (urtheil) trug.

6. Siebenhundert mann in den saal eintraten,
bevor des königs frau in den kessel griff.

Gudrun sprach:

„Nicht Gunnar mehr kömmt; ich den Högni nicht anruf';
„nicht weiter ich mich umseh' nach den brüdern;
„Högni würd' mit dem schwerdt solches leid rächen;
„nun, allein, muss ich die schmach von mir abwehren.“

6. Gunnar und Högni konnten nicht beim Gottesgericht ihrer schwester erscheinen. Högni, der seine schwester liebte, hätte es, wenn er erschienen, nicht zur feuerprobe kommen lassen; er hätte die Gudrun, als ihr natürlicher kämpe, mit seinem schwerdt im gottesgericht vertheidigt.

7. Bis zum grund sie die weisse hand eintauchte,
und heraus zog sie die glanzedelsteine.

Gudrun sprach:

„Seht nun, ihr gesandte!, schuldlos bin ich worden,
„nach geheiligtem brauch, wie auch walle der kessel!“

8. Da lachte dem Atli das herz in der brust,
als heil er sah der Gudrun hände.

Atli sprach:

„Nun soll Herkia zum kessel her treten!
„da sie der Gudrun schimpf zugedacht.“

9. Nichts klägliches sah, wer das nicht gesehen,
wie Herkia's händ drin gesengt wurden.
Man zum faulenden sumpf das fräulein abführte;
so widerlegte Gudrun die schmachverläumdung.

9. Der dichter und seine zeitgenossen fanden es, ohne

zweifel, ganz natürlich, dass man die Herkia, welche die Gudrun verläumdet hatte, zur strafe in einen sumpf versenkte. Im alterthum, im mittelalter, und auch noch bisweilen in unsern tagen, ist das strafverfahren allzuoft ein stupider justizmord gewesen. Noch anno 1780 wurde in Paris, der civilisirtesten stadt der welt, eine magd, die eine goldne uhr gestohlen, und im leihhaus versetzt hatte, auf dem Greveplatz gehenkt, und kein theolog, kein jurist, und leider auch kein philosoph, fand dagegen einwendung zu machen.

---

3. Oddrun's liebe zu könig Gunnar von ihr gerechtfertigt. (Oddrunar grâtr).

Der nordische dichter kannte eine alte deutsche sage, der zu folge Oddrune die schwester Atli's zu ihrer verwandten Borgny, des unterkönigs Heidreks tochter, kam, und ihr geburtshilflich beistand, als diese ihre, aus unehelicher liebe gewonnenen, zwillinge zur welt gebar. Er benutzt diese sage als rahmen zu seinem gedicht, um darin auch die heimliche liebe der Oddrun zu könig Gunnar zu erzählen, und, durch diese erzählung, die Oddrun, in bezug auf diese ihre unehliche liebe, zu rechtfertigen.

1. In alten sagen hört' ich erzählen,
wie die Oddrun ankam im Mooreland;
auf der erde hieroben konnte niemand
geburtshilfe schaffen, der Heidreks tochter.

2. Dies erfuhr Oddrun, des Atli schwester,
dass die jungfrau dort hätte grosse nöthen;
sie zog das lenkzäum'ge ross aus dem stall,
und auf den rappen legte den sattel.

3. Sie den mohr auf ebenem grunde liess rennen,
bis sie ankam bei der hochstehenden hall';

sie schnell den sattel nahm vom helligen ross;
dann ging sie hinein in den saal entlang,
und, vor allen worten, zuerst diess sprach:

4. „Wonach ist, im gau, die grösseste nachfrag?
„und was ist nöthig im Hunenland hier?“
Die dienerin sprach:
„mit schmerz überladen liegt Borgny darnieder,
„deine freundin, Oddrun!; sieh' ob helfen du kannst.“

4. Der gau im Moorland, worüber der dem Atli tributäre könig Heidrek herrschte, gehörte zum Hunenland, und lag in einer moorgegend der mittleren Donau.

Oddrun sprach:

5. „Welcher heerzog hat diese schmach bereitet?
„wie kommt's, dass Borgny heftige schmerzen bekam?“
Die dienerin sprach:
„Frohmund er heisset, der hagestalten freund;
„die maid er bedeckte mit warmer bettdecke,
„fünf volle winter, — so lang verbarg sie's dem vater.“

6. Darüber, denk ich, sie nicht weiter sprachen;
die gute hinging, zu der jungfrau knien zu sitzen.
Oddrun sang gewaltig, Oddrun sang kräftig,
über Borgny, eindringliche zaubergesäng';
betreten konnten den erdweg das mädchen und der knab',
zwei liebliche kinder, vom Högnistödter gezeugt.

6. Die kräftige zaubergesänge, welche Oddrun zur geburtshilfe sang, waren die sogenannten Bergrunen oder Schutzrunen (s. s. 157).

7. Die junge frau, todkrank, zu sprechen begann,
so dass sie, vor allem, diese wort' aussprach:
„dir so helfen mögen die huldvollen Wesen,
„Frigg und Freyia, und andere götter mehr,
„wie du den schmerz mir abhanden geschafft!“.

Oddrun sprach:

8. „Nicht neigt' ich mich dir zur hilfe darum,
„dass du deren jederzeit würdig gewesen;
„gelobt hab' ich's, und bisher erfüllt das gelübd',
„als wir edelgeschwister Budlis erbe theilten,
„dass ich hilfreich sein werde, für jedermann."

8. Oddrun erklärt der Borgny etwas spröde, dass wenn sie ihr geburtshilflich beigestanden (ihr, die sie nicht wegen ihrer geheimen liebe achtet), diess nicht aus zuneigung zu ihr geschehen sei, sondern weil sie, Oddrun, nach dem tode ihres vaters Budli, das gelübde gethan, jedermann, wer es auch sei, ihre ärztliche hilfe angedeihen zu lassen.

Borgny sprach:

9. „Irr bist du, Oddrun! und ausser sinnen
„dass zumeist aus zorn du mir worte gesprochen,
„da doch nach Burgund ich dich hab' begleitet,
„als wären wir beid' zweien brüdern geboren."

9. Borgny findet diese erklärung der Oddrun wenig freundschaftlich, da sie doch beide einst, als gespielinnen und so vertraute freundinnen als wären sie geschwister kinder, mit einander die reise nach Burgund, an den hof Gunnars, gemacht haben.

Oddrun sprach:

10. „Mir gedenkt auch noch was, eines abends, du sagtest,
„als dem Gunnar ich ein festtrinken machte;
„solches beispiel, sagtest du, würde in zukunft nie,
„von einer jungfrau, ausser mir allein, vorkommen.

10. Oddrun entgegnet, dass sie gerade eines damaligen vorwurfs der Borgny gegen sie stets gedenket, welchen jene ihr gemacht, als sie, (Oddrun) dem Gunnar einen becher zum liebeszeichen kredenzte, und jene dabei sagte, dass dieses benehmen an einer jungfrau unschicklich und unerhört sei, dass Borgny, in dem sie sie an Burgund

erinnere, ihr gleichsam vorwerfen wolle, sie hätte ja auch ein geheimes liebesverhältniss gehabt mit Gunnar, wie Borgny mit Vilmund. Der Oddrun liegt nun daran, ihre geheimliebe zu Gunnar vor der Borgny zu rechtfertigen.

11. Hierauf das bekümmerte fräulein sich setzte,
um aus grosser trauer ihr leid zu erzählen:
„Ich ward in der könige saal auferzogen,
„zur ehe mit männern, die alle mir freundlich;
„ich freute mich des lebens, des besitzthums des vaters,
„doch nur fünf winter, so lang mein vater lebte."

12. „Da anfing, seine letzten sprüche zu sprechen,
„der siegmüde könig, bevor er erstarrte:
„er gebot mich mit rothem gold zu schmücken,
„und an Grimhildes sohn mich zu vergeben.

12. Oddrun sagt, dass ihr vater vor seinem tode angeordnet habe, man solle sie an den Gunnar verheirathen. Von vornherein sei also ihre liebe zu Gunnar erklärlich. Ihre jüngere schwester Brunhild, welche später die frau Gunnars geworden ist, sei von ihrem vater bestimmt worden, nach ihrem wunsch, unverehlicht zu leben.

13. „Aber der Brunhild gebot er, den helm zu geben;
„sie sollte, sagt er, eine Wunsch-tochter werden;
„nie, sagt er, würde hehrer als sie geboren,
„eine maid in der welt, so lang der tod sie nicht schädigt.

14. „Draufwurd mit welschem schwerdt im kampf gekämpft,
„und die schildburg gebrochen die Brunhild besass;
„die erde qualmte und der hochhimmel,
„als der Fafnistödter in die schildburg drang.

14. Nachdem Gunnar und Sigurdur manchfach in den ländern gekämpft, wurde beschlossen, dass Sigurdur die Valkyrie Brunhild für den Gunnar gewinnen sollte. Der dichter folgt hier der deutschen sage, welche der Brunhild eine Waberlohe ertheilte (s. s 286), durch die

Sigurdur hindurchritt, und dem Gunnar die gewünschte frau zuführte.

15. „Drauf Brunhild im frauengemach borten stickte;
„sie land und leute besass rings um;
„nicht währte es lang, vielmehr unglücklich kurz,
„bis sie die täuschungen alle einsah.

15. Brunhild lebte kurze zeit ruhig und reich als Gunnars frau, in der burg ihres gemahls, bis sie erfuhr, welche täuschungen mit ihr vorgenommen worden waren. Um sich zu rächen gab sie sich den tod.

16. „Grausame rach sie liess darüber ergehen;
„so dass alle wir vieles unglück erfuhren;
„nach jedem bewohnten land wird sich's verbreiten
„dass, nach Sigurdurs tod, sie sich erstach.

16. Nach dem tode der Brunhild wollten Gunnar und Oddrun sich heirathen. Gunnar versprach dem Atli ihm zum geschenk den theil zu geben vom Niflungenhort, den ihm zur zeit Sigurdur geschenkt, als er seine schwester Gudrun ehelichte. Aber Atli wollte den Gunnar nicht zum schwager, weil er schon damals den plan gefasst hatte, die Giukungen zu verderben, um ihren Niflungenschatz ganz zu gewinnen. Gunnar und Oddrun, obgleich somit verhindert, sich zu heirathen, blieben sich dennoch in ihrer liebe treu.

17. „Ich konnte nun meinerseits lieben den Gunnar,
„den Ringvertheiler, gleich wie Brunhild es gesollt;
„mir alsbald goldrothe brautringe man bot,
„und meinem bruder Atli nicht schmale bissen;
„ihm bot für mich Gunnar noch fünfzehn gehöfte,
„und, wenn er es wolle, Grani's lendenbürde.

18. „Doch Atli sich äusserte, nie wolle er
„einen brautkauf annehmen vom sohne Giukis;

„wir beid' aber konnten die lieb' so nicht bezwingen,
„dass ich nicht zum Ringbrecher den kopf hinneigte.

19. „Es sprachen hierüber viele meiner verwandten;
„sie sagten, wir beid' seien schmachvoll geworden;
„doch Atli sprach, dass ich niemals würde
„schandbares vornehmen und laster verüben;
„solches sollte jedoch keiner jemals betheuren
„von andern, wenn sich's um liebeslust handelt.

20. „Bruder Atli sandt' indess aus seine boten,
„hin über den Schwarzwald, mich zu belauschen;
„diese kamen dazu, wo sie nicht hätten sollen,
„als wir beide eine bettdeck über uns zogen.

21. „Wir goldrothe ringe den degen anboten;
„damit sie's an Atli nicht möchten berichten;
„doch sie nach hause schnell hineilten,
„und rasch es dem Atli hinterbrachten;
„doch der Gudrun verschwiegen sie's völlig deshalb,
„damit sie's zur hälfte verschlimmert erfahre.

22. „Drauf vernahm man den schlag der vergoldeten hufen,
„als Giuki's söhne ins gehöft einritten;
„dem Högni liess Atli das herz ausschneiden,
„und den Gunnar in den Schlangenthurm legen.

22. Die Giuki's söhne, von Atli verrätherisch nach Hunenland eingeladen, zogen in die Atliburg ein, und wurden da feindlich angegriffen; Gunnar wurde in den Schlangenzwinger gelegt.

23. „Zu jener zeit war ich gerade gefahren,
„zu Geirmund, um den festtrank zu rüsten;
„der Gunnar begann sinnig die harfe zu rühren;
„er hoffte, dass ich ihm, zur hilfe,
„als Atlis verwandte, herbei kommen werde.

23. Die sage erzählt ursprünglich, dass Gunnar früher

seiner hilfreichen geliebten das versprechen gegeben, er werde sie durch ein signal mit seinem hifthorn benachrichtigen, wenn er in lebensgefahr käme, so wie Roland in Roncesval mit seinem hifthorn dem Karl dem Grossen das signal gab, dass er in not sei; als Gunnar gefangen genommen wurde, gab er der Oddrun ein zeichen mit dem horn; sie eilte zu ihm, aber kam zu spät; er war schon von den schlangen getödet worden. Diese sage ist nun in der folge sonderbar entstellt worden; an die stelle des signalhorns trat der harfenschlag, der zu einer zeit gegeben worden sein soll, wo Gunnar weder hände noch füsse frei hatte, wo er im schlangenthurm keine harfe mehr haben konnte, und wo seine wächter und der könig Atli, wenn er je eine harfe bei sich gehabt hätte, ihn verhindert hätten, sie zu schlagen. Unser dichter befolgt hier diese absurde version der sage. Er erzählt, dass Oddrun, von der Schlamminsel aus, den schmerzgesang Gunnars ertönen hörte, zum schlangenzwinger hin eilte, aber ihren geliebten nicht mehr retten konnte, da ihm die älteste der schlangen das herz schon durchbohrt hatte.

24. „Da ich hören konnt' wie, von der Schlamminsel her,
„von schmerzgesang die saiten ertönten;
„ich gebot den mägden, sich bereit zu machen,
„ich wollte des Volksführers leben bewahren;
„wir machten schleunig die fahrt durch den wald,
„bis Atlis gehöfte ich alle ersah.

25. „Doch da kam, vorstürzend, die heillose,
„die mutter der nattern (mög' im moor sie ersticken!)
„und grub sich hinein, bis zum herz des Gunnar,
„so, dass ich den erlauchten retten nicht konnte.

26. „Oft wundre ich mich, wie ich seitdem kann,
„nach des Wurmzwings unglück, das leben noch halten,
„da zu lieben ich glaubte den Furchtbar-kühnen,
„den Schwerdthandhaber, so sehr als mich selbst.

26. Oddrun sagt, dass ihr nichts mehr übrig bleibt im leben, als um den geschiedenen Gunnar zu klagen; ihre liebe zu ihm, obgleich eine uneheliche, war und bleibt stets eine ächte, die nicht so getadelt werden könne, wie die liebe der Godny zu ihrem untreuen Vielmund.

27. „Du sassest hier und hörtest, wie ich dir erzählte
„die vielen missgeschicke von mir und von jenen; —
„kein mensch vermag es, nach wunsch zu leben; —
„um den geschiednen mann, bleibt nur Oddrunens klage."

---

4. Atli's Sagelied. (Atla kviða.)

In Grönland gedichtet.

Dies gedicht, welches das grönländische heisst, weil es in Grönland, auf der dänischen insel Moen gedichtet wurde, erzählt den mordlichen verrath Atlis an den söhnen Giukis. Atli liess sie zu sich laden, durch den gesandten Jungspross. Dieser kam in die Halle des Gunnar, im spätjahr, als die bierbänke dem heerdfeuer näher gerückt worden waren.

1. Hin zu Gunnar schickte Atli als boten,
zu reiten den list'gen gesandten, er hiess Jungspross;
der kam zu Giukis höfen, zur halle des Gunnar,
und, bei heerdumstellten bänken, zum lieblichen biertrank.

2. Während die bewirther schwiegen, tranken die gefolgs-
[mannen
wein in der wärmhalle, den zorn des Hunen verhütend;
dann diese tückische rede sprach Jungspross,
jener südländ'sche bote, auf hoher bank sitzend:

2.* Da die Giukungen als bewirther und ihre mannen mit den Hunen gespannt waren, so schwiegen sie vorerst, und hüteten sich dem Jungspross veranlassung zum zorn zu geben. Dieser lud die Giukungen zu Atli ein, vorgebend, dass man nichts anders bezwecke, als traulich beim feuer zu plaudern, dass demnach die Giukungen nicht brauchten prächtig mit heerfolge bei Atli zu erscheinen; dieser würde ihnen schon alles nöthige liefern, und ihnen bei der heimkehr Niflungengold, die gränzhüterstationen an der obern Donau, welche an den Schwarzwald reichen, und den Schwarzwald selbst, der die gränzmarke des Hunenreichs bildet, als geschenk abtreten.

3. „Atli mich her hat gesandt botschaft zu reiten,
„auf gebiss-wildem ross, durch den unheimlichen [Schwarzwald,
„um euch, Gunnar! zu bitten, dass zur gastbank ihr kommt,
„den Atli zu besuchen, um am heerde zu plaudern.

4. „Dort könnt ihr euch wählen, schild und glatte spiesse,
„goldrothe helm, grosse hunengefolgschaft,
„silbervergoldete sättel, welschrothe röcke,
„mannslange lanzen, zaumkauende reitpferd'.

5. „Er will, sagt er, euch beschenken mit der weiten Kampf-
„klirrenden speeren, mit vergoldeten humpen [heide-gold,
„als grosse geschenk geben auch Donau-stationen,
„den berühmten forst, den Schwarzwald man nennt.

6. Da Gunnar den kopf wandt' und sagte zu Högni:
„was spricht uns der tolle bot', dieweil wir da zuhören?
„von Kampfheide-gold kenn ich kein anderes
„gleichgutes, das wir beid' nicht schon hätten!

7. „Wir beid' haben sieben waffensäl', voll von schwerdtern;
„an jedem der schwerdter sind griffe aus gold;
„als besten kenn ich meinen rapp, als das schärfste mein [schwerdt,
„als ansehnlich die bogenbanks und die brünnen aus gold,
„als den blanksten, meinen helm und schild, aus der hall
„sie sind einzeln besser, als die aller Hunen.“ [Kiars;

Högni sprach:

8\. „Was bezweckt, glaubst du, Gudrun, da sie die ring uns [schickt,
„in wolfshaar gehüllt; sie, denk ich, vorsicht andeutet;
„ich den goldrothen ring fand in wolfshaar eingesteckt;
„solcher boten-ausritt uns ein wolfgang ist."

8\. Atlis frau, Gudrun, um ihre brüder vor Atli zu warnen und ihnen anzuzeigen, dass der boten-ritt und die einladung des Jungspross ein wolfsgang (ein ausgehen auf raub und mord) sei, steckte in den übersandten beglaubigungsring, bedeutungsvoll, ein büschel wolfshaare.

9\. Dem Gunnar nicht zuriethen, seine verwandten u. vettern,
noch geheimräth, noch hofräth, noch d. vornehmen keiner;

alle sprachen:

„Der königsöhn' erbtheil wird besitzen der wolf,
„und alte fichtenwirthe, wenn Gunnar vermisst wird;
„es zernagen, mit fangzähnen, schwarzfellige bären,
„der jagdgreyen stadel, wenn nicht wiederkehrt Gunnar."

9\. Zu den zeiten des dichters mag es schon, hie und da, im Nordland zerstörte (gebrochene) burgen gegeben haben, wo die adler (alten fichtenbewohner) hausten, und wo die bären die früheren jagdhundställe mit ihren fangzähnen benagten.

10\. Doch, wie's einem könig ziemt, sprach drauf Gunnar,
aus grossem muthe heiter im methsaal:
„Erheb' dich, Fiornir!, zu den bänken der wakkern lass'
„die goldschalen hinfahren, den mannen zu händen!"

11\. Untad'liche mannen geleiteten weinend,
aus dem gesindshof, den kampfscharfen landfürst;
da sprach der jüngre erbe des Högni:
„fahrt heil nun und froh, wo der muth euch hinzieht."

11\. Der jüngere sohn Högnis, der wegen seiner jugend zu haus blieb, ist der nach seinem grossvater benannte Giuki.

12. Eilen liessen die wackern über berg die füsse
gebiss-wilder rappen, durch den unheiml. Schwarzwald;
wo die hartmuth'gen fuhren, ganz Hunmark erbebte;
durch die allgrünen eb'nen, sie die gertscheuen jagten.

13. Sie sahen Atlis land, die hütten der niederung,
die signalmänner drinnen in der hochburg stehen,
den saal für das südvolk, mit sitzen umgeben,
mit gereiheten tartschen und blinkenden schilden.

14. Die lanzen erklirrten; aber drinnen trank Atli
wein, in der wärmhall; wächter aussen sassen,
erwartend Gunnars leut' wenn her sie kämen,
dem könig kampf zu wecken, mit rasselnden gêren.

15. Als den saal sie betraten, empfing sie die schwester;
sie begrüsste das bruderpaar, doch zum willkomm man [nicht trank.
Gudrun sprach:
„Du bist, Gunnar! verrathen!, was wirst du vermögen
„gegen der Hunen mordplan? schnell verlass diese halle!

15. Willkommbier trank man gewöhnlich bei fröhlichem empfang der gäste; Gudrun, nicht erfreut über die ankunft der brüder, begrüsst sie nicht mit willkommbier.

16. „Dir, bruder! wär's besser, dass in die brünn' du gefahren
„als so, zum heerd-geplauder, den Atli zu besuchen;
„dass im sattel du sässest, den sonnenheitern tag lang,
„und liessest Nornen beklagen die todfahlen leichen;
„dass du heimsuchtest verheerend die hütten der Hunen,
„und liessest Atli selbsten in den wurmgarten steigen!"

17. Aber für euch ist nun der wurmgarten bestimmt!
Gunnar sprach:
„Zu spät ist's, schwester! die kriegsknecht zu sammlen;

„zu weit ist's zu holen die hilfsgefolgschaft
„der wakkern burschen aus streitsamem-Rhein-gebirg."

18. Högni, mit dem scharfschwerdt, niederhieb sieben,
und schleuderte den achten in's glühende feuer;
jeder kühne mög' so sich der feinde erwehren,
wie Högni sich seine hände frei wahrte!
Sie ergriffen Gunnar, sie an den pfahl legten
den freund der Burgunder, und banden ihn fest.

18. Der pfahl oder galgen war ein über mannshöhe langer pfosten (manchmal oben mit einem querholz versehen) an welchem man einen an händen und füssen gebundenen, mit einem strick unter den armen aufhing, und manchmal verhungern liess. An einen plock in der wand hängte die Brunhilde, im Nibelungenlied, den Günther, in der brautnacht.

19. Drauf Atli zu Gunnar seine mannen schickte;
den kühnen anführer der berittnen sie frugen,
ob er wolle gegen gold sein leben loskaufen.

19. Der goldgierige Atli, der den Niflungenschatz der Giukungen ganz besitzen wollte, begehrte von dem am marterholz gequälten Gunnar, dass er freiwillig, gegen dies gold, sein leben loskaufe.

Gunnar sprach:

20. „Vorher müsste Högnis herz auf der hand mir liegen,
„dem kühnreiter blutig aus der brust geschnitten,
„dem königssohn, mit schlitzscharfem messer!"

20. Der dichter will oder sollte eigentlich blos sagen, dass Gunnar kein gold herausgeben werde, so lang sein bruder Högni lebe.

21. Da schnitten sie dem Hialli das herz aus der brust;
noch blutend auf dem brett sie es trugen zu Gunnar.
Da sprach Gunnar der wehrmannen-drost dieses:
„hier halt' ich das herz des feigen Hialli,

„das ungleich dem herzen Högnis des tapfern;
„sehr bebet es noch, da auf dem brett es liegt;
„noch mehr es bebte, als in der brust es lag.

21. Die leute Atlis, um dem Gunnar glauben zu machen, Högni sei todt, überbrachten diesem das herz des unfreien Hialli, das sie für das herz Högnis ausgaben.

22. Högni lachte, als, für's herz, sie ihn lebend aufschnitten
mit dem helm-schläger; nicht er dachte zu klagen,
sie das blutende herz, auf dem brette, zu Gunnar trugen;
da sprach Gunnar, der hehre geerkämpfer dieses:

22. Högni lachte ist ein emphatischer ausdruck um zu sagen, dass er nicht klagte noch seufzte, als man ihn marterte.

23. „Hier halt ich das herz des muthigen Högni,
„das ungleich dem herzen Hialli's des feigen;
„es keineswegs bebt, da auf dem brett es liegt;
„viel wen'ger es bebte, als in der brust es lag.

24. „So fern mögest du Atli, aus den augen uns kommen,
„wie fern du sein wirst von unsern schätzen!
„bei mir allein ist geborgen nun ganz
„der Nibelungen hort, seit Högni nicht mehr lebt!

24. Da der Rheinstrom kleine goldplättchen mit sich führt, die noch heute, mit geringem gewinn, ausgewaschen werden, so bildete sich, nach dem die sage vom Nibelungenhort aus dem Norden nach dem Frankenland gekommeu war, die spätere sage aus, dass das rheingold von dem Nibelungenhort herkomme, welchen die Giukungen, ehe sie nach Hunenland zogen, zur verwahrung, in den Rhein, an einem unbekannten ort, versenkt haben.

25. „So lang beid' wir lebten, blieb stets noch besorgniss;
„nun keine mehr ist, da ich allein noch am leben;
„das helden-zankmetall der Rhein soll besitzen,
„die prachtschätzen leuchte im rollenden wasser,
„eh' dass das gold glänze auf der hand der Hunen!"

Atli sprach:

26. „Nun Gunnar gebunden liegt, führt den radwagen ab;“
und hierauf die bemähnte gebisszaum-stute
zieh' den Feindbekämpfer hin, zum todeszwinger.

26. Atli noch hoffend, dass Gunnar, wenn er noch länger gequält würde, seinen schatz ausliefern würde, befahl, ihn in den schlangenzwinger zu bringen. Da dieser an händen und füssen gebunden war, und weder gehen noch reiten konnte, so befahl Atli ihn, auf einem radwagen, an den Gunnars eignes streitross angespannt wurde, dorthin abzuführen.

27. Mit lärmenden rossen, abritt der stolze Atli,
der verwandte der Giukungen, von kriegslanzen umgeben;
aber Gudrun die vergeltung des Sieggottes anrief;
thränen unterdrückend, sie in die mägd-halle eilte.

27. Atli begleitete reitend mit einer reiter-schaar den wagen Gunnars. Als er aus der burg ritt, rief Gudrun, in ihrem innern, die rache Odins über ihren gemahl an, und, entschlossen sich an ihm furchtbar zu rächen, eilte sie in die küche, um ihm ein schrecklich mahl zum empfang zu bereiten.

Gudrun (bei sich) sprach:

28. „Dir Atli ergeh' es, so wie du gehalten dem Gunnar
„die eid' die oft geschwornen, die früh angeruf'nen,
„bei dieser sonn' die sich neigt, bei d. Sieggottes herberge,
„bei dem bettpfühl der Hel, und dem schilde des Ullur.“

29. Atli, den Gunnar legte lebend in jenen zwinger,
wo, aussen, sich ergingen die krieger in menge,
und, innen, die schlangen; aber Gunnar, verlassen,
trotzmuthig, zum rache-ruf die harfe rührte;
die saiten erklangen, der schall so ertönte,
dass beim kühnen Ringspender der d. männer zurückhielt.

29. Da absurdes sich nicht zurecht legen lässt, so

kann der dichter, nachdem er die entstellte sage von Gunnars harfenschlag aufgenommen (s. s. 308), nur unmögliches und ungereimtes erzählen; er sagt, dass Gunnar ein rachelied gegen Atli gesungen, und dass er so lieblich gesungen, dass die mannen entzückt bei ihm stehen blieben, um aufzuhorchen.

30. Atli liess rennen zu seinem landsitz hin,
zurück vom morde, sein froheilend ross;
im schlosshof ward lärm, gedränge von pferden,
waffengeklirr der leibwach', die von der heid' zurück kam.

30. Gegen abend kam Atli mit seiner reiterschaar von der schlangenthurmheide in den burghof zurück.

31. Hinaus trat da Gudrun dem Atli entgegen
mit goldreif'ger schaal', um die rach' für Gunnar zu ver-
Sie sprach: [tuschen.
„Annehmen mögst du, könig! in deiner festhall',
„von Gudrun, freudig den hörnertrank für die todten."

31. Gudrun, rachedürstig stellt sich freundlich gegen Atli, bringt ihm zum willkomm den trunk in vergoldeter schaale, und ladet ihn zum fröhlichen mal in der festhalle.

32. Es klirrten dem Atli die weinschweren schaalen,
als zusammen in der hall, die Hunen sich gemehrt;
eintraten die tiefbärtigen raschen schutzmannen;
rasend eilte das weib, frohen blicks, zu bringen
den kriegern den trank; auch feinspeisen sie wählte;
dann dem stirnbleichen Atli sie das grausige aussprach:

33. „Schwerdthandhaber! du hast deiner eignen söhne
„todtblutige herzen im honig verbissen;
„muthvoller! du, sagt ich mir, darfst schöne menschen-
[braten
„als leckerbissen speisen, und in den gang hinabschicken.

34. „Nun nicht mehr rufst, du zu deinen knieen,

„die festfrohen söhne Erp und Eitel;
„vom höchsten-sitz aus du sie nicht mehr siehst,
„Goldspender! wie sie beschäften die gêre,
„die mähnen scheeren, und die rappen spornen.“

35. Auf den bänken ward schauder, geklirr bei den mannen,
unter seidenfalt wehklag; des Hunen söhn beweinten alle,
ausser Gudrun allein; so wie sie nicht beweinte
ihre bärkühnen brüder, so wen'ger noch die süssen,
die jungen, unmündigen, die von Atli sie geboren.

36. Drauf Gudrun, die schwanweise, mit gold um sich warf;
sie mit goldrothen ringen die hausknecht' bestach;
sie vermehrte vertheilung, liess grassiren glanzschmelz,
leichtsinnig nicht mehr achtend den abgang der vorräthe.

36. Gudrun hatte sich vorgenommen, alles in der burg in brand zu stecken; sie hatte also nicht mehr die vorräthe zu schonen und zu sparen; um die hausknechte für sich zu gewinnen, gab sie ihnen beim festmal übermässig viel speise und geld.

87. Atli, ohne vorsicht, sich stumpfsinnig betrank;
er trug keine waffen; gegen Gudrun sich nicht wahrte;
besser aus sah das, als beide zärtlich eilten,
sich öfter zu umarmen, vor den edelleuten.

37. Unser dichter (der nicht gerade zu den intelligentesten erzählern gehört) fühlte wohl, dass, nachdem Gudrun dem Atli beim mahl die herzen seiner kinder vorgesetzt, diese eheleute nicht konnten mit einander ruhig schlafen gehen. Um dieses möglich zu machen, erzählt er, dass Atli sich beim mahl den verstand weggetrunken habe, und dass Gudrun, um den gästen ihre vollständige versöhnung mit Atli vorzuspiegeln, ihn, vor dem schlafen gehen, in ihrer gegenwart, mehrmals umarmte. So stellt er diese frau, die schon grausam war nach als niederträchtig dar.

38. Durch den dolch tränkte Gudrun blutig das bett,
mit todgierer hand, mit der mordlust junger wölfe;
drauf weckte sie die hausknecht'; vor die hall-thüre warf
d. hausfrau glühenden brand; so sie rach schuf d. brüdern.

38. Nachdem Gudrun ihren gemahl im bett erdolcht hatte, weckte sie die hausknechte und befahl ihnen mit ihr alles in der burg in brand zu stecken.

39. Die in der hall' waren übergab sie alle dem feuer;
das alte zimmerwerk stürzte, die pferchhäuser rauchten,
derGebieterwohnungen brannten, auch d.bretter-hütten,
die altersmürben, im glutfeuer einsanken.

39. Pferchhäuser sind die vorrathshäuser, welche in pferchen (umzäunungen) standen; die bretterhütten sind die sklaven-wohnungen, hundestadel etc., die in dem vorhof der burg standen.

40. Darüber ist nun völlig berichtet. Seitdem ist niemals so
ein weib, zur rach ihrer brüder, in die brünne gefahren;
es hat die erlauchte, über drei volkskönige,
den siegruhm erhalten, bevor im tod sie erkaltete.

40. Der dichter, wie seine zeitgenossen, haben den mord des Atli und seiner söhne, als eine heldenthat angesehen. Wie bei so vielen vermeintlichen heldenthaten der geschichte, ist auch, bei dieser, der ruhm durchaus nicht fein.

---

5. Atli's Geschichten. (Atla mâl hin Grönlandsko).

In Grönland verfasst.

1. Die welt hat die frevel erfahren, bevor dass machten
die boten d. einladung, welche zusagend beschlossen ward;
die zwiegespräch sich häuften; drauf wiederfuhr grauses [dem Atli,
so wie den Giukis söhnen, da man sie wirklich verrieth.

1. Der dichter setzt voraus, dass man die geschichten des frevelhaften tods des Sigurdur und der Brunhild kenne; sein zweck, sagt er, sei die geschichte des todes der Giukungen und des Atli zu erzählen, von der zeit an, wo die Giukungen die einladung Atlis, wiewohl nach einsprachvoller berathung in zwiegesprächen, angenommen hatten.

2. Anwuchsen die geschicke der schildführer; dem tod [sollten sie verfallen;
schlecht war berathen dem Atli, obgleich erwägend er war;
er grosse stütze sich umwarf, er selbst sich hart schadete;
doch schnellschlüssig die botschaft er schickt, dass die [schwäger bald mögen kommen.

2. Die Giukungen (schildführer) sollten nach dem schicksalsspruch dem tode verfallen; aber auch Atli kam ins verderben, als er, nach längerer überlegung, dennoch die schwäger zu sich lud.

3. Die hausfrau Gudrun war klug, sie überdachts m. verstand;
was heimlich man sprach, davon erfuhr sie die hauptsach;
verlegen war die umsicht'ge; sie wollte den ihrigen helfen,
sie sollten segeln zur see, doch dahin selbst nicht kommen.

3. Gudrun konnte die von Atli gewollte einladung nicht offen verhindern; sie musste sie also geheim hintertreiben; sie suchte zu bewirken, dass ihre brüder die einladung ausschlügen, oder wie das sprichwort sagt, dass zur see sie gehen sollten aber sich auf der see nicht einschiffen.

4. Sie dran ging runen zu ritzen (Schwingfahr verkehrte diese,
geringes dran ändernd, bevor er sie abgab);
drauf die gesandtschaftmänner des Atli abfuhren,
durch viele völkerschaften, dorthin wo d. kühnen wohnten.

4. Gudrun gab dem boten Schwingfahr ein buchtäfelchen (bók) worauf sie, im kurzen telegrammenstyl, die runenbuchstaben k o m a t (nicht kommen!) einritzte.

Der bote verstund aber die runen zu lesen, und um nicht seine einladung durch die schrift vereitelt zu sehen, so fälschte er sie unterwegs auf leichte weise dadurch, dass er dem runen-buchstaben a (ᛅ) den vorderstrich auskratzte und ihn so in ein i (ᛁ) verwandelte, so dass das schreiben statt komat (nicht kommen!) nun komit (kommt!) lautete.

5. Beim gelag man sich freute; man gastfeuer anzündete;
man nicht dachte an trug, als die fremden angelangt waren;
die gaben, die Gudrun her schickte, nahm man in empfang;
man hing sie an d. säul', man nicht dran dacht' sie z. prüfen.

6. Den saal betrat Kostbera (sie Högnis ehfrau war,
ein viel-umsichtig weib), sie begrüsste die boten;
auch freundlich war Glaumvör die geliebte des Gunnar,
sorglich, dass gebühr nicht fehle, für der gäste bedarf [bemüht.

7. Damit Gunnar zur fahrt sich verstände, man den Högni lud [zu Atli;
diese eingesehen hätten die list, wären beide wahrsam ge- [wesen;
Gunnar zusagte die fahrt, wenn Högni dazu gewillt wäre;
aber Högni lehnte ab, als jener die sache besprach.

7. Da eine grössere spannung bestand zwischen Atli und seinem schwager Gunnar, in folge des todes der Brunhild und der heimlichen liebschaft des Gunnar mit Oddrun, so trug Atli dem boten auf, zuerst den Högni mit der einladung anzugehen, weil er hoffte, wenn dieser zusage, Gunnar sich dann leichter zur annahme der einladung verstehen werde.

8. Auftrugen d. jungfern meth; v. vielem war volle bereitung;
trinkhörner in menge kreisten, bis dass „genug getrunken!“ man dachte;
die frauen rüsteten den boten betten, die als die be- [sten sie ansahen.

9. Kostbera war gelehrt, sie wusste die runen zu deuten;
beim hellen feuer sie die wortbuchstaben prüfte;
doch sie den sinn musste ausschmecken im obern und un-
[tern gaumen;
so verwischt waren die schriftzüg, dass es schwierig sie zu
[deuten.

9. Die könige, in der noch uncultivierten heldenzeit, waren durchschnittlich ignorante haudegen, welche weder lesen noch schreiben konnten. Ihre frauen waren hierin besser unterrichtet. Högnis frau, K o s t b e r a, verstand die runenzuschrift der Gudrun zu lesen. Da aber etwas darin verwischt war, so wusste sie nicht, ob k o m m t! oder ob n i c h t k o m m e n! zu lesen sei. — Um etwas heraus zu schmecken oder heraus zu finden, sagte man sprichwörtlich im Norden, mit der zunge unten und oben im gaumen herumschmecken; Kostbera musste den sinn, im obern und untern gaumen, a u s s c h m e c k e n.

10. Drauf ging diese frau zu bette mit Högni;
die Gesind-gnädige einen traum hatt', den sie nicht
[verschwieg;
ihn sagte die weidliche, als sie erwachte, dem schirmherrn.

Kostbera sprach:

11. „Du machst dich, Högni! von hier auf; denk dran dich
[zu berathen;
„wie wenige sind vollberathen!; fahr du ein andres mal!;
„ich mir überlege die runen die deine schwester geritzt;
„die Erlauchte hat dich dieses mal gar nicht geladen.

11. Mit richtig kritischem sinn, glaubt Kostbera, dass die schrift ursprünglich k o m m t n i c h t! aussagen wolle; sie merkt, dass man daran etwas geändert habe; denn sonst müsste man annehmen, Gudrun habe sich sonderbar verschrieben.

12. „Mich am meisten wundert (begreifen ichs nicht kann)

„was die Verständ'ge dazu vermocht, dass sie un-
[deutliches hätte sollen ritzen,
„dieweil so angedeutet es ist wiewenn zu verstehen drun-
„der tod für euch beid', wenn ihr alsbald hin kämet; [ter,
„dem weib entging ein buchstab, oder dran gekün-
[stelt haben andere.

Högni sprach:

13. „Ihr frauen alle seid argwöhnisch; der art ist nicht
[mein sinn;
„ich schlimmes nicht mag suchen, wenn nichts wir
[zu büssen haben;
„könig Atli wird uns mit glutrothem gold erfreuen;
„ich fürchte auch mich nie, wenn selbst gefahr uns
[zustosst.

13. Högni will sagen, dass er nichts fürchte, weil er nichts gethan, das er zu büssen hätte; und übrigens fürchte er überhaupt nichts, auch wenn gefahr obwaltet.

Kostbera sprach:

14. „Anstössig wird's euch ergehen, wenn beid ihr eilt dorthin;
„nicht wird man euch diesmal freundlichkeit erweisen.
„Es träumte mir, Högni! (nicht will ich es verschweigen)
„dass stromwidrig es euch ergeht, es sei denn ich
[fürchte mit unrecht.

15. „Mich dünkte, dass im feuer blinke dein leichentuch;
„hochflammen prasselten mein frauengemach hindurch.

Högni sprach:

„Leinzeug liegt hier herum, das wenig man beachtet;
„das wird gewaschen bald; drin ein leichentuch du sahst.

Kostbera sprach:

16. „Mich dünkte, dass ein bär eintrat, erbrach das gemach;
„seine tatzen er ausstreckte, dass wir erschreckt wurden;
„von uns viele sein maul packt', dass wir nicht moch-
ten uns wehren,

„drin war auch ein keineswegs geringes gepolder."

Högni sprach:

„Ein unwetter bevorsteht; bald wird es wüthend werden;
„im schneesturm von osten sahst du einen weissbären."

16. Kostbera, in ihrer burg am Rhein, kannte wohl bären (da sie selbst den namen Auswahlsbärin trägt) aber keinen eisbären. Der dänische dichter lässt sie aber von einem weissbären träumen, so dass dadurch die deutung des Högni möglich wird. Dieser sieht nämlich in dem geträumten eisbären, nach der gebräuchlichen deutung seiner landsleute, einen schneesturm, welcher im Nordland von osten heranbricht.

Kostbera sprach:

17. „Einen adler sah ich das haus entlang fliegen;
„uns sollt' es schlecht bekommen; mit blut er uns alle betropfte,
„aus den drohungen ich entnahm es wär der geist Atli's."

Högni sprach:

„In bälde wir schlachten; da rothblut wir sehen;
„auf schlachtvieh oft deutet's wenn v. adlern man träumt;
„was dir auch träumen mag, Atlis gesinnung ist günstig."

17. Kostbera sieht profetisch in dem adler des traums den in einen blutgieren adler verzauberten Atli oder dessen gespenst. Högni hingegen deutet ihn auf blutiges schlachtvieh; nach welcher ideenassoziation dies geschah, ist schwer zu errathen; aber bei traumdeutungen ist mit niemand zu rechten; sie sind ja alle arbiträr, und können nur zufälligerweise als richtig erfunden werden.

18. Sie liessen's hiemit gut sein; beider rede so ablief;
als Gunnars frau erwachte, entstund gleiche beredung;
Glaumvör sich ausliess als sei in ihrem traum unglück.

Glaumvör sprach:

19. „Ich sah einen galgen zurüsten, man dich hinzog, [dich dran zu heften;

„schlangen frassen dich an; ich dich lebend festhielt;
„Grössendämmerung entstund; rathe du was das wohl sei!
Aber Gunnar fasste dies so, dass zwei geleit' er bekäme.

19 Galgen bezeichnet in den Eddagedichten den pfahl an den man einen, an händen und füssen gebundenen, aufhängt, aber nicht mit dem strick am hals um ihn zu erwürgen, (s. s. 133. 134). Da Glaumvör den Gunnar im traum sah, einmal am pfahl gefesselt und das andere mal in ihren armen festgehalten, so deutet Gunnar dies so, dass er zweimal würde festgehalten werden, in der umarmung und beim geleit, das heisst, einmal, beim abschiedsgeleit von haus, und das andere mal, beim abschiedsgeleit aus der burg Atli's.

(Glaumvör sprach:

20. „Ich träumte, ein blutig schwerdt aus deinem pan-
[zer man zog;
„traurig ist's solchen traum zu erzählen dem ehhern;
„ich träumte, ein spiess dich habe mitten durchstochen;
„bei beiden todesarten heulten die wölfe.

Gunnar sprach:

„Es rennen hier racker; die pflegen viel zu heulen;
„hundelärm deutet oft auf's herumfliegen von speeren"

20. Die wölfe heulen, wenn sie sich auf den frass freuen; wenn also Glaumvör sagt, dass wölfe heulten als Gunnar mit dem schwerdt getödet wurde und als er mit dem spiess durchstochen ward, so deutet sie diess so, dass, welcher art auch sein tod sei, er nicht bestattet werden, sondern den wölfen zum raub verfallen wird. Gunnar hingegen sieht in den wölfen einmal jagdhunde die sich auf die jagd freuen, oder aber hundegeheul, welches krieg anzeigt, welcher zum sieg führt.

Glaumvör sprach:

21. „Ich träumte, es stürzte herein ein strom d. haus entlang;

„erschäumte beim anprallen, die bänk überschwemmte,
„er abriss hier die sitzfüsse der beiden gebrüder;
„nicht sinken wollten die wasser; das ist nicht ohne be-
[deutung!“

Högni sprach:

[„Wo einen strom du siehst, haferfelder da wallen;
„wenn im acker wir gehen, oft halmen die füsse uns
[reissen.“]

21. Der dänische dichter denkt hier schwerlich an eine starke Rheinüberschwemmung, sondern an eine sturmflut der Ost- und Nordsee. Glaumvör denkt sich beim ausdruck füsse die stollen der hochsitzbank der könige Gunnar und Högni, welche durch die fluth abgebrochen werden; wodurch der traum anzeigt, dass das reich der beiden brüder, welches durch den hochsitz (thron) symbolisirt ist, gestürzt und untergehen wird. Högni hingegen sieht in der fluth ein im winde bewegtes fluthendes haferfeld, das bald geerndet werden wird, und deutet demnach die füsse, die zerrissen werden, auf die schnitter, welche das haferfeld einärndten, und deren füsse in den halmen verstrickt werden.

Glaumvör sprach:

22. „Ich träumte, dass des nachts trauer weiber hieher kamen;
„nicht in unserer tracht sie waren; sie wollten dich
[erkühren;
„alsbald sie zu ihren bänken dich entboten;
die Schwestern, sagt' ich mir, sind deinem leib entflohen.

22. So wie Odin seine mägde die Valkyrien ausschickte, um helden zu sich nach Valhalle zu entbieten, so dachte man auch, dass die todesgöttin Hel ihre mägde die schwarzgekleideten trauerfrauen zu denjenigen schickte, welche sterben sollten. Während die Valkyrien die kriegerische übliche landestracht hatten, waren die trauerfrauen nach der fremden helischen mode gekleidet. Glaumvör glaubt, dass die trauerweiber in ihrem traum den tod Högnis anzeigen, oder wie sie sich ausdrückt, dass die

lebensgenien (Schutzschwestern) ihres gemahls aus seinem leibe entflohen seien.

Gunnar sprach:

23. „Zu besprechen diess ist zu spät, da es bereits so berathen;
„vermeiden wir nicht die fahrt, da's beschlossen ist zu [fahren!
„wenn gleich, an vielem, mir's scheint, dass wir kurz le- [ben werden."

24. Als morgenroth anbrach, bewiesen sich eifrig
die männer all' aufzustehen; die frauen ihnen abriethen;
es fuhren miteinander fünf; es kamen dazu noch
doppelt soviel hausknecht; das war nicht wohl überlegt.

24. Als der morgen der abreise nach Hunenland bleichte, stunden die Giukungen auf; es fuhren ab Gunnar der oberkönig, sein brude Högni der unterkönig, Snævar und Solar, die söhne Högnis, und Orkning, der bruder der Kostbera. Ausser diesen fünf fuhren noch zehn hausknechte mit. Hätten die Giukungen die sache besser überlegt, so hätten sie mehr mannschaft, zu ihrem schutze bei Atli, mitgenommen. Diese zehn hausknechte machte das Nibelungenlied zu mehreren tausenden von reisigen, welche den namen Niebelungen getragen haben sollen! — Der dänische dichter der an der see lebt, spricht hier von einer bucht, statt von einem blossen flussübergang.

25. Dabei waren die söhne Högnis Snævar und Solar;
diesen folgte auch der, welcher Orkning hiess:
dieser biedere schildträger war der bruder v. Högnis frau;
mitfuhren die frauen schöngekleidet, bis die bucht sie ab- [trennte;
abriethen d. schönen stets; jene sich nicht bereden liessen.

26. Gunnars frau Glaumvör zum botschafter sich wandte;
dem Schwingfahr sie aussprach was von der einladung [sie halte:

„ich weiss nicht ob der empfang auch unserm wunsch
[entspricht;
„deine boten-ankunft wäre ein frevel, wenn dadurch
[etwas geplant wär'.
27. Da verschwor sich Schwingfahr, wobei er sich nicht
[schonte:
„mögen Iotnen den boten erfassen, wenn er euch vorlügt!
„möge ganz der galgen ihn knebeln, wenn er auf unfrie-
[den sann!"
28. Zum botschafter sprach Bera in ihrem gemüth mild:
„segle mit ihnen glücklich, und alle erndtet wohlsein!
„wie ich's mir vorsag', gescheh' es'; kein schicksal
[mög' dies verneinen!"
29. Zum guten trost der verwandten Högni dies aussprach:
„seid getrost wackre frauen! was auch geschehen möge;
„mancher sich etwas verspricht, obgleich gewaltig es
[fehl schlägt;
„manchen es wenig auch nützt, wie er von haus
[wird geleitet."
30. Drauf schaute man sich nach, eh scheidend man umkehrte;
da entschied sich, denk ich, ihr schicksal, als ihre
[wege sich trennten
jene dran gingen an's rudern, so dass sie fast bra-
[chen den kiel;
rückfallend sie einschlugen; vorwarfen sich, wie im zorn;
die ruderkerbe rissen, die ruderpflöcke brachen;
nicht anbanden sie das schiff als sie davon weggingen.

30. Was der dänische dichter wohl als eine seefahrt sich denkt, ist, in der ursprünglichen deutschen sage, blos die hinabfahrt der Giukungen auf der Donau.

32. Ueber kurz oder lang, (das end davon will ich blos sagen)
vor sich stehen sie sahen den wohnsitz, den Budli
[besessen;

hoch dröhnte die zaunthür, als Högni daran klopfte;
da sprach der botschafter Schwingfahr: „wär's doch
[unterlassen geblieben!"

31. Der botschafter bedauert nun, dass Högni angeklopft, um in die burg eingelassen zu werden; er entdeckte den Giukungen den verrath.

32. „Fahrt vom haus fern weg; es zu betreten gefahr ist!
„rasch hab' ich euch geschadet, flugs werdet ihr zerhauen;
„ich freundlich euch einlud, doch trug stack darunter;
„ihr hättet mich abgewiesen, als den galgen ich euch
[zudachte.

33. Högni zum boten sprach diess (er nicht dran dachte
zu weichen,
vor etwas zu scheuen, was noth war zu erdulden):
„hüt' dich uns angst zu machen; das halte weit weg!
„nicht wirst du durch langes reden dein leben verlängern.

34. Sie über Schwingfahr her fielen, zur Hel ihn er-
[schlugen;
sie auf ihn beile anlegten, so lang er, aushauchend, seufzte;
Atli und die seinen sich sammelten, in die brünnen
[sie waren gefahren;
so gerüstet schritten sie vor, dass die ring-mauer
[dazwischen stand;
aufgereitzt alle zusammt warfen sie um sich mit schimpf-
[worten:
„längst fest entschlossen wir waren euch vom leben
[zu fördern!"

Die Giukungen sprachen:

35. „Das sieht sich schlecht an, wenn ihr uns früher verrathen!
„aber nicht unbereitet wir sind, und gefällt schon
[haben wir einen,
„ihn erschlagen zu Hel, der euer hilfsmann gewesen."

36. Als jene dies hörten, da wurden sie wüthend,

sie die bolzen hervorholten und die schnür anspannten;
sie scharf abschossen, und mit schilden sich deckten.

37. Hinein kam die kunde, was man draussen begonnen;
man hört' was vor der hall' die knechte laut sprachen;
entrüstet war Gudrun als dieses leid sie vernam;
sie trug einen halsschmuck; den riss sie ganz ab,
und dessen silber so weg warf, dass die ringe zersprangen.

38. Drauf ging sie hinaus (sie die vorthür aufriss,
doch nicht bleich schritt sie vor,) und empfing die gekommnen brüder;
dann zu den Jungedeln sie sich wandt'; dies war die letzte begrüssung;
es folgte die gebühr dem gemäss; ihren wunsch sie weiter aussprach.

38. Gudrun begrüsste zuerst ihre brüder, dann die drei jungedeln (Hniflungar) Snævar, Solar und Orkning; dies war die zweite und letzte begrüssung. Drauf folgte die gebühr, worunter man die versorgung und erfrischungen verstand, welche den angekommenen gästen gebührten. Gewöhnlich bot man auch den fremden das willkommbier, das aber hier natürlich unterblieb (s. s. 312).

39. „Abhilfe sucht' ich darin, dass, von der reis', ich [euch abrieth;
„aber niemand besiegt das geschick; ihr musstet doch [kommen hieher."
Jene, mit klugheit, sie frug, ob sie sich würden versöhnen;
nicht verstunden sich diese dazu; nein! sagten sie alle.

40. Als die Reichgeborne dann sah, dass scharf man kämpfte,
auf harten entschluss sie sann; sie den mantel abstreifte,
das nackte schwerdt sie ergriff, und der verwandten [leben wahrte;
wo sie auch hand anlegte, war sie im kampf nicht [bequem.

41. Giukis tochter liess zwei knappen zu boden sinken;
einen bruder Atlis sie niederhieb, dass man ihn forttragen
[musste;
sie so den streich versetzte, dass den fuss sie ihm abschlug;
den andern bruder sie so traf, dass er nicht mehr aufstund;
sie ihn zur Hel bannte; dabei ihr die händ' nicht zitterten.

42. Man dort einen kampf bestand, der berühmt ist worden;
aber alles andere übertraf, was Giukis söhne vollbrachten;
als diese noch lebten, erzählt man, dass auch die Jung-
[edeln anhuben,
mit schwerdtern anzugreifen, die brünnen zu zerhauen,
die helme zu zerschlagen, wie's nur jene muth'gen ver-
[mochten.

43. Man schlug sich am morgen zumeist, bis es abging
[zum mittag;
anfangs wurd' vollauf gekämpft, dass der boden vom
[blut überfluthete;
bis dass achtzehn gefallen; zuletzt wurden bezwungen
Orkning, der bruder der Bera, und ihre zwei Jungen.

44. König Atli, wiewohl kampfzornig, zu sprechen anhub:
„welch' grausiger anblick! — euch ist das zuzuschreiben;
„dreimal zehn kampfbare degen wir waren;
„elf sind übrig am leben; da nun ist's ausgebrannt;
„vier brüder wir waren, als wir Budli verloren;
„nun hat Hel die hälfte, da 2 durch Dich sind erschlagen.

44. Bei dem grausigen anblick, der beiderseits gefallnen, macht Atli der Gudrun vorwürfe über das blutbad. Er wirft ihr vor, dass sie und ihre familie schuld daran seien, dass er seine zwei brüder und seine andern verwandten nun verloren habe; sie, Gudrun, habe ihn um seine verwandten, sowie um seine schwester Brunhild gebracht, und habe ihn noch dazu um geld betrogen, da sie verhinderte, dass die Giukungen die mitgift der

Brunhild an ihren bruder, und ihm, als gemahl der Gudrun ihren schwesterantheil am Niflungenschatz nicht auszahlten.

45. „Das mag ich nicht läugnen, mächt'ge sippe ich hatte;
„doch konnte ich, boshaft weib! sie nicht geniessen;
„seit du in die arme mir kamst, hatten selten wir frieden;
„nach dem ihr um geld mich gebracht, beraubet ihr
[mich der verwandten;
„meine schwester ihr sandet zur Hel, wie mir es am
[meisten empfindlich."

Gudrun sprach:

46. „Du wagst, Atli! solches zu rügen! hast du vorher
[nicht ähnliches gethan?
„meine mutter du ergriffst, ob der schätze sie mordetest;
„meine Nichte liessest du verschmachten in einer höhle!
„lächerlich dünkts mich dass deines grams du erwähnst;
„dass dir es schlimm erging, das dank ich den Göttern."

46. In bezug auf verwandenmisshandlung wirft Gudrun dem Atli vor, dass er ihre mutter Grimhild, die bei ihr am hof Atlis lebte, ermorden liess, um ihre schätze zu gewinnen; dass er ihre leibliche nichte, die Godny, die tochter Högnis, in einer höhle verhungern liess.

Atli sprach:

47. „Jarle! ich fordre euch auf, zu bereiten ein gross leid
„diesem hochmüthigen weib!; solches will ich erschauen!
„wählt solche kränkung aus, dass Gudrun darüber mög'
[klagen!;
„das sehen ich möcht', dass sie sich nimmermehr freue!

47. Bei den von Gudrun gegen ihn ausgestossenen verwünschungen, nimmt Atli veranlassung, seinen mannen zu befehlen, den Gunnar und Högni zu martern; er will ihren tod, angeblich um Gudrun zu kränken, in wahrheit aber um sich ihres Niflungenschatzes bemächtigen zu können.

48. „Den Högni ergreift und mit dem messer zerfleischt ihn!
„schneidet aus ihm das herz; ihr sollt dazu berechtigt sein;
„den grimmmuth'gen Gunnar festigt an den marterpfahl!
„(erkühnt euch schnell zur that), und zieht heran
[die schlangen!"

Högni sprach:

49. „Thu' so wie's dir gefällt!, freudig will ich's erwarten;
„unerschrocken wirst du mich finden; schon schrof-
[feres hab' ich erprobt;
„zurückgestossen ihr wurdet, so lang wir unversehrt
[waren;
„nun sind wir so wund, dass du allein magst entscheiden.

50. Beiti, (er war Atlis speisemeister), sprach da dieses:
„wir greifen wollen Hialli, und Högni weglassen!
„so erfüllen wir halbwegs den befehl; jener ist von
[natur schon todt,
„auch so er nicht lang lebt; man wird immer ihn tölpel
[schelten."

50. Atli wollte von Gunnar und Högni erfahren wo sie ihren schatz versteckt hätten; er verschob also ihren tod, und gab seinem speisemeister Beiti, im geheimen, den befehl, statt dem Högni, dem hausknecht Hialli das herz auszuschneiden, und es dem Gunnar vorzuweisen. Hialli, der als brater (brat, koch) schon bei Budli angestellt gewesen, war schon bejahrt, oder wie Beiti sich ausdrückt, von natur schon todt; zu dem sei er, sagte dieser, ein ungeschickter tölpel.

51. Der kesselmerker erschrack; nicht länger zur stell er
[sich hielt;
feig war er von natur; in jeden winkel er kroch;
er klagte, verlassen, dass er für den kampf anderer soll
[büssen,
dass es ihm ein trauriger tag, wegzusterben v. d. schweinen,
von dem erwählten geschäft, das er bis jetzt besorgte.

52. Den brater Budlis ergriff man; d. messer man an ihn legte;
aufschrie der schlechte knecht, noch eh' die spitze
[er fühlte;
er wolle gern, sagt' er, die grundgehäge gut misten,
das schmutzigste verrichten, wenn man dazu ihn anweisse;
lieb wärs ihm, sprach Hialli, wenn Högni d. leben behielte.
53. Mit freude versuchte es Högni, (wie wenige so es
[gethan hätten)
zu helfen, dass der sklav dem tod entrinnen möge:
Högni sprach:
„Erträglicher dünkt es mich, den todeskampf zu bestehen,
„als dass wir willig hier dies angstgeschrei anhören.“

53. Da der sclave Hialli gewünscht hatte, dass das leben Högni's verschont würde, so konnte der adlige Högni billigerweise nichts geringeres thun, als für den Hialli einzustehen. Man trug aber dennoch das herz Hiallis zu Gunnar, um diesem glauben zu machen, Högni sei todt.

54. An den Truppführer man nun ging; keine andere
[wahl blieb mehr,
für die ungeschlachten rekken, m. dem befehl zu säumen;
da Högni auflachte so laut, dass es die Tagräume hörten;
so verstand er es zu sterben, und muthig ertrug er die qual.

54. Da Gunnar das herz Hiallis erkannte, und von sich wiess, so musste man endlich, nachdem die substitution der herzen von Gunnar erkannt war, dahin kommen, dem Högni das herz auszuschneiden, und seinem bruder vorzulegen.

55. Auch Gunnar die harfe nahm, mit den fussfingern
[sie rührte;
er schlug sie so geschickt, dass die frauen ihn beweinten;
männer klagten, so lang sie es anhören konnten;
er trost ertheilte der lieben, bis dass die saiten sprangen.
So starben die theuren brüder, kurz eh der tag anbrach;
doch liessen sie beim tod ihren thatenruhm fortleben.

55. Statt hier das nöthige und hauptsächlichste zu erzählen (nämlich, dass Gunnar auch beim anblick des herzens seines bruders sich weigerte dem Atli zu eröffnen, wo der Niflungenschatz verborgen liege), so erzählt der dichter hier die unwichtige und von ihm missverstandene geschichte von Gunnars harfenschlag (s. s. 307). Nach unserm dichter ertheilt Gunnar, in seinem lied, trost seiner schwester Gudrun. In Oddrune's Klage (s. s. 308) gilt der gesang Gunnars seiner geliebten Oddrun.

56. Da Atli sich mächtig dünkte; über beide als sieger [er schritt;
der Stolzen d. leid kund that, u. vorwürfe ihr sogar machte.

Er sprach:

„Gudrun! nun ist leicht mir der tag; verloren hast [du die Helden;
„selbst schuld bist du zum theil, dass so es ist ergangen."

56. Atli rühmt sich, dass der leuchtende morgen für ihn auch lichtvoll in bezug auf seinen völligen sieg über die Giukungen sei. Gudrun aber bemerkt ihm, dass noch nicht aller tage abend gekommen sei, und er von ihr übles erfahren werde, es müsste denn sein, dass sie durch den tod daran verhindert werde.

Gudrun sprach:

57. „Jetzt bist du froh Atli!; gehst strahlend über den mord;
„wenn aber alles du erfahren, wird kommen dir reue;
„dies wird dein erbfest sein; ich muss es dir schon sagen;
„nicht geht dir das übel vorbei; es müsste denn sein, [dass ich stürbe."

Atli sprach:

58. „Mag ich solches abwenden, will ich andern rath suchen;
„oft lehnt man das ab, was doppelt so gut wäre;
ich will dich, durch geschmeid, durch reiche kleinode, [trösten,
„durch schneeglänzend silber, wie du selbst es dir wählst."

58. Atli, die von Gudrun angekündigte gefahr fürchtend, sucht sich mit seiner frau auszusöhnen. Gudrun, um ihren gemahl zu täuschen, stellt sich als überwunden und resignirt, seitdem ihr geliebter bruder Högni gestorben sei; sie spielt, wie das sprichwort sagt, hinter zwei schilden (s. unten).

Gudrun sprach:

59. „Nicht wunsch ich darnach hab'; ich's auszuschlagen [vorzieh';
„damals verwarf ich versöhnung, als geringer die [streitgründe waren;
„unwirsch schien ich bisher; das muss noch besser [kommen;
„ich fügte mich jedwedem, so lang Högni noch lebte.

60. „Wir wurden im selben haus zusammen auferzogen;
„manch spiel wir spielten und wuchsen auf im hain;
„uns schmückte Grimhild mit goldkett und halsband;
„nie wirst du gänzlich mir den tod der brüder büssen,
„noch etwas derart geben, das dafür mir gut dünke.

61. „Der männer übermacht bestimmt das loos der frauen;
„wenn schwinden die äste, die baumspitze sinkt;
„zur neige geht der stamm, wenn man abhaut die zweige;
„nun Atli! kannst allein du alles hier entscheiden."

62. Stumpfsinn genug es war, dass diesem der fürst traute;
verstellung war hier klar, wenn vorsichtig er gewesen;
doch Gudrun war verdreht, sprach anders als sie dachte;
gelassen sie sich betrug, hinter zwei schilden spielte;
sie ein gelag vornahm, zum todtesfest der brüder;
auch Atli für die seinen eines abhalten liess.

62. Unter dem vorwand, ein todtesfest für ihre verstorbenen brüder zu halten, veranstaltete Gudrun ein leichenmahl; Atli geht darauf ein, im sinn dass dieses mahl auch seinen getödeten brüdern gelten möge.

63. Beide damit schlossen, dass ein gelag bestellt ward;
mit grossem gepräng der festverein statt fand.
Die stolzmuth'ge war grausam; Budlis geschlecht sie [schädigte;
sie wollte ihrem gemahl übermäss'ge rach' bereiten.

64. Sie zu sich d. knaben lockte, die im gemach sie einschloss;
unwillig die wilden waren, aber weinen sie nicht thaten;
fragend was werden das sollte, dem schoos der mut- [ter sie nahten.

Gudrun sprach:

65. „Nicht fragt darnach, euch beid gedenk ich zu verderben;
„lust hatte ich schon längst, das leben euch zu vertreiben.

Die knaben sprachen:

„Opfre, wenn du willst, deine kinder, es hindert keiner [dich dran;
„der zorn wird sich bald legen, wenn du es genau geprüft.

65. Die kinder dachten, dass ihre mutter über eines ihrer vergehen erzürnt sei, dass sich aber der zorn legen würde, wenn die mutter die sache genauer werde untersucht haben.

66. „Mehr als die kindschaft wog d. kampfesruhm d. brüder;
durchs schicksal wars entschieden; sie beiden den hals [abschnitt.
Drauf Atli Gudrun frug, wo hingefahren wären
(da er sie nirgends sah) zu spielen, seine knaben.

66. Gudrun erwog einerseits das zarte alter ihrer kinder, andererseits den tod ihrer brüder, den sie zu rächen hatte; das rachebedürfniss überwog bei ihr das muttergefühl.

Gudrun sprach:

67. „Es dir zu sagen, Atli! möcht ich gern unterlassen;
„doch Grimhilds tochter gedenkt es dir nicht zu ver- [schweigen;
„dich wird es gar nicht freuen, wenn du es genau erfährst;
„grossen groll hast du erweckt, dass du d. brüder getödet.

68. „Seit sie gefallen, hab ich höchst selten mehr geschlafen;
„ich grausiges dir verhiess, ich hab' dich dran zu erinnern;
„was jenen morgen du sprachst, noch gedenkt es mir;
„nun abend es auch ist, wo ähnliches du sollst erfahren.

69. „Verloren hast du deine kinder, wie am wenigsten
[du es hättest sollen;
„ihre hirnschalen, bedenk's, zu trinkschalen sind ver-
[wandt worden;
„den trank ich dir so gab, dass drein ich mischte ihr blut.

70. „Ihre herzen ich nahm; ich briet sie am spiess;
„überreichte sie dir dann, „es seien kalbsherzen" ich sagte;
„du allein sie aufspeistest; nichts übrig zu lassen dir anlag;
„vertrauend wohl deinen kiefern du gierig verbissest
„dies gericht deiner kinder; schrecklicheres keinem
[geschehen kann;
„vollbracht hab' ich meine that, doch nicht rühm'
[ich mich deren.

Atli sprach:

71. „Grausam warst du, Gudrun! dass so zu thun du
[vermochtest,
„mit deiner kinder blut den trank mir zu vermischen;
„die stammäst hast du gefällt, was du am wenigst durftest,
„und überlässest meiner schuld das grösste aller übel."

Gudrun sprach:

72. „Dich selbst auch zu morden noch hätte ich lust;
„an einem könig wie du, ist keine bösthat zu gross;
„verübt hast du früher (wovon man, in dieser welt,
„kein beispiel kannte) frevel an deiner familie;
„nun noch gesteigert du hast, was wir früher erfahren
„an frevel, durch grösste schuld; dein erbmahl selbst
[hast du genossen.

Atli sprach:

73. „Auf dem holzstoss brennen du sollst und gesteinigt [werden zuvor;
„dann hast du eingeärndet, was man dir stets anwünschte.

Gudrun sprach:

„Derartig leid du verkünd',für morgen früh, dir selbsten!
„mit schönerm tod will ich das morgenlicht antreten!"

74. So wohnten beid' beieinander, in zank und bösem sinn;
zornreden sich zuschickten; keines mehr freude genoss.
Im Edeljungen wuchs der groll; er sann auf grau- [sen plan;
darüber freute sich Gudrun, dass er dem Atli gram sei.

74. Der dichter hat die üble gewohnheit, dass da, wo er sollte, der deutlichkeit wegen, die eigennamen nennen, er blos mit vagen epithetischen bezeichnungen die personen angibt; so bezeichnet hier der ausdruck Edeljunge den Giuki, den sohn des Högni, der mit Gudrun den mord an Atli verübte.

75. Ihr im gedächtniss blieb, was d. Högni war wiederfahren;
sie hielts seinem sohn für glück, wenn er ihn rächen [könnte;
nicht war drauf lang zu warten; ermordet wurde der Atli;
ihn mordete Högnis sohn; auch Gudrun selbst dabei war.

76. Auffahrend aus dem schlaf hub Atli zu reden an;
die todwund' er alsbald fühlte, erkannte dass verband [nichts nütze;
„Sagt mir die wahrheit ganz! wer erschlug des Bud- [li's sohn?
„mir hat man stark mitgespielt: nicht hab' ich mehr [lebenshoffnung."

Gudrun sprach:

77. „Durchaus nicht mag es dir Grimhilds tochter verhehlen;

„dass nun [dein] leben abläuft, dafür gesorgt hab' ich;
„auch Högnis sohn, zum theil, dass an wunden du
Atli sprach: [ermattest."

78. „Du stürztest hin zum mord, obgleich es nicht war recht;
„schlecht ists den freund zu täuschen, der sich dir ganz
[vertraut.
„Einst fuhr ich, geladen, v. hier, um dich Gudrun! z. freien;
„verlassne wittwe du warst; für stolzgesinnt m. dich hielt;
„nicht ward die erwartung zur lüge, wie wir es erfahren
[haben.

78. Da Atli von Gudrun nichts mehr als eine standesgemässe bestattung zu erwarten hat, so sucht er sie zum mitleid für ihn zu gewinnen dadurch, dass er sie (nicht ohne vorwürfe einzumischen) daran erinnert, dass er sie stets als königin öffentlich geehrt hat; er erwähnt der pomphaften verlobung, der ehebeschenkung, und des feierlichen einzugs in die Atliburg.

79. „Hieher ins heim du fuhrst; ein mannenheer uns begleitete;
„bei dieser unser einfahrt war alles ausgezeichnet;
„von angesehnen mannen war da viel grosse pracht;
„schlachtvieh war zur genüge, in massen wir's genossen.

80. „Auch war da reichthum in fülle; sehr viele erhiel-
[ten davon;
„dir, Hehren! gab ich, zum brautschatz, geschmeide
[in meng', als geschenk;
„knecht auch dreimal zehn, und gutgebürt'ge mägde;
„gold war an solchen allen, doch an dir selber noch mehr.

81. „Das alles liesst du dich, als wär es gar nichts, bedünken,
„da länder doch hier lagen, die Budli mir gelassen;
„du unterwühltest es so, dass den antheil ich nicht bekam;
„oft sitzen liessest du deine schwiegermutter in thränen;
„nichts fand ich seitdem nach guter ehleut gesinnung.

Gudrun sprach:

82. „Nichts wahres nun, Atli! du sagst; doch will ich's
[nicht einzeln darthun;
„selten wohl war ich genehm, doch du machtest mäch-
[tig den anfang,
„da mit jüngern brüdern du dich schlugst, als unter
[euch zwist ausbrach,
„und die hälfte aus eurem haus zur Hel hinunter stieg,
„und alles zusammenbrach, was hätte glück sein sollen.

83. „Wir aber waren drei geschwister, für unbesiegbar wir
[galten;
„aus unserm land wir fuhren u. folgten Sigurdurs leitung;
„jedes ein schiff lenkte, wir liessens herumfahren;
„wir strebten nach besitz, bis wir nach osten kamen.

83. Der dichter lässt die Gudrun auf die vorwürfe Atlis antworten, und lässt sie hier ihr früheres leben erzählen, was passender bei anderer gelegenheit hätte geschehen können. Der dichter greift dabei in die eigentlich nordische Sigurdssage zurück, wornach der königssohn Sigurdur, ohne macht und reichthum, sich beide auf vikingszügen erobernd, dargestellt war. Deswegen stellt auch der dichter die Gudrun dar, als die frau des heldenmässigen vikings, die ihren eheherrn, wegen seiner grossthaten, hochschätzte, und, als dessen wittwe, den ihm ungleichen Atli nur gezwungen heirathete.

84. „Wir erschlugen den könig zuerst, erwählten daselbst
[uns land;
„die bezirksherren sich uns ergaben; das verbreitete
[überall schrecken;
„wir befreiten aus dem bann, die wir wollten schuld-
[los machen;
„der für sich nichts besass, den wir in wohlstand setzten.

85. „Als aber mein ehherr starb, auch schnell mein glück
[umschlug;

„mir jungen frau es leid that, den namen wittwe zu theilen;
„doch grössre qual mich dünkte, in Atlis haus z. kommen,
„da ein kämpe mich früher gefreit, den peinlich ich
[vermisse.

86. „Nie kehrtest du so vom ding, dass wir vernommen hätten,
„du habest streit geschlichtet u. matt gemacht die andern;
„du stets nachgeben wolltest, nie auf etwas bestehen,
„und ruhen lassen das, was du nicht rächen konntest.“

86. Gudrun kann natürlich nicht begreifen, dass ein könig wie Atli, bei gericht, nicht gewaltthätig wie der viking Sigurdur verfuhr, und schreibt daher die grössere umsicht und milde des königs Atli, blos auf rechnung seiner schwäche und karakterlosigkeit.

Atli sprach:

87. „Gudrun! du lügest nun; wir beide uns nicht genug thun;
„von beiden seiten ist der antheil uns verkürzt:
„so thue nun Gudrun! allein nach deiner milde,
„dass, wenn man mich hinausträgt, es unserer würdig sei.

87. Atli spricht hier ein wahres wort aus, in dem er sagt, sie, die eheleute, hätten beide gefehlt, und wären sich nicht gegenseitig gerecht worden; er begehre nun aber, sagte er, nichts mehr für sich, als eine, ihrer beiden würdige, bestattung.

Gudrun sprach:

88. „Ich werd anschaffen ein todbett mit einem gefärbten sarg,
„mit wachs bestrichnem tuch, um deine leich zu hüllen,
„für alles schickliche sorgen, wie wenn hold wir uns wären.

89. Atli ward dann zur leich; den verwandten trauer
[erwuchs;
was alles sie versprochen die Hochgeborne erfüllte;
Gudrun, mit ihrer voraussicht, wollte hingehen sich
[zu tödten;
doch aufschub ward ihrem leben; sie sollte ein an-
[dermal sterben.

89. Nach der ursprünglichen sage (s. s. 318), verbrannte Gudrun den Atli in dem festsaal mit seinen mannen und mit allem, was in der burg war; hier hält Gudrun ihrem gemahl ein feierliches leichenbegängniss, was auf späterer deutscher, vielleicht christlicher sage beruhen mag. Hierauf will Gudrun, noch andere leiden voraussehend, ihrem leben in den fluthen der Donau ein ende machen; das schicksal ist aber ihrem entschluss entgegen, so dass die fluthen sie lebend zum land des königs Ionakar hintragen.

90. Glücklich jeder! dem es seitdem vergönnt war, zu zeugen
ein kind hoher kraft, gleich dem das Giuki erzeugte;
fortleben wird künftighin, überall, in jeglichem lande,
wo man's dem volk erzählt, das kummerschicksal [der beiden.

90. Der makarismus den der dichter über die Gudrun aussagt, spricht nicht gerade für seine richtige philosophie; richtig ist blos, was er beifügt, dass die geschichte Atli's und Gudrun's, zu seiner zeit, eine weitbekannte, tragische sage geworden ist.

VI. Gudrun-Cyclus.

1. Gudrune's Racheruf. (Gudrunar hvöt).

Vorbemerkung.

Nach dem tode Atli's hatte Gudrun den könig Ionakar geheirathet, und von ihm zwei söhne Hamdir und Sörli bekommen. Sie verheirathete ihre und Sigurdurs tochter Svanhild an den Gothenkönig Iormunrek, welcher, getäuscht über die treue dieser gattin, sie unschuldig von wilden rossen zu tode treten liess. Ihre mutter Gudrun forderte die söhne Hamdir und Sörli auf, ihre halbschwester Svanhild an dem könig Iormunrek zu rächen. Diese aufforderung ist der gegenstand dieses gedichtes. Schon in der ersten strophe spricht der dichter dahin sich aus, dass die aufforderung der mutter den söhnen veranlassung gab, ihr die traurigen folgen ihres unmässigen rachezorns ins gedächtniss zu rufen.

1. Den wortstreit ich hab vernommen, den sehr unheil-
[schwangern,
die unwilligen reden, gesprochen aus grosser trauer,
damals als, hartmuthig, Gudrun ihre zwei söhne
zum rachekampf antrieb mit diesen worten:

2. „Warum sitzet ihr lässig, warum verschläft ihr das leben?
„warum betrübt es euch nicht wenn heitres wird ge-
[sprochen?
„nachdem doch Iormunrek eure halbschwester Svanhild,
„von alter noch so jung, zertreten liess durch pferde,
„auf offner heersstrass, durch weisse und durch schwarze,
„durch der beritt'nen rosse, geübt zum grausen gang.

2. Iormunrek liess seine gemahlin Svanhilde zertreten durch zwei schwarze kriegerpferde und durch zwei weise frauenreitpferde. Die schwarzen rosse der berittnen, welche im kampf gewohnt waren, auf die gefallnen krieger zu stampfen, scheuten sich am wenigsten, auf der offnen heerstrasse, die Svanhild zu zertreten.

3. „Ihr beid' ihr gleichet nicht dem rühmlichen Gunnar;
„noch seit ihr so beherzt, wie Högni es gewesen;
„ihr beide würdet trachten, die Svanhild zu rächen,
„wenn ihr den muth von meinen brüdern hättet,
„oder den festen sinn von Sigurdur, dem Edeling."

3. Da Gudrun den söhnen das beispiel des muthigen Högni vorgehalten, so erinnert Hamdir daran, dass Högni nicht ganz unschuldig war, bei dem an Sigurdur verübten mord.

4. Der starkmuthige Hamdir sprach hierauf dieses:
„du solltest denn doch nicht preisen was Högni gethan,
„als man, aus dem schlaf, den Sigurdur aufweckte,
„und blendendweisse lacken dir geröthet wurden,
„vom blut des ehegemahls, mit warmem guss bedeckt!

4. Hamdir tadelt die rachsucht seiner mutter, die sie dahin trieb, ihre eignen kinder zu ermorden. Dieser tadel der im heldenzeitalter absolut gebotenen rachsucht, beweisst, dass das gedicht nicht der ältern heldenperiode angehört, sondern viel später, wahrscheinlich erst im 9. jahrhundert verfasst worden ist. — Hamdir, um seinen muth zu beweisen, sagt, dass er und sein bruder Sörli die rache gewillig, aber mit bedacht, annehmen; er erbittet sich aber dazu die von Gudrun aufbewahrten waffen des Sigurdur (Edeling). Durch diese waffen wurden die brüder gefeiet, so dass keine e i s e n waffen ihnen etwas anhaben konnten. Die spätere sage will wahrscheinlich hiermit ausdrücken, dass Sigurdurs waffen, wenn er sie in der hand hatte, ihn unverwundbar machten; was auch die d e u t s c h e sage später durch den h ö r n e n e n Siegfried ausdrückte, der unverwundbar war.

5. „Die rach' für deine brüder war von dir zu heftig,
„zu wild und zu blutig, da deine söhn' du gemordet;
„eher möchten wir einstimmig, mit bedacht,
„an Iormunrek, die schwester, die junge frau rächen.
„Schaff' des jungen Adelings prachtwaffen herbei,
„nun du uns zum Schwerdterding aufgereitzt hast!“

6. Frohlächelnd wandt' sich Gudrun zur rüstkammer hin;
aus des Edelings kisten, sie auswählte helme,
tieffallende brünnen, und bracht' sie den söhnen;
diese auf der rappen schulderbug muthig sich luden.

7. Da sprach der muthstarke Hamdir noch dieses:
„mögen nimmer wir, mutter! dich so wieder sehen,

„(nachdem beim Gothenvolk der kriegsfürst gefallen),
„dass du müsstest zugleich das Erbmahl halten,
„für Svanhild und für deine söhne zu sammt!"

7. Die söhne sind davon überzeugt, dass sie, bei Iormunrek, ihren tod finden werden. Dies sagt Hamdir der Gudrun voraus, indem er aber, mit zartgefühl, diese voraussage in die form des wunsches kleidet, seine mutter möge mit dem todtenfest der Svanhild nicht auch das todtenfest des Hamdir und Sörli feiern müssen.

---

2. Hamdis Sagelied. (Hamdis mâl).

Vorbemerkung.

Die kritik der sagenerzählungen lehrt, dass die erzähler frühere sagen eher ausdehnen, als sie zusammen ziehen; dies ausführlichere gedicht, scheint demnach jünger als das vorige, ganz kurze, zu sein. — Der dichter weiss aus erfahrung, dass im leben beklagenswerthe handlungen eben so beklagenswerthe folgen haben; und reactionen hervorrufen; dass das leid, welches daraus entspringt, immer fortlebt, und den menschen schon am morgen beim erwachen wieder erfasst; diese erfahrung, sagt er, macht man nicht erst heute, sie bewährt sich schon von alters her, in der geschichte der leidenschaft und des kummers der Gudrun. — Da der dichter die Gudrunsage als eine alte hier bezeichnet, und da er, gegen die gewohnheit der ältern epischen dichter, hier persönliche betrachtungen ausspricht, so ist hiervon abzunehmen, dass er schwerlich einem frühern als dem 9. jahrhundert angehört hat.

1. Es entspringen, im lebensgang, traurige thaten;
freud'hemmende klagen immer fort-leben:
jeder art schmerzen des menschlichen elends,
früh schon am morgen, den gram frisch beleben.

2. Das geschieht nicht erst heut, noch erst seit gestern;
schon lange schon ist es seitdem geschehen,
dass Giukistochter Gudrun angereitzt hat
ihre jungen söhne, die Svanhild zu rächen.

Gudrun sprach:

3. „Eine schwester ihr hattet, sie geheissen war Svanhild;
„es liess Iormunrek sie von pferden zertreten,
„von weissen und schwarzen, auf offener heerstrass,
„von reiterrossen, gewöhnt an graussen gang;
„ihr allein noch lebt von meines stamms abkommen.

3. Da diese strophe, im ausdruck, grosse ähnlichkeit mit der str. 2 des vorigen gedichtes hat, so ist anzunehmen, dass der dichter jenes gedicht kannte. — Da alle Giukungen gestorben sind, so bleiben der Gudrun nur noch ihre zwei söhne Hamdir und Sörli übrig, um ihre halbschwester Svanhild an könig Iormunrek zu rächen.

4. „Doch ihr beid' gleicht nicht dem rühmlichen Gunnar,
„noch seit ihr so beherzt, wie Högni es war;
„ihr würdet sonst trachten, die Svanhild zu rächen,
„wenn ihr den muth meiner brüder hättet,
„oder den festen sinn meines jungen gemahls."

5. Der starkmuth'ge Hamdir dieses sprach:
„nicht mögest du, Gudrun! was Högni that, loben,
„als man den Sigurdur aus dem schlaf aufweckte,
„das bett du ansahst, und die mörder lachten.

6. „Deine blankweissen lacken wurden da roth,
„vom warmen wundfluss genetzt, von des ehherrn blut;
„leichenkalt wurde Sigurdur; bei dem todten du sassest,
„nicht denkend an freude; so wollt' es dir Gunnar!

7. „Du dachtest den Atli zu kränken durch Erps ermordung,
„und Eitils lebensend; doch dir bekams schlimmer;

„beim mord muss man doch gegen andere sich so wehren,
„dass, mit beissendem schwerdt, man sich selbst nicht
[verletze.“

8. Sörli sprach einsichtig und vorsichtig hierauf:
„Mit der mutter nicht will ich mit anklagen rechten;
„in eurer beider gespräch nur dies wort noch fehlt:
„was, Gudrun! du begehrst wird's leid dir nicht bringen?

9. „Deine brüder beweine und deine süssen knaben,
„deine nahen verwandten, die zum kampf du geleitet;
„uns beide auch, Gudrun! wirst du beweinen;
„die wir todgeweiht hier sitzen, werden fern v. hier sterben!

9. Das reich des Gothenkönigs Iormunrek dachte sich der dichter vielleicht im Böhmerland. Ionakar war wahrscheinlich ein unterkönig des Iormunrek und sein reich lag eine tagreise entfernt vom lande der Ostgoten.

10. Sie die zottjacken anlegten, die säbel festschnallten,
und als adelgeborne in seidenstoff schlüpften;
sie vom hof abzogen, zum ernstkampf bereit;
übers feuchte gebirg die jünglinge reisten,
auf hunländschen rappen, um zu rächen den mord;
auf der strass den starkgewandten bruder sie trafen.

Hamdir sprach:

„Wie könnte wohl, dieser braune knirps, uns unter-
[stützen!?“

11. Als antwort der fremdmutter-sohn versprach zu leisten
den brüdern solche hilf, wie ein fuss dem andern.

Hamdir sprach:

„Was mag wohl der eine fuss leisten dem andern?
„die rechte hand besser vermag es der andern.

11. Kurz nach ihrer abreise, trafen Hamdir und Sörli unterwegs auf Erp, ihren stiefbruder, der zur fahrt mit ihnen sich anbot. Hamdir fragte ihn verächtlich, welche hilfe er ihnen bei Iormunrek leisten könne? Die hilfe, ant-

wortet Erp, die ein fuss dem andern, zum fortgang, leistet. Hamdir entgegnete ihm, dass beim kampf es sich nicht handelt um das gehen, sondern um das handhaben von waffen; blos die hand des einen kann die hand des andern unterstützen.

12. Erp da sprach dieses: (zur selbigen zeit
herbeisprang ein weib, auf rappens rücken)
„dem biedern geziemt's schlecht, die blöden zu führen"!;
Jene sagten da: er sei ein grober bastard.

13. Jene zogen aus der scheid die schadenklingen;
dieser auf des Balgs wunsch, zog des mäheisens schärfen;
jene um den drittheil ihre kraft schwächten;
sie liessen den jungen recken zur erde niedersinken.

13. Die sage von dem kampf zweier jünglinge gegen den Iormunrek, bekommt nur dann einen sinn, wenn man die verschwiegenen elemente der sage hinzu denkt. Dem Iormunreck nämlich war profezeiet, dass er so lange herschen werde, als er seine füsse, seine hände, und seinen kopf behielte. Füsse bedeuteten symbolisch in der sage die stützen des reichs und des throns (s. s. 325), namentlich die hilfsvölker; hände bedeuteten die wehrhaften vertheidiger und mannen des königs, und der kopf bedeutete den hauptsitz des reichs, und die davon ausgehende regierung. Odin, der den Iormunrek stützte, sorgte dafür, dass dieser könig nicht durch d r e i angreifer, füsse, hände, und kopf verliere. Er hintertrieb daher die vereinigung der drei brüder, welche hier die drei angreifende mächte symbolisirten, Hamdir, die leicht gepanzerten, Sörli, die eisenbrünnen-träger, und Erpr, die feindlichen heeranführer. Um deren coalition zu verhindern liess Odin durch ein auf schwarzem ross herbeieilendes zauberweib (Balg), dem Erpr worte einflössen, die den Hamdir und Sörli beleidigten, so dass sie den Erp tödeten, und sich somit seiner leitung und hilfe beraubten.

14. Vorn lagen die wege; erst böse steigen sie trafen,
dann verwundet beim stamm den sohn ihrer schwester,
dann im westen der burg den windkalten würgbaum;
seinen ruf der kranich trällerte; nicht wars zeit mehr
zu warten.

14. Nachdem Hamdir und Sörli, eines erfahrenen führers beraubt, lange und steile wege bereist, kamen sie in einen unheilvollen wald, in der nähe und im westen der burg des Iormunrek. Hier fanden sie zuerst bei einem baum das todte ausgesetzte kind der Svanhild, welches Iormunrek hatte tödten lassen, weil er wähnte, es sei das uneheliche kind seiner frau Svanhild und seines sohnes Randver. Nahe dabei hatte der könig auch den Randver an einem baum aufhängen lassen; die fahrenden brüder sahen dessen leiche im winde schaukeln. Der abend nahte heran, oder wie der dichter sich ausdrückt, die zeit war da, wo der Kranich pflegt abendlich, vor schlafengehen, zu trällern. Die brüder mussten sich eilen, da sie noch an diesem tage ihre rache vollbringen wollten; denn sie durften nicht, der sitte gemäss, als freundliche gäste für die nacht herberge annehmen, und doch den andern morgen als feindliche rachesucher auftreten.

15. In der burghall war lärm, die mannschaft berauscht;
nicht thät man die nahenden reitpferde hören,
bis ein vorsichtiger mann allarm in's horn blies.

15. In der burg sass man schon beim abendessen und beim trinkgelag. In der einbrechenden dunkelheit sah der burgwächter die fremden nicht kommen, und bei des gelages lärm hörte man nicht den hufschlag ihrer rosse. Aber Odin, um den Iormunrek zu schützen, hatte sich in gestalt eines bärtigen alten in die burg als gast aufnehmen lassen, und gab, mit seinem hüfthorn, das allarmzeichen bei der ankunft des Hamdir und Sörli.

16. Die Iarle da eilten, dem Iormunrek zu künden,
dass gesandte mit helmen gesehen sind worden.

Sie sprachen:

„sorget wohl für rath! starke sind gekommen,
„weil mächtigen die junge frau zertreten ihr habt."

16. Die Iarle vermutheten mit recht, dass die fremden gekommen seien, um die Svanhild zu rächen.

17. Da lächelte Iormunrek, sich den bart mit der hand strich;
nicht begehrt er die brünne, aber zum weinkampf sich [rüstete;
sein braun haar er schüttelte, nach weissem schild nur schaute,
und liess die goldschaal' zur hand sich ihm zukehren.

17. Weiss ist die farbe des friedens, roth die farbe des blutigen kampfs; nach weissem schild schauen heisst sprichwörtlich, sich nicht zum kampf mit dem rothen schild rüsten, sondern sich ruhig und friedlich verhalten.

Iormunrek sprach:

18. „Ich da glücklich mich schätzte wenn sehen ich dürfte,
„in dieser meiner hall', den Hamdir und Sörli;
„da würd' ich die burschen mit bogensehnen binden,
„und Giuki's wohlgeborne, am marterpfahl fesseln."

19. Da sprach Glöd zu Hrôdur (er stand an der stufe,
als die zartfingrige mit dem knappen sich berieth):
„Nicht gefahr hier ist! da ich niemals gehört,
„dass zwei einzelmänner können, hier in der hochburg,
„zehntausend berittene binden oder tödten."

19. Auf der stufe des hochsitzes stand Hrôdur, der heerführer des Iormunrek; zu diesem sprach Glöd, die mutter des königs, dass man keine gefahr zu befürchten habe, da ja zwei kämpen nicht vor den zehntausend berittenen des Iormunrek bestehen können. Die sage über diesen angriff wäre in der that absurd, wenn nicht Hamdir und Sörli zwei haufen von kriegern symbolisirten; sagen, die physisch unmögliches erzählen, haben, in der regel, einen symbolischen sinn.

20. Kampflärm entstund im saal; die bierschalen zerbrachen;
brünnen lagen im blut, das aus der berittnen brust floss;
da Hamdir der muthstarke dieses aussprach:

21. „Du, Iormunrek! wünschtest, dass wir beide herkämen,
„Svanhild's leibliche brüder, in deiner burg innres;
„nun siehst du deine füsse, sammt deinen händen,
„geworfen, Iormunrek! in das glühende feuer."

21. Dem Iormunrek waren bereits seine füsse (hilfsvolk) und hände (wehrvolk) abgehauen und verbrannt; und Hamdir und Sörli, unverwundbar durch eisenwaffen, drohten dem könig, den garaus zu machen, wenn nur noch ein dritter kämpfer vorhanden gewesen, der ihm den kopf hätte abhauen können. Da rief der bärtige Alte (Odin), man solle die Ionakars söhne mit steinblöcken tödten. An diesem ausspruch des alten (balg) erkannten die brüder den Odin, und erwarteten, in folge seines rufes, ihren baldigen tod.

22. Da schnaubte entgegen der mächtige zauberer,
der Bärt'ge, im kampflärm, so wie schnaubet der bär.
Er sprach:
„werft steinblöck auf die mannen, da geren nicht [verwunden,
„noch schwerdter klingen, des Ionakars söhne!"

23. Drauf Hamdir der muthstarke dieses aussprach:
„schlimm gethan hast du bruder! dass du löstest d. Balg;
„oft gefährliche rathschläg aus diesem Balg kommen!"
Sörli sprach:
„Muth hättest du Hamdir! wenn nur verstand du [auch gehabt!
„mangel an verstand ist für jedermann schlimm.

24. „Nun sein kopf auch weg wär', wenn noch lebte Erp,
„unser kampfkühner bruder, den unterwegs wir er- [schlugen;

„dieser sehr kühne Alte (vor ihm schutzgeister beben)
„ist der sieggeweihte Herr! — seien bereit wir zum tod!"

24. Odin, als Gott des kampfes und des steten sieges trug allein den beinamen Sieggeweiht und Kampfgeheiligt; wesswegen man den helden Helgi blos den verkürzten namen Geweiht, (Geheiligt, Helgi) gab; s. s. 174. — Das wesen Odins hatte etwas schreckendes, so dass, in seiner nähe, die schutzgeister der helden erbebten.

Hamdir sprach:

25. „Wir haben gekämpft mächtig; stehen auf reiterleichen,
„den durch scherdthieb matten, wie adler auf dem ast;
„hohen ruhm wir erlangten, obgleich wir nun sterben;
„da die Nornen gesprochen, erlebt keiner v. uns die nacht.
Da niedersank Sörli, bei des saales giebel,
und Hamdir, beim hinterhaus, sterbend sich neigte.

III. Gudrunes Klage und Todesentschluss.
(Gudrunar grâtr.)

Diese schöne elegie stellt die klage und den todesentschluss der Gudrun dar, nach dem sie den tod des Hamdis und Sörli's, der letzten ihrer nachkommen, erfahren hat.

1. Da weinte Gudrun, Giuki's tochter;
vom schwanken gang sie sich traurig hinsetzte;
mit thränender wang sie begann aufzuzählen
ihre schmerzlichen leiden von verschiedener art.

Sie sprach:

3. „Vereinsamt bin ich worden, wie eine aspe im holzschlag;
„von verwandten entzweigt, wie die föhre von ästen;
„vom wohlsein entraufet, wie die bäume vom laub,
„wenn am schwülen tag draufstürzt der astknickende [sturm.

3. „Ich gesehen hab' drei herdstätt', gesehen drei heimfeuer:
„dreien eh'herrn ward ich gefahren nach haus;
„vor allen war mir Sigurdur der beste
„dem meine brüder zu mördern geworden.

4. „Bis da, sah' und kannt' ich kein schwereres leid;
„doch grösseres dünkte mich mir zuzustossen,
„als mich die stammbrüder dem Atli vergaben. —

5. „Die muntern jungbären zum gespräch ich berief;
„für der brüder mord konnt ich rache nicht finden,
„bevor ich den jungedeln die häupter abschlug.

5. Wie oben Oddrun in der Klage (s. s. 302) und wie Brunhild in der Helfahrt (s. s. 283) sucht Gudrun, indem sie ihr schicksal erzählt, zugleich ihre handlungsweise zu rechtfertigen.

6. „Drauf zum ufer ich ging, den Nornen gram;
„ihre angriffsschäden auf mich wollt' ich abwerfen;
„doch hochwogen mich trugen; nicht verschlangen sie mich;
„ans land musst' ich steigen, weil leben ich sollte.

7. „Da, besser loos hoffend, ins ehbett ich stieg,
„zum dritten mal, beim volkskönig Ionakar;
„als erbebewahrer gebar ich mir kinder
„die trefflicher als die andern Ionakars söhne waren.

8. „Noch war bei mir Svanhild, im hause gepflegt;
„von den kindern am meisten ich ganz sie liebte;
„auch glänzte Svanhild in meinem saal so,
„als wär' sie ein schöner glanz-strahl der Sôl.

9. „Mit gold und seidengewand ich sie schmückte,
„bevor ich sie hin zum Gothenvolk gab;
„meiner schmerzen herbster ist mir der,
„dass man der Svanhild glänzend haupthaar,
„unter pferdefüssen, im koth zerstampfte.

10. „Herbster schmerz schon mir war, dass man Sigurdur,
„ihm entreissend den sieg, im bette erschlug;

„mir war schon der grimmste, dass dem kühnen Gunnar
„giftglänzende schlangen in die brust eindrangen;
„mir der schärfste schon war, dass, um's herz zu holen,
„man den muthigen könig lebendig aufschnitt.

11. „Viel leid mir gedenkt, viel kummer ich trug;
„nun nicht mehr hier sitzt weder tochter noch schnur,
„die der Gudrun gäbe werthe geschenke.
„Du, Sigurdur! nochmals zäume den rappen;
„das schnellfahrende ross lass her zu mir rennen!

11. So wie Helgi der Hundingstödter seiner Sigrun versprochen, sie nach seinem tode noch zu besuchen, so hat auch Sigurdur (der wiedererstandene Helgi), auf dem todesbett, der Gudrun seinen nachmaligen besuch zugesagt; und so wie die verfasser der **Brunhild's Helfahrt** und der **Oddrune's Klage** den zweck hatten zu zeigen, dass Brunhild dem Sigurdur, und dass Oddrun dem Gunnar treue liebe bewahrt haben, so will auch der dichter hier beweisen, dass Gudrun gleichfalls in den tod gehe, um mit ihrem ersten und liebsten gatten sich zu vereinigen. Es ist dies das einzige noch übrige Eddagedicht, worin der tod Gudrunes erwähnt wird. Da die Gudrunsage deutschen ursprungs ist, so hat die ursprünglich nordische Sigurdursage nichts von Gudruns tode berichtet. Dieser tod ist aber hier vom nordischen dichter dem tode Svavas und Sigruns nachgebildet; er beruht nicht einmal auf deutscher sage, denn im Nibelungenlied wird Krimhilde (Gudrun) von der hand Dietrichs getödet.

12. „Du erinnerst dich, Sigurdur! was beide wir sprachen,
„(als zusammen wir beid' auf dem todesbett sassen)
„dass du, muthig, mich würdest nochmals besuchen
„als schatten, aus Hel, und ich dich, von der erd' aus.

13. „Nun Jarle!, aufschichtet den eichenholzstoss;
„lasst unter dem himmel den höchsten ihn sein;

„die leidvolle brust mög' das feuer verzehren,
„der kummer mir schmelzen im gedrückten herzen!

14. „Mög' allen Grossen der schmerz sich lindern,
„allen frauen ihr gram, bei dem gedanken,
„dass diese reihe von unglück zu ende doch geht."

14. Bemerkenswerth ist die philosophische aufforderung des dichters, die grossen männer und frauen, welche leiden, mögen sich in ihrem gram trösten mit dem gedanken, dass alles unglück durch den tod zu ende geht; vgl. s. 30.

VII. Vôlundur-Cyclus.

Vôlundur-Sagelied. (Vôlundar kviða).

Vorbemerkung.

So wie der zweite theil der Sigurdur-sage deutsche elemente zu den nordischen aufgenommen hat, so besteht die frühere Vôlundur-sage aus einer ursprünglich nordischen Iotnenmythe, welche sich an die deutsche Rhein-sage des Nibelungenhorts angereiht hat. Vôlundur (Bösgeartet) ist, wie Regin (s. s. 239.), ein Epigone der nordischen Iotnen, von natur roh und grausam. Durch seine heirath mit der fränkischen königstochter Hervar kommt er in den besitz eines theils des Rheingoldes; und in folge des fluchs, der auf dem Niflungenhort ruht, erleidet er unheil, und bringt selbst verderben in die familie des Slavenkönigs Niari, in dessen land er sich niedergelassen. Dies ist der ursprüngliche grund und die bedeutung der Vôlundur-sage; was die spätere romantik unorganisch aus Vôlundur gemacht hat, haben wir hier nicht zu berücksichtigen, noch weniger als organische sagen-entwickelung aufzunehmen. — Das Vôlundur-sagelied zerfällt in drei theile, welche hier 1. als Vôlundurs heirath, 2. als Vôlundurs gefangennahme, und 3. als Vôlundurs rache, bezeichnet werden.

I. Vôlundurs heirath.

1. Dem Hludvè geboren ward Hladgund und Hervar;
ihre verwandte war Olrun, die tochter des Kîhar;
von süd, durch den Schwarzwald, abflogen die mädchen
als junge schwäne, zu betreiben das schicksal;
sie setzten, um zu weilen, am seestrand sich nieder;
die südländischen spröden köstlichen lein da spannen.

1. Hludvè (fränk. Chlodve, Ludwig) war ein könig der Rheinfranken; er gehörte zum Volsungengeschlecht, weil diese herrscherfamilie der Franken ursprünglich slavisch war, und ihre nachkommen aus der Odergegend nach Süddänemark (vgl. Sigurdur der Volsunge) und später an den Unter-Rhein gezogen waren. Die töchter Hludve's waren Hladgund und Hervar. Kîar (keifer, zänker), der sohn Frodis und der enkel des Audi von Valland (des bruders Budlis von Sachsland) war aus dem geschlecht der fränkischen Audlinger. Er hatte einen reichen waffensaal aus dem er den Giukungen vortreffliche waffen schenkte (s. s. 310). Kîars tochter war Olrune, welche durch ihre mutter, die schwester des Hludve, als die cousine (geschwisterkind) der Hladgund und der Hervar anzusehen ist. — Die drei kriegerisch-gesinnten mädchen, vielleicht um leidigen freiern zu entgehen, weihten sich dem Odin als Valkyrien, um, durch zauber mit dem schwanenbalg umkleidet, das schicksal der kämpfer zu betreiben oder den wahl zu küren. Sie abflogen vom südwesten, vom heimathlichen Rhein durch den Schwarzwald, gegen das Slavenland im nord-ost. Im alterthum galten undurchdringliche wälder als markscheiden zwi-

schen den ländereien; so war, mythisch, der sogenannte Schwarzwald, der wald auf Nidafioll, der im süden das gebiet der Ansen vom gebiet der Muspilheimer trennte; in der epik ist Schwarzwald das gebirg, das die Rheinlande von den Donauländern trennt, oder auch die gränzscheide zwischen Böhmen und dem Meisnerland. Hier bezeichnet Schwarzwald mehr als den heutigen Schwarzwald, wahrscheinlich die gränzmarke des Harzgebirgs, zwischen deutschem und slavischem gebiet. Die drei Valkyrien flogen bis an den Ostseestrand zwischen der Oder und der Weichsel, liessen sich im land der N e u r en (Niara) nieder; da sie vom goldreichen Rhein kamen und gold mitbrachten, so spannen sie daselbst nicht gewöhnlichen flachs, sondern köstlichen goldfaden.

Ins land der slavischen Neuren kamen von Norden (aus Iotnenheim, später Alfheim und Finnmark genannt) drei brüder, Egill, Slagfidri, und Vǒlundur, die gleich den gebrüdern Otur, Fafnir, und Regin iotnischen geschlechts waren, und den heftigen karakter dieser race hatten. Egill (Unbequem) trug diesen namen, weil er als vorzüglicher bogenschütze seinen gegnern gefährlich war; Slagfidri (Schlagfedrig) trug wahrscheinlich diesen namen weil er, durch zauber in einen adler verwandelt, mit seinen schlagfedern und schwungfittigen sich schnell in die luft erheben, und den adlerzug (arnar sug) fliegen konnte. Vǒlundur (Bösartig) hatte seinen namen von seiner heftigkeit, bosheit, und rachsucht. Da die drei Valkyrien gefallen an den gewaltigen recken fanden, so gingen sie mit ihnen eine freie verbindung, nach art der indischen Gandhraver-ehe, ein. Olrun, die schöne heldenmaid, drückte den Egil an ihren glänzenden busen; die schwanweisse Hladgund war die geliebte des Slagfidri, und Hervar die ganzweisse, umhalste den Vǒlundur. Der verfasser der proseinleitung, stellt unrichtig diese verbindungen als erzwungen dar, in dem er, nach dem beispiel ähnlicher verbindungen, annimmt, die recken hätten die mädchen zur ehe gezwungen, als sie sie im bade überrascht und sie verhindert hatten wegzufliegen, dadurch dass sie ihnen ihre schwanhemden wegnahmen.

2. Deren erste begann den Egil zu halten,
als schöne heldenbraut, an ihrem glanzbusen;
die zweite, schwanweisse, war Slagfidri's spröde,
und die dritte, von dieser die leibliche schwester,
Hervar, den hals Vôlundurs umfasste.

3. Hier sassen sie seitdem sieben winter;
aber den ganzen achten, hatten sie sehnsucht;
am neunten aber, der nothdrang sie abschied;
die mädchen zurück nach d.Schwarzwald sich wünschten.

3. Die rührigen drei Rheinländerinnen konnten sich nicht auf die länge dem unthätigen leben in dem traurigen Slavenlande bequemen; sieben jahr trugen sie es, im achten aber entstund ihnen heimweh, und im neunten trug sie der unwiderstehliche zug über den Schwarzwald in die Rheinlande zurück.

Olrun sprach:

4. „Gold hier sich nicht fand, wie auf Granis fährte;
„kaum dacht ich dies land so fern von den Rheinbergen;
„wir besassen, denk ich, grössere kleinodien,
„daheim, wo als haustöchter friedlich wir waren.“

4. Olrun, die älteste der drei mädchen, die geliebte des Egils, des ältesten der recken, gibt gründe an, um die zwei andern, zum entschluss abzuziehen, vollends zu bewegen; erstens sagt sie, ist hier im Neurenland kein gold, wie im land wo Grani den Niflungenschatz trug (s. s. 229.); zweitens, als sie drei in einem fluge hieher kamen, hatte Olrun sich gedacht, dieses land, welches nicht so entfernt vom Rhein zu sein schien, müsste auch nicht ein ganz armseliges land sein; worin sie sich aber getäuscht habe; drittens hätten die drei mädchen, als sie

in häuslichen schutz und frieden daheim am Rhein sassen,
grössere schätze genossen, als hier bei ihren männern.

5. Hervar durchschritt drinnen den saal entlang,
beim gang stand sie still, sprach heimlich bei sich:
„Der nicht erfreut sein wird, der vom wald nun fährt!

5. Die jüngste der mädchen, Hervar, Vôlundurs geliebte, die mehr gemüth, und mehr zuneigung für ihren mann hatte, als die zwei andern, war, ehe sie wegflog, unentschlüssig, ging mit sich selbst sprechend in ihrem saal hin und her, und bedauerte ihren abwesenden gemal, der, wenn er aus dem walde von der jagd abends zurückkomme, sie nicht mehr treffen und darüber betrübt sein werde.

6. Nach haus verlangend kam von der jagd Vôlundur;
der schütze den langen weg zurück machte;
Slagfidri und Egil fanden leer ihre säle,
sie ein und ausgingen und sahen sich um.

II. Vôlundurs gefangenschaft.

7. Schneebeschuht zog Egil nach der Olrun nach osten,
auchSlagfidri nach der Schwanweissen, gen süden;
aber Vôlundur verblieb allein in Wolfsthalen.

7. Um seine verschwundene geliebte Olrun zu suchen, fährt der jäger und schütze Egil, im spätjahr auf schneeschuhen, gegen Nordost. Slagfidri sucht seine frau in dem ihr heimathlichen süden, und fährt im adlerzug nach südwest. Vôlundur allein kann sich von dem ihm von seiner geliebten geschenkten Rheingold nicht trennen. Er bleibt in seinem wohnsitz in den sogenannten Wolfsthalen, in der nähe des Wolfssees, im lande der slavischen Neuren (Abendlichen), welche von ihren nachbarn für währwölfe gehalten wurden, weil sie Neuren (norr. Narvi) hiessen, welcher name den wolf bezeichnet, der abendlich auf raub auszieht, und als wärwolf in der nacht herumschwärmt (s. Les Gètes p. 34). Vôlundur hatte von

Hervar ihren kostbaren ring (Hervarar naut) bekommen, der ein Heckering war und aus sich noch anderes gold erzeugte. Zum zeitvertreib verfertigte er noch mehrere ringe aus dem golde, und hing sie, an einen bastfaden angefasst, an die wand. Die ursprüngliche sage denkt aber nicht daran den Vôlundur speziell als einen goldschmidt darzustellen, so wenig als sie den Regin, der dem Sigurdur das schwerdt geschmiedet, als einen waffenschmidt darstellen wollte. Im heldenzeitalter, wo von keiner theilung der arbeit die rede sein konnte, war der held manchmal zugleich schlächter, koch, schmidt, wagner etc. wie noch heute mancher russische bauer sein eigner metzger, schneider, wagner, schmidt etc. ist. Später kam der handwerksstand auf und spezialisirte sich, besonders in Deutschland, zu gewerk-körperschaften. Es gab daselbst neben den grobschmieden und waffenschmieden auch sogenannte Vigelante (Wilante, feiler, raspler, goldschmiede.) Ausgezeichnet deutsche Vielante (lat. fabri, fabricii, Wielandus im Waltharius; bei Gottf. von Monmuth: Guilandus.) gab es schon im 8. jahrhundert, die, in der sage, als die repräsentanten der goldschmiedekunst konnten angesehen werden; aber niemand in Deutschland, England, Frankreich, und im Norden dachte, bei diesen berühmten deutschen Feilern, an den mythisch epischen Vôlundur. Erst, im 13. jahrhundert, kam die unkritische erudition des bischofs Brand dazu das Labyrinth, welches die deutschen als ein vigelhus (feile- oder raspelhaus, vielhus) ansahen, durch Vôlundar hus (Volundurshaus) zu übersetzen.

8. Rothes gold er schlug um das edelgestein;
wohl fasst' er am lindbast die ringe an;
so harrte er lange seiner herrlichen frau,
ob sie zurück zu ihm kommen würde.

9. Der Niaren drost Nidhad dieses ausspürte,
dass Vôlundur allein in Wolfsthalen geblieben;

abgesandte, in nägelbrünnen, nächtlich abfuhren;
ihre schilde blitzten, vor des mondes ausschnitt.

8—9. Die Neuren (norr. Niarar, sl. Narvianė) waren ein ansehnlicher Slavenstamm (s. Schaffarik I, 10; II, 28). Der Narvianen-Starost (Niara drottinn), in dessen gebiet die Wolfsthäler lagen, hiess, nach einem germanisch umgedeuteten namen, Nidhadur (Neidkampf). Er beneidete den Vôlundur um seinen Hervar-schatz; fürchtete sich aber den starken Iotnen offen anzugreifen. Als dessen brüder weggefahren waren glaubte, Nidhadur die gelegenheit günstig, um den Vôlundur im schlaf zu überfallen, ihn zu fesseln, und ihn zu zwingen seinen reichthum auszuliefern. In einer vom mondviertel spärlich erleuchteten nacht, schickte er mehrere sendgrafen (Seggir) hin, den plan auszuführen. Vôlundur war von der bärenjagd noch nicht nach hause gekommen. Die abgesandten fanden siebenhundert ringe, an einem bastfaden, an der wand aufgehängt; sie nahmen sie herunter, zählten sie, und um keinen verdacht in Volundur bei seiner rückkehr zu erwecken, reihten sie die ringe wieder an, ausser dem schönsten, dem Hervarring, welchen sie zurückbehielten, um dem könig zu überreichen. Dann legten sie sich in den hinterhalt um den Vôlundur im schlaf zu überfallen.

10. Bei des saales giebel, aus den sätteln sie stiegen;
sie eingingen dann in den saal entlang;
sie ringe sahen am bast aufgezogen,
siebenhundert in allem, die der Verspätete hatte.

11. Sie ablösten sie, und sie wieder anfassten,
ausser einem, welchen sie mit sich wegnahmen;
heimdrängend da kam von der jagd der Schütze;
Vôlundur zurück, nach langer fahrt, ankam.

12. Zum feuer, das bärfleisch zu rösten, er ging;
hoch brannten die föhrenbengel mit reisig,
mit winddürrem holz, dem Vôlundur zur lust.

13. Auf dem bärfell er sass; es zählte die ringe
der Alfen Volksherr; er einen vermisste;
er dachte, dass Hlodves tochter ihn habe,
dass die ganzweisse wäre zurück gekommen.

14. Er sass so lange, bis dass er einschlief;
er erwachte aber aller freude entblösst;
an den händen fühlte er schwere stricke,
und an den füssen die fesseln gespannt.

Vôlundur zu Nidhad gebracht sprach:

15. „Wer sind die helden, die hinweg genommen
„der kleinode bestes und mich haben gebunden?"

Nidhad sprach:

„Vôlundur! du Alfen-Weisel, woher gelang's dir,
„in Wolfsthalen solche schätz' zu ersparen?"

15. Vôlundur wurde gebunden zu Nidhad gebracht, diesen fragte er entrüstet, warum man ihn verrätherisch gebunden und hieher geführt habe. Der könig gab ihm zu verstehen, dass das gold das Vôlundur besitze nicht sein eigenthum sei, da wälder, gewässer, und goldminen, wenn es deren im land gibt, zum herrengut (lat. dominium) gehören, und er als unterthan kein recht habe, solche ersparnisse an schätzen in Wolfsthalen zu machen.

16. Ihm lang wurden die zähn' als sein schwerdt man ihm [zeigte,
und als er den ring an Baduhild erblickte.

Nidhad sprach:

„Mit schlangenblick sind die augen ihm gierig;
„die kraft der sehne schneidet ihm ab!
„und dann, auf der Seestätt setzet ihn fest!"

16. Als Vôlundur bemerkt, dass sein schwerdt an des königs seite glänze, und dass dieser mit dem Hervarring, welchen die sendmannen ihm überbracht, seine tochter Baduhild geschmückt habe, wurde sein Iotnenzorn so sehr gesteigert, dass Nidhad rathsam fand, sich vor

ihm zu wahren. Dem gefesselten liess er, an einem fusse, die sehne zerhauen, so dass Vôlundur gehen konnte aber hinkend wurde, und nicht mehr behend entfliehen konnte. Den so an einem fuss verstümmelten und am andern fuss angeketteten, liess er in den thurm eines meerholmes, Seestätte genannt, einsperren, wo er, als unfreier schmied, die waffen des königs und die geschmeide der frauen ausbessern sollte.

III. Vôlundurs Rache.

Vôlundur (zu sich) sprach:

17. „Dem Nidhad blinket das schwerdt an der gurt
„das gewetzt ich hab', so geschickt ich's vermochte,
„und das ich gehärtet, wie am besten mir dünkte;
„mir wird nimmer der glanzmähder zugebracht werden;
„auch Baduhild trägt nun, von meiner gemalin,
„den rothgoldnen ring, dessen bess'rung ich nicht hofft"

17. Das schwerdt des Vôlundur und der Hervarring waren so trefflich und dauerhaft gearbeitet, dass er nicht hoffen konnte, beide, bei einer vorzunehmenden nöthigen reparatur, wieder einmal in die hände zu bekommen, und somit mittel zu finden, sie zu behalten. Während seiner schlaflosigkeit sann er auf schreckliche rache gegen Nidhad, welche er, iotnisch-boshaft, an dessen unschuldigen knaben auszuüben beschloss.

18. Müssig sass er, nicht schlief er, noch schlug er d. hammer,
aber ein bittres kunststück er dem Nidhad schuf.
Durch die thüre zu schauen, sich umtrieben zwei knaben,
des Nidhads söhne, auf der Seestätte holm.

19. Zur kiste sie kamen, sie die schlüssel begehrten;
als hinein sie blickten, böser plan in ihm aufstieg;
viel kleinod drin waren, die den knaben erschienen
als ob sie golderz und schmuckgeschmeid wären.

Vôlundur (zu ihnen) sprach:

20. „Kommt allein ihr zwei, kommt morgenden tags;

„ich sorge, dass dies gold übergeben euch werde;
„saget nichts den mägden noch dem saalvolke,
„niemanden, dass beid' ihr zu mir gehen wollt!"

19. 20. Die jungen königssöhne trieben sich knabenhaft neugierig an der thüre der schmiede (d. vigelhus) herum; Vôlundur lockte sie hinein und liess sie in die geschmeidekiste schauen, wo die, durch zauber betrogenen, knaben allerlei goldjuwelen zu sehen glaubten. Als die knaben die köpfe in die kiste hineinsteckten, kam dem Vôlundur der böse gedanke, nächstens ihnen die köpfe durch einen künstlichen falldeckel abschlagen zu lassen. Vôlundur um den satanischen plan vorbereiten zu können, bestellte die knaben auf den folgenden tag, in dem er ihnen die magischen goldsachen zu schenken versprach.

21. So bald der wächter den andern tag angekündet,
sprach zum bruder der bruder: „lasst uns die ring sehen!"
Sie kamen zur kiste; sie die schlüssel begehrten;
böser plan in ihm aufstieg, als hinein sie schauten.

21. Als der burgwächter und morgenbote (seggr) den morgen ankündigte (s. s. 192), kamen die knaben wiedrum in die schmiede, und wurden daselbst gemordet. Vôlundur verbarg ihren rumpf und hände und füsse in den, mit schlammigem wasser angefüllten, abkühl- oder schaumfässern; ihre augen verwandelte er, durch iotnischen zauber, in erchensteine (karfunkel); aus ihren hirnschalen machte er mit silber umschweifte trinkschalen für den könig, und aus ihren zähnen verfertigte er zwei brustanhängsel, die er der Baduhild zuschickte. Der besondere zug von den zu trinkschalen umgeschaffenen hirnschalen der beiden knaben, scheint entlehnt oder nachgeahmt den hirnschalen der beiden söhne Eitel und Erp, welche ihre mutter Gudrun zu trinkschalen verarbeiten liess (s. s. 337); er beweist, unter andern gründen, dass so wie die Vôlundur-sage, dem inhalt nach, jünger als die Gudrun-sage ist, auch unser gedicht später als

die Gudrun-lieder verfasst worden ist, und höchstens in das achte jahrhundert hinaufreicht.

22. Er die köpfe diesen jungen bärchen abschnitt;
die füsse versteckt er in die schaumfässer;
die schaalen die unter dem haarschopf waren,
umschweift er mit silber, sie den Nidhad zu senden.

23. Und die aus den augen gemachten karfunkel,
der vornehmen frau des Nidhad er sandte:
und aus den zähnen dieser beiden knaben,'
er schmiedete brustring', die der Baduhild er sandte.

24. Da geschah's, dass Baduhild ihren ring liess fallen;
den gebrochnen sie zu Vôlundur hintrug.

Sie sprach:

„Zu sagen wag' ich's niemanden ausser dir allein!"

Vôlundur sprach:

25. „Am ring den bruch derart ich bessre,
„dass deinem vater er als schöner dünkt,
„und deiner mutter um vieles besser,
„und, gleicher maassen, auch dir selber."

24. 25. Beim ballspielen liess Badubild ihren Hervar-ring fallen, so dass er brach, und sie ihn heimlich dem Vôlundur zur reparatur überbrachte. So kam das unschuldige mädchen in die gewalt des von satanischer rache beseelten iotnischen Vôlundur. Er gab ihr einen einschläfernden betäubenden zaubertrank; und was er dann that, wagt der dichter nur anzudeuten.

26. Er betäubt' sie mit trank, dass sie besser sich füge;
so dass sie auf dem stuhle einschlief. —

Vôlundur (zu sich) sprach:

„Gerächt nun hab ich' meine leiden all',
„ausser einem mir durch bosheit erzielten!
„„ich bewirk's! Vôlundur sprach's!; nicht bleib' ich in
„„womit mich des Nidhads recken festnahmen."[fesseln!

26. Nach dem Vôlundur seine dämonische rache an den unschuldigen kindern des Nidhad verübt, blieb ihm noch übrig, sich in freiheit zu setzen, in dem er seine kette am fusse sprengte. Er that dies zauberisch durch die zauberformel, womit man die fesseln sprengt (s. Des Hehren Sprüche s. 175). Sein ausspruch, wodurch das gewünschte magisch sich verwirktlichte lautet hier so: „ich bewirk's!, Vôlundur sprach's!, nicht bleib ich in fesseln!;" dann vermittelst einer andern zauberformel erhob sich Vôlundur in die luft.

27. Frohlockend Vôlundur in die luft sich erhob;
Baduhild von dem holme weinend abging,
bei des friedels abfahrt, und vor des vaters zorn, traurig;
die vornehme frau des Nidhad stund draussen,
als jene eintrat und den saal entlang durchschritt.

28. Jener setzte sich, ruhend, auf den saalfirst.
Vôlundur sprach:
„Bist wach du, Nidhad! der Niaren drost?"
Nidhad sprach:
„Durchweg ich wache, aller freude beraubt!;
„nimmer schlaf' ich mehr, seit meine söhne sind todt.

29. „Mich schauerts im kopf; dein rath mich schaudert;
„doch gewillt nun ich bin, mit dir zu sprechen;
„sag', Vôlundur! der Alfen-weisel, mir das,
„was ward aus meinen beiden gesunden bärchen?"

Vôlundur sprach:

30. „Zuvor du mir leisten musst jedweden eid,
„dass zu tod du nicht quälst des Vôlundurs frau,
„noch meiner braut zum mörder werdest,
„selbst wenn meine frau verwandt mit dir wäre,
„und ein hauskind wir hätten in deiner hall!

30. Es ist offenbar der ursprünglichen sage von Vôlundurs rache widersprechend, wenn der dichter, viel-

leicht um die an Baduhild verübte schandthat einigermassen zu mildern, dem Vôlundur die absicht zuschreibt die Baduhild zu heirathen. Durch den fluch des Hervarringes musste, der ursprünglichen sage nach, Vôlundur und Nidhad mit seiner ganzen familie untergehen. Die romanenhafte spätere Vilçinasage greift aber diese strophe auf, und baut darauf die erdichtete sage von Vôlundurs nachkommen (Vidga) und von seiner weltberühmten meisterschaft in jeglicher kunst (c. 79).

31. „Geh' zur schmiede du hin, die errichtet du hast,
„da findst du die blasbälg' bespritzet mit blut;
„deinen bärlein ich die köpfe abschnitt,
„und unter die schaumfass die füsse ich steckte.

32. „Und die, unter dem haarschopf, liegenden schalen
„umreift ich mit silber, und sandt' sie dem Nidhad;
„und die aus den augen gemachten karfunkel
„ich der vornehmen frau des Nidhad sandte.

33. „Und aus den zähnen jener beiden knaben,
„brustkringlen ich schlug, die der Baduhild ich sandte;
„mit einem kind nun geht schwanger, Baduhild,
„die einzige tochter von euch beiden.“

Nidhad sprach:

34. „Nimmer sprachst du ein wort, das mehr mich kränkte,
„noch könnt' ich, Vôlundur! dich schwerer verwunden.
„Kein mensch so hoch reicht, dass er dich herabnähme,
„noch wäre so stark, dass herab er dich schösse,
„wo droben du bei den wolken schwebst.“

35. Auflachend Vôlundur in die luft sich erhob,
aber Nidhad hierauf tiefbetrübt da sass.

Nidhad sprach:

„Erhebe dich, Dankrat! meiner diener bester!
„Baduhild die lichtbrauige jungfrau du bitte
„zu kommen im glanzschmuck mit dem vater zu sprechen.

Nidhad zu Baduhild:

36. „Ist das wahr, Baduhild! was sie mir sagten,
„dass du und Vôlundur zusammen sasset im holm?“

Baduhild sprach:

„Das wahr ist, Nidhad! was man dir sagte;
„ich und Vôlundur sassen zusammen im holm,
„eine unglücksstund!; wär' sie niemals gekommen!
„nichts gegen ihn zu thun ich wusste!
„nichts gegen ihn zu thun ich vermochte!“

36. Die aufrichtigen, tiefergreifenden worte der Baduhild sind der ausdruck der höchsten tragik des menschlichen geschicks, wodurch unzählige menschen, unschuldig und unerklärlich, dem unglück und verderben zum opfer gefallen sind.

VIII. Frodi-Cyclus.

Vorbemerkung.

Die Vôlundur- und die Frodi-sage sind spätern ursprungs als die übrigen heldensagen, und haben sich auch weniger vervielfältigt; der Vôlundur-Cyclus und der Frodi-Cyclus liefert uns jeder nur ein gedicht. So wie aber die Vôlundursage sich mittelbar an die Niflungenhort-sage anschliesst, in dem der Hervar-ring, als ein spezialisirter verringerter Niflungenhort, dem besitzer verderben schafft, eben so reiht die Frodisage sich mittelbar an den fluch des Niflungenhorts, durch die idee, welche sie ausdrückt, dass das gold, das die mächtigen durch gewalt und überdrang erpressen, ihnen verderben bereitet.

Die sage welche das gedicht Der Granitenen Geräusch behandelt und obige idee ausdrückt ist kurz folgende. Frodi könig im dänischen Gotland war friedliebend, und unter seiner regierung herrschte allgemein der sogenannte Frodifrieden. Er war aber goldgierig und wollte reichthum sogar durch zauber und überdrang gewinnen. Er kaufte sich eine iotnische Zaubermühle, die Granitene (Grotti) genannt, und zwei kräftige Iotnen-mädchen, welche ihm, als mahlmägde, mit der zaubermühle, gold mahlen, das heisst produziren, sollten. Da er aber den mägden bei ihrer goldproduktion keine ruhe und keine rast liess, so wurden sie der arbeit überdrüssig, und lockten vorsätzlich, durch der Granitenen geräusch (goldproduction), ein feindliches heer herbei, welches dem Frodi reich und leben nahm.

König Frodi hatte die zaubermühle vom Iotnen Hengi-Kioptr (Häng-lefze, gleichbedeutend mit Biörn, bär) gekauft; sie bestand aus zwei granitenen grausteinen, und hiess deswegen die Granitene. Es war eine zaubermühle, welche das, was man wünschte unaufhörlich, in unbegrenzter menge, so lange sie im gang war, mahlte, das heisst produzirte und darbot. So oft und so lang die mühle im gang war, und somit dröhnte und geräusch machte, produzirte sie; so dass der Granitenen geräusch (Grotta söngr) gleichbedeutend war mit mahlarbeit oder mit goldproduktion. Dass die goldproduzirende maschine hier als eine mühle dargestellt wird, ist nicht allein durch die zauberkraft zu erklären, sondern es kommt daher, dass die mühle andern mythologischen produzirmaschinen substituirt worden ist. Die Finnen stellten sich mythologisch die produzirende erde als einen kochkessel dar, aus dem die erdgewächse hervorsprudelten. Die erdoberfläche war der bunte deckel (kirio kannen); dieser bedeckte den erdboden (sampo) oder den kochkessel, welcher dem Pellerwoinen (Flur- und Feldsohn) gehörte. Da auch die Nordgegend (Pohjola) erdproduktion wünschte, so schuf gott

Ilmari ihr einen sampo, der ihr aber später wieder entzogen wurde, worüber kampf zwischen dem Norden und dem Süden entstand, und dem Norden nur der bunte deckel (erdoberfläche, im sommer) aber nicht der fruchtbare boden (sampo) blieb. — Im alten Indien hatte man ursprünglich den mythischen mörser, worin der göttliche sôma produzirt wurde. An die stelle des mörsers trat später das, dem mörser ähnliche, mythische butterfass, worin die Götter die verschwundene schöpfung wiederum„ durch herausbuttern, reproduzirten. Da die ursprüngliche mühle identisch war, mit dem zermalmenden mörser und dem gestossenen butterfass, so wurde auch die mühle, mythisch, wie jene, zur produzirenden maschine; und gold mahlen hiess demnach so viel als gold produziren.

Da der goldgierige Frodi so viel goldproduktion wollte als möglich, so erlaubte er den mahlmägden die arbeit nur so lang zu unterbrechen, als die zeit dauerte, während welcher sie ein kurzes lied singen konnten. In der mühle hörte man daher unaufhörlich und alternirend das mahlgeräusch, während der arbeit, und der mahlmägde gesang, so lange sie von der arbeit abliessen; während Frodis gesind des nachts schlafen konnte, mussten die mahlmägde, alternirend, gold mahlen und singen. Im Norden ist mythisch der Ocean die lagerstätte des goldes (s. s. 164); gold ist aber der allgemeine ausdruck für werthschaft und reichthum. Vor allen werthschaften will nun Frodi gold haben, da er weiss, dass goldbesitz ein privilegirter besitz ist, 1. weil gold am leichtesten gegen alle arbeitswerthschaften ausgetauscht werden kann, während arbeitswerthschaften nicht leicht, nach ihrem reellen, sondern blos nach dem usuellen werth, ausgetauscht werden können; 2. weil gold ohne weitere arbeit immer fort heckegold ist, das heisst ein junges (gr. tokos, zins) abwirft, während andere werthschaften keine zinsen abwerfen, sondern mit der zeit erhaltungskosten und werthverminderung nach sich ziehen.

Der nordische mahlapparat (meldr), den hier der dichter vor augen hatte, stand auf der untersten stufe der mechanik; er glich ungefähr dem altitalischen, so wie wir diesen, nach den funden in Pompeji, kennen (s. Overbeck Pompeji s. 242). Statt des frühern mörsers, in dem man das korn zerstampfte, bestund später der mahlapparat aus zwei mahlsteinen (kvern, hallr); der untere unbewegliche war ein runder abgeplatteter kegel, oberhalb convex; der obere, bewegliche, war unterhalb concav; und der zwischenraum zwischen beiden nahm, gegen den rand zu, immer mehr ab, so dass die körner, je mehr sie sich gegen den rand senkten, desto kleiner zermalmt wurden. Der untere bodenstein lag auf drei oder vier stützen (stedr), zwischen welchen unten der mehltrog (ludr) auf der erde stand, in welchem die zermalmten körner über den rand des untern steins hinabfielen (hleypr miolit um kring kvörnina ut â ludrinn). Der obere stein hatte in der mitte ein rundloch (bora, hallar auga), in dem ein hölzerner trichter, in gestalt einer auf die spitze gestellten pyramide (gr. pur-ama-ids feuer-eimer-ähnlich) eingesetzt war, und durch welchen das eingeschüttete getraide in die mahlkammer fiel. Der allein bewegliche oberstein wurde im kreis herumgedreht, vermittelst einer handhabenstange (möndul-trè) oder zweien an ihm festgemachten schaftstangen (skapt-trè). Da die reibung sehr stark war, so mussten öfters zwei mägde zugleich mit einander die stangen, im kreis herum, voran drücken.

Der Granitenen-Geräusch. (Grotta söngr.)

Das gedicht beginnt mit der zeit wo die mahlmägde in die burg des königs kamen, um zum goldmahlen gebraucht zu werden. Die mägde sind kräftige Iotnen-mädchen, welche früher Valkyrien gewesen, und, als solche, die schicksale voraussehen konnten.

1. In des königs behausung gekommen nun sind,
die vorweisen Valkyrien Fenia und Menia;
es wurden bei Frodi, dem Friedleifs sohne,
diese mächtigen jungfrauen zu mägden gebraucht.

2. Zum mahltrog wurden sie hingeführt;
sie setzten in gang die granit-grausteine;
keine ruhe noch rast gestattete Frodi,
bis dass er von den mägden das dröhnen gehört.

3. Vom sang ablassend, liessen sie hören das geräusch
des geschwungenen steins, auf der mehlkiste stützen;
doch Frodi die mägde hiess immer fort mahlen;
sie sungen und schwungen den gedrehten stein so,
bis Frodis gesind war zumeist eingeschlafen.

4. Als Menia zum mahlen kam, da sprach sie dieses:
„Wir mahlten dem Frodi allglücklichen reichthum,
„und besitz in menge, auf der mühl' des erfreuten;
„nun sitz' er im reichthum! er schlafe auf daunen!

5. „Im reich zwar darf niemand dem andern schaden,
„noch böses bereiten, noch auf mord es anlegen,
„noch auf einen mit scharfem schwerdt einhauen;
„wenn auch gebunden des bruders mörder er träfe.

6. „Doch er nicht zurücknahm den frühern befehl:
„„nicht einstellt d. mühllärm länger als d. gauch schweigt!,
„„nicht länger als so, dass eine weis' man kann singen!"

4. 5. 6. Als die reihe zu mahlen wieder an Menia, die ältere mahlmagd, gekommen, so erhebt diese klage über den überdrang der arbeit, und leitet somit den strike ein. Sie sagt, dass dem Frodi bereits viel gold gemahlen worden, wodurch er sich alle annehmlichkeiten des lebens verschafft habe; er habe aber, unerachtet seines vielen goldes, doch den befehl nicht zurückgenommen noch gemildert, dem zu folge die mahlmägde die arbeit nicht

länger einstellen dürfen, als die zeit dauert zwischen den pausen der rufe des gauchs (s. s. 158), oder nur so lang als der gesang eines kurzen liedes dauert.

7. „Nicht war'st du Frodi! für dich gut bedacht,
„als, freigebig gegen mannen, du die mägde gekauft;
„nach der kraft und dem aussehen du sie wähltest;
„nach ihrer abkunft du aber nicht fragtest.

8. „Hart war schon Hrungnir, und auch sein vater,
„doch war noch Thiassi stärker als diese;
„Idi und Ornir, die verwandten von uns,
„sind der Bergriesen brüder; von ihnen wir stammen.

7. 8. Menia sagt aus, dass Frodi goldgierig, wiewohl gegen seine mannen aus berechnung freigebig, nur darauf bedacht gewesen, mahlmägde so starke als möglich anzuschaffen, um durch ihre grössere arbeit so viel gold als möglich zu erlangen. Er habe aber nicht bedacht, dass sie und ihre cousine Fenia, als Iotnen-mädchen, zwar die kräftigsten sind, aber sich auch keinen überdrang bei der arbeit gefallen lassen; sie seien die abkommen der mächtigen Iotnen Hrungnir und Thiassi, und die töchter der beiden Bergriesen, der brüder Idi und Ornir.

9. „Die Granitene nicht aus dem graufels wär gekommen,
„noch dieser harte mühlstein in dieses land,
„noch würden der Bergriesen töchter hier mahlen,
„wenn Frodi ihr wesen weiter gewusst hätt'.

10. „Wir neun winter als gespielinnen lebten,
„vor der erde dort unten, als kräftig geborne;
„bei mächtigen werken stunden wir mädchen;
„wir selbst aus der stell den sitzberg entrückten.

11. „Wir aus riesengehäg den graufels so wälzten,
„dass davon zitternd die ebene erbebte:
„den drehstein schleuderten wir so mächtig,
„wie kraftmänner schwere felsstücke packen.

9.—11. Mema sagt, dass Frodi sich gehütet hätte vom Iotnen Hengikioptr die Granitene zu kaufen, sie nach Dänemark zu bringen, und die beiden cousinen als mahlmägde dabei anzustellen, wenn er gewusst hätte, dass sie beide es waren, welche mit riesenkraft die mühlsteine dazu aus Iotnenheim herabgeschaft, und die drehsteine mit leichtigkeit herumgedreht haben; wenn er ferner gewusst hätte, dass sie es auch waren, welche, als gespielinnen, wie zum spiel, in Iotnenheim ganze berge versetzt haben.

12. „Hierauf sind wir beid', beim Svien-volk,
„als Valkyrien, schicksalskundig, unter's heer gestiegen;
„wir brünnen zerhieben und schilde zerbrachen;
„durchs graupanzervolk wir mitten durch schritten.

13. „Einen fürsten wir stürzten, einen andern wir stützten;
„wir dem trefflichen kampfwurm hilfe verschafften;
„erst nach mancher niederlag zum ruhsitz man kam.

14. „So hielten wir's weiter noch diese halbjahre,
„als bei den kämpen, bekannt wir geworden;
„mit scharfen spiessen wir beid' dort ritzten
„aus wunden blut, und das schwerdt roth machten.

12—14. Menia sagt, dass Frodi sich vor ihnen gefürchtet hätte, wenn er gewusst, dass sie, die Iotnen-mädchen, dazu noch schicksalskundige Valkyrien gewesen, die dem helden (degen, kampfwurm) beigestanden und manchen kampf mitgekämpft haben.

15. „Nun gebracht sind wir in des königs haus,
„und erbarmungslos als mägde gebraucht:
„uns beisst schlamm die fusssohl' und die kälte den kopf,
„die wir kriegsvolk angeführt! traurig ist's uns bei Frodi!

16. „Nun unsre händ sollen ruh'n, der mahlstein still stehen;
„meinen theil hab ich, mir zur genüge, gemahlen;
„nun wird in ruh' lassen die hände das gold,
„eh' Frodi es dünkt, dass genug man gemahlen!

17. „Unsre händ zu den hartspitzen sollen kehren zurück
„zu den wahlblut'gen waffen! — erwach' du nun Frodi!
„erwache du Frodi! wenn du zuhören willst,
„unserm waffengeklirr, wie bei frühern siegen.

15—17. Nun, sagt Menia, seien sie hier als unfreie mägde misbraucht, ohn erbarmen mishandelt worden; ihr loos sei hier traurig; das goldmahlen müsse aufhören, auch wenn Frodi noch nicht genug gold zu haben glaube; sie wollen wieder, wie früher, als Valkyrien, in kämpfe sich mischen.

18. „Im osten der burg seh' ich heerfeuer brennen,
„(das nennt man signale) um kampfspiele zu wecken!
„in bälde wird hieher ein heer einrücken,
„und unserm gebieter die wohnsitz abbrennen;
„nicht behalten wirst du den reichthum von Hleidra,
„nicht goldrothe ring', noch die mächtige mühle.

19. „Schon haben wir schärfer den drehschaft gepackt;
„noch sind wir nicht warm im blute der schlachten;
„meines oheims tochter hat gewaltig gemahlen,
„weil den tod vieler wakern voraus sie sah;
„am mahltrog schon absprangen die starken stützen,
„mit eisen berippt; doch mahlten wir weiter.

20. „Weiter wir mahlten — bald wird der Yrsa sohn,
„der abkomm' der Fels-wohner, an Frodi sich rächen;
„er der Yrsa sohn, und zugleich ihr bruder,
„wird gefahr ihm bereiten; wir beid' wissen das."

18—20. Menia sieht die signale und vorzeichen des kriegs voraus, wodurch Frodi sein reich und sein leben verlieren wird; sie und ihre cousine (oheimstochter), in voraussicht, dass sie bald von der unfreundlichen arbeit durch den krieg befreiet und in der hitze der schlachten sich erwärmen werden, haben die Granitene gewaltig gedreht; bald wird aber Yrsas sohn und bruder — sie wissen es zum voraus — erscheinen, und an Frodi sich rächen. — Yrsa war die tochter des dänischen königs Helgi Halfdans sohns und der ehebrecherischen Alof, der frau des Altsächsischen königs Geirthiof (Ynglingasaga c. 32. 33). Yrsa, deren ursprung geheim gehalten war, wurde als unbekanntes aber sehr schönes mädchen, vom schwedischen könig Adils, aus Dänemark entführt, und zur schwedischen königin erhoben. König Helgi hatte, der sage nach, von einer bergriesin einen sohn Mysing (Mäusling) der durch seine mutter abkomme der Felswohner (Bergriesen) und, als sohn Helgis, der stiefbruder der Yrsa der tochter Helgis war. König Helgi überzog den Schwedenkönig Adils mit krieg, führte dessen frau Yrsa gefangen nach Dänemark und heirathete sie, ohne zu wissen, dass sie seine tochter sei; so wurde Mysing, der stiefbruder der Yrsa, auch zugleich ihr stiefsohn, als sohn des Helgi des gemahls der Yrsa. Der gewaltige Mysing um seinen grossvater Halfdan zu rächen, den Frodi früher geschädigt hatte, griff Frodi an, und brachte ihn um sein reich und sein leben.

21. Es mahlten die mägde, volle kraft sie anwandten;
sie waren verjüngt in ihrem Iotnischen muth;
die schaftbäume schwankten, der mehltrog wegschoss;
in zwei stücke der schwere mühlstein sprang.

22. Da sprach der Bergriesen braut dieses wort:
„Gemahlen haben wir, Frodi!, so wollen auch ruhen wir!
„lang genug sind die jungfrauen bei der mühle gestanden!

21. 22. Zu dieser schlusserzählung unseres gedichts, wornach Menia und Fenia zuletzt so gewaltig mahlen dass die mühlsteine in stücke fliegen und diese mahlmägde, Frodis mühle verlassend, wegziehen, um wieder Valkyrien zu werden, passt durchaus nicht die prosaerzählung, welche als einleitung dem gedicht vorangesetzt worden, und wornach Mysing die Iotnenmädchen zwingt, auf seinem schiff mit der Granitenen, statt gold, nun salz zu mahlen, die mühle aber zerspringt und die mühl-

steine jenes strudelloch (bora) mit einem seewirbel bilden, aus dem gesalzenes seewasser hervorsprudelt, und welches man im Pehtlandsfiord (langbucht des Picten- oder Schottenlandes) sehen kann. Diese sage gehört weder zu unserm gedicht noch zu dem Frodi-cyclus; sie ist eine localsage, die sich auf das strudelriff im Schottlandsfiörd bezieht, welches man wahrscheinlich, nach dem seekönig Mysing, das Mysingsloch (Mysingsbora) oder Mysingsmühle (Mysingskvern) genannt hat, und damit das salzmahlen verbunden hat, um dadurch das salz des meerwassers zu erklären. Solche lokale meersagen waren häufig im seeländischen Norden (vgl. z. b. Hrimgerdur s. s. 187.); zu solchen gehört auch die sage von der Amlethmühle (Amloda kvern), wornach ein slavischer dummer junge (sl. mlady junger, unerfahrener) glaubte das meer sei eine mühle, welche den dünensand wie mehl produzire (s. Allweise's Sprüche s. 41).

D. Register erklärter Wörter und Namen.

(Die zahlen geben die seite an.)